怎样读懂《论语》

李振宇 著

哈尔滨出版社
HARBIN PUBLISHING HOUSE

图书在版编目（CIP）数据

怎样读懂《论语》 / 李振宇著 . — 哈尔滨 ： 哈尔
滨出版社，2022.1
ISBN 978-7-5484-6312-2

Ⅰ．①怎… Ⅱ．①李… Ⅲ．①《论语》－研究 Ⅳ．
① B222.25

中国版本图书馆 CIP 数据核字（2021）第 208168 号

书　　名：怎样读懂《论语》
ZENYANG DUDONG《LUNYU》

作　　者：李振宇　著
责任编辑：韩伟锋
责任审校：李　战
封面设计：树上微出版

出版发行：哈尔滨出版社（Harbin Publishing House）
社　　址：哈尔滨市香坊区泰山路 82-9 号　　邮编：150090
经　　销：全国新华书店
印　　刷：武汉市籍缘印刷厂
网　　址：www.hrbcbs.com
E-mail：hrbcbs@yeah.net
编辑版权热线：（0451）87900271　87900272
销售热线：（0451）87900202　87900203

开　　本：889mm×1194mm　　1/16　　印张：18　　字数：382 千字
版　　次：2022 年 1 月第 1 版
印　　次：2022 年 1 月第 1 次印刷
书　　号：ISBN 978-7-5484-6312-2
定　　价：88.00 元

凡购本社图书发现印装错误，请与本社印制部联系调换。
服务热线：（0451）87900279

李振宇

　　生于 1941 年 4 月 26 日，原籍福建厦门，长期在湖北武汉工作。

　　退休后，写有《怎样读懂老子》《怎样读懂庄子》《怎样读懂易经》《怎样读懂孟子》《怎样读懂公孙龙》《侨批的故事》等。

李振宇简历

　　1941年4月26日出生于教师家庭，原籍福建厦门。1953年在厦门一中上学。1958年任厦门队队长，参加全国第一届航海模型运动会，获第五名。1959年，大连海运学院造船系学习。1964年毕业，在湖北省交通厅工作。历任技术员、工程师、高级工程师。2001年在科技处处长任上退休，主要从事三项工作：

　　一、建港。在湖北省舵落口建港指挥部，参加江汉油田配套的舵落口港建设。主持百万吨级机械化煤码头和磷矿码头设计和施工。这两座码头投产后，年年为国家创造财富。后调省厅港机会战办公室，参加组织全省地方港口，改变肩挑背扛落后面貌的装卸机械化会战。

　　二、造船。在省厅造船办公室，参加组织全省十几家船厂，为葛洲坝水电站建造急需的工程船近百艘；完成交通部下达的二百多艘的造船任务；完成全省地方船舶更新改造50多万吨。

　　三、科技管理。
　　1.负责全省交通科技项目管理。
　　任职期间，全省共完成列入省厅计划的交通科技重点项目369项，获省部级科技进步奖38项。
　　2.技术监督管理。
　　（1）标准化工作：历任全国内河船舶标准化委员会委员，造船学会理事。主持制定交通部标准《内河钢质船舶出厂质量评级标准》；1997年，经香港新华通讯出版社评审，入选《世界优秀专利技术精选》，获湖北省科技进步三等奖；主持制定交通部标准《长江水系汽车渡驳通用技术条件》；《湖北省简优船型图册》上下集，推广船型标准化。
　　（2）计量工作：为贯彻计量法，撰写《交通运输计量管理》教材，分片培训评审员，开展全省交通运输企业计量定升级工作。改变企业吃大锅饭，不计量的局面，节约了大量油煤水电。
　　（3）质量工作。撰写全面质量管理教材，深入全省交通基层讲课。
　　3.信息化工作。从零起步，完成投资一千多万元的试点工作，为全省交通信息化打基础。
　　4.负责全省交通科技成果交流、推广、转化工作。组织召开全省交通科技大会；举办全省交通科技成果展览会；组织交通科技人员出省、出国考察学习。
　　5.为重大课题建言献策。1981年，由于木材供应紧张，在《水运管理》期刊发表《淘汰木质船舶，调整运输结构》一文，引起交通部重视，在全国开展船舶更新改造，仅湖北省更新改造船舶达50万吨；1985年，在国家经委《综合运输》期刊发表《各省市应开展综合运输的研究》；1986年，《对我省水运形势与改革的几点认识》在省政府经济研究中心举办的振兴湖北经济研讨会上发表；1987年，国家打算在天津、宁波、武汉三地选址建设30万辆轿车总装厂。为完成湖北省经委下达的任务，撰写了《二汽轿车总装厂选址方案比较》论文，为省政府争取二汽轿车厂选址武汉作出了贡献；1988年，作为地方交通代表，参加中国科协专家组，起草向党中央《关于加快发展我国交通运输的建议》；1997年，撰写《我省港口建设和造船业发展的一些回顾》，发表在中共党史出版社出版的《中共湖北省历史资料丛书》。

目 录

前　言

我们有两个老祖宗：一个是老子，讲道；一个是孔子，讲礼。就是这两个人，"道"和"礼"两个字，影响了中国两千多年，至今仍在影响着每个人，它们代表着中国人的两种思想。因此，想读懂中国，必先读懂老子和孔子；想读懂老子，必先读懂什么是道；想读懂孔子，必先读懂论语，读懂什么是礼。自古以来，多少名人贤士，都在研究孔子，注解《论语》。但我发现，《论语》中仍有许多问题，注疏从来都没有解释清楚。

例如：《论语》13.18 父攘羊，为什么孔子主张父为子隐，子为父隐，反对做一个正直诚实的人？ 13.20 子曰："言必信，行必果，硁（kēng）硁然小人哉！"1.8 孔子是主张言而有信的人，这样说不等于骂自己是小人吗？关键问题是，许多人认为孔子是对的，主张文明礼貌，我们是礼仪之邦，就应该讲文明礼貌。孔子主张的礼，是文明礼貌吗？这些问题，解释不清楚，说明这些注疏人也没完全读懂《论语》。

第一次世界大战结束后，列强为了重新瓜分世界，召开"巴黎和会"，不但不取消列强在中国的特权，反而要把德国占据山东的特权转让给日本。消息传出，全国激愤。1919年5月4日，北京学生上街抗议，高呼"外争国权，内惩国贼""取消丧权辱国二十一条""拒签和约"等口号，遭到北洋政府的镇压。这本来是一次反帝的革命行动，和孔子有什么关系？其实不然，在国家危难时刻，一批热血青年挺身而出，认为中国也是战胜国，为什么还如此受列强欺侮？主要原因是：孔子思想是中国封建落后挨打的根源。于是，迁怒于孔子，猛烈抨击封建旧礼教，旧道德，旧思想，旧文化，高呼"打倒孔家店"。从而砸碎紧箍咒、解脱精神枷锁，把国人从封建思想桎梏下解放出来。首次实现民族全面觉醒，许多人因而转向信仰马克思主义。为1921年，中国共产党的成立打下思想基础，这是五四运动最大的贡献。

毛泽东同志说："孔学名高实秕糠。""中国的传统文化由儒道佛三大家组成，最不好的是儒家的孔孟之道。中国历代尊儒，尤其是皇帝把孔子奉为至圣先师。其实它的三纲五常，男尊女卑，上智下愚的主张，毫无革命精神，不值秕糠。道家除恶务尽的精神倒值得学习，它不畏惧妖魔鬼怪，敢斗魑魅魍魉。历代造反的老百姓都打着替天行道、除暴安良的旗帜，我看老百姓是喜欢道家精神的。"鲁迅说："若向老百姓问：孔子是什么人？他们自然回答是圣人。然而，这不过是权势者的留声机。""孔夫子之在中国，是权势者们捧起来的，是那些权势者或想做权势者们的圣人，和一般的民众并无什么关系。""孔夫子曾经计划过出色的治国方法，但那都是为了统治者，为民众本身的却一点儿也没有。"孔子只为权势者说话，不为老百姓说话。所以，有权势的人和巴结权势的人，都喜欢孔子，老百姓是不会喜欢的。鲁迅又说："现在中国顽固派的复古，把孔子礼教都拉出来了，但是他们拉出来的是好的吗？""我翻开历史一查，这历史没有年代，歪歪斜斜的，每页上都写着仁义道德几个字。我横竖睡不着，仔细看了半夜，才从字缝里看出来，满本都写着两个字：吃人！""满口仁义道德，一肚男盗女娼。"如果说鲁迅激进，胡适该不激进吧，胡适说："正因为两千年吃人的封建礼教法制，都挂着孔丘的招牌。故这块孔丘的招牌，无论是老店还是冒牌，不能不拿下来捶碎烧去。"

但是，自2005年以来，孔子的头上，又重新戴上许多漂亮的礼帽：什么至圣先哲，仁义宗师，道德楷模，万世师表，大成至圣文宣王；有些文章说：孔子是我国历史上最伟大的思想家、教育家、儒家学派创始人，世界十大历史名人之一；他的思想、伦理道德、价值取向，在两千多年历史长河中，一直是占主导地位，早已融入中华民族血液，铸成民族个性。《论语》作为中华文化的代表，对中国历史的影响，无论怎么估计都不过分，这是任何别的思想，所无法比拟的。"半部论语治天下。"《论语》是儒家圣经，智慧宝典，有其合理因素，并未失去价值。不是一句封建糟粕，就能轻易否定的。"天不生仲尼，万古长如夜。""孔子与日月同辉，山河同在。"

孔子到底是怎样的一个人，《论语》到底是本什么书？评价反差太大，孰是孰非？这是个大问题，怎么解答？要解答，有必要重新解读《论语》。

为了读懂《论语》，退休后，我花了20年时间，用表格形式，把古文译成现代汉语，逐句对照理解。并从许多原先解释不通的地方入手，重新进行注解。例如，我所读过的《论语》通译，无一例外把《论语》（4.6）的一句话，注解成孔子说："我没见过爱好仁德的人，也没见过厌恶不仁的人。"至今还没有哪位儒学大师能说清楚，儒者从来就自称是爱好仁德，厌恶不仁的人，为什么孔子会说没见过这种人？

笔者认为：关键是没搞懂"吾"与"我"的区别。在古文中，虽然吾与我都指自己，但有区别。吾指实体的自己，我指自我精神、思想上的自我。如《道德经》70章："吾言甚易知，甚易行。知我者希，则我者贵。"《庄子·齐物论》子綦曰："今者吾丧我。"韩非曰："人以我为神君也。"荀子曰："是我而当者，吾友也。"《论语》："吾从周。""我爱其礼。"孟子曰："我善养吾浩然之气。"都说明吾与我有实体与精神的区别，否则很难理解"吾丧我"是什么意思。故孔子说："我未见"是指思想上尚未树立，强调要从思想上树立仁德。所以，4.6子曰："我未见好仁者，恶不仁者。好仁者，无以尚之；恶不仁者，其为仁矣，不使不仁者加乎其身。有能一日用其力于仁矣乎？我未见力不足者，盖有之矣，我未之见也。"笔者的注解是，孔子说："存在思想上尚未树立爱好仁德、厌恶不仁的人。爱好仁者，无以崇尚仁；厌恶不仁的人，在他为仁时，是不会让不仁的人影响自己的。他们是每日致力于仁的人啊！思想上不努力的人，总是有的，主要是仁德思想还没真正树立起来。"这样注解不是通顺多了吗？孔子这话说得深刻。

（2.14）子曰："君子周而不比，小人比而不周。"通常注解为："君子团结而不勾结，小人勾结而不团结。""君子不结党营私，小人结党营私。"这样注解是错的。根据（3.14）子曰："周监于二代，郁郁乎文哉！吾从周。"周的意思是周礼奴隶制，而不是合群团结；比是比较、计较，而不是勾结。反映出君子和小人物对待不平等周礼奴隶制的不同态度，应注解为："君子服从周礼而不计较，小人物计较而不服从周礼。"孔子说对了：君子是不平等周礼的受益者，当然服从而不计较；小人物是不平等的礼制的受害者，当然不服从而计较。

又如，把（13.23）子曰："君子和而不同，小人同而不和。"注解为："君子主张和谐而不同流合污，小人同流合污而不讲和谐"也是错的。应注解为："君子主异；小人主同。"因为君子认为：君君臣臣，贫富贵贱，身份地位不同，是天经地义的。老百姓安贫乐道，安分守己，遵守礼制，不犯上作乱就是和，反抗血腥统治就是不和。故君子主张和而不同，就是主"异"。 而小人物主"同"，认为：同样是人，应该人人平等，要求均贫富，等贵贱。周礼奴隶制腐败黑暗，极端不平等，就应该闹革命推翻奴隶制，为奴隶争取平等解放。故小人主张同而不和。孔子这话没说错。

不同注解还有很多，这里不再列举。笔者认为：从孔子的一生、孔子的主张、孔子的历史地位等三方面入手，才能真正读懂《论语》。

一、孔子的一生

《论语》（2.4）子曰："吾十有五而志于学，三十而立，四十而不惑，五十而知天命，六十而耳顺，七十而从心所欲，不逾矩。"这是孔子对自己一生的总结。

1. 童年受礼熏陶

孔子名丘，字仲尼，山东曲阜人，生于公元前551年，死于公元前479年，据儒家说：孔子是殷王后裔。武王伐纣，纣王自焚。纣王庶兄微子启抬棺投降，受封于宋，建都商丘。微子启死后，其弟微仲继位。微仲的四世孙弗父何，即孔子的十一世祖，也是道德高尚的圣人，本该继位为宋公，却让位给弟弟。自此，弗父何的后裔不再世袭王位而为卿。弗父何的五世孙叫孔父嘉，曾任宋国大司马，其子孙便以孔为姓。孔父嘉在一次动乱中被杀，其孙子孔防叔，即孔子曾祖父，逃到鲁国避难。孔子的父亲叔梁纥（hé）是个武士，曾任陬（zōu）邑大夫。娶妻施氏，生九女而无子。其妾生有一子，叫孟皮，是个跛足残疾人。叔梁纥晚年娶颜氏，生孔子。圣人异相，头顶中间凹下，故名孔丘。孔子三岁丧父，十七岁丧母，家境贫寒。儒家在谈到孔子的祖先时，本想吹嘘孔子的祖先是圣人，祖传世袭，孔子也是圣人，祖上比谁都阔。不想却透露另一种信息：孔子祖先也是一代不如一代，十足的

阿Q精神。孔子就出生在这种没落的贵族家中，使得孔子长大后，总想复辟昔日的"辉煌"。

鲁国是武王弟弟周公旦的封地。武王伐纣，建立西周，第二年便去世。13岁成王继位，由其叔周公旦辅政。周公制礼作乐，借鉴夏商礼制，为巩固西周政权，制定了一套完整的奴隶制度，统称周礼。所谓"礼"，不是现在所说的文明礼貌，而是残酷的周礼奴隶制。鲁国受周礼影响很深，故晋国韩宣子访问鲁国后说："周礼尽在鲁矣。"《史记》曰："孔子为儿嬉戏，常陈俎（zǔ）豆，设礼容。"孔子从小受到周礼旧文化的熏陶，童年游戏，喜欢摆弄祭器，模仿大人祭祀礼仪。可见，孔子祖上并无圣人，自己也不是儒家所吹嘘的天生圣人，只是受礼熏陶，喜欢摆弄礼器，儿戏而已。什么祖传圣人，凡人一个！

2. 十五立志学礼

（2.4）子曰："吾十有五而志于学。"由于少小贫贱，穷苦的生活使孔子认识到，必须努力学习，才能改变命运。学什么？学周礼。立什么？（8.8）立于礼。（16.13）不学礼，无以立。（20.3）不知礼，无以立。（15.32）耕也，馁（něi）在其中；学也，禄在其中。（19.13）学而优则仕。书中自有黄金屋，书中自有颜如玉。因此，发愤学礼。（5.15）敏而好学，不耻下问。（7.2）学而不厌。（7.19）发愤忘食，乐以忘忧。（3.15）子入太庙，每事问，是礼也。（7.22）三人行，必有我师焉。（5.28）不如丘之好学也。通过努力，孔子的确学到了一些礼乐知识。贵族办丧事，他就干起了"儒"这个行业，当吹鼓手，做司仪。还干过"委吏"（仓库管理员）、"乘田"（放牛羊）等差事。（9.6）子曰："吾少也贱，故多能鄙事。"（9.7）："吾不试，故艺。"（7.12）子曰："富而可求也，虽执鞭之士，吾亦为之。如不可求，从吾所好。"只要富贵可求，赶车这种鄙事，我也干。如果不可求，我就干我所喜欢的事情：即吾从周，我爱其礼，追求富贵，一心学礼，优而则仕。

3. 三十立足于礼

孔子立志学礼，发愤忘食，学有所成，通晓周礼。于是，不再干吹吹打打，放牛放羊等鄙事，改行办学教书，以礼在社会立足。（7.7）子曰："自行束修以上，吾未尝无诲焉。"孔子办学是收学费的，最少十条干肉以上。这对揭不开锅的穷人来说是交不起的，不是什么义务教育。孔子的学生都是贵族子弟，颜回算是最穷的，但还是破落贵族子弟，能供得起父子两人同时上学，不会穷到哪里去。可见，孔子办的是贵族学校。（15.39）子曰："有教无类。"其实是"无教有类"：交不起学费的穷孩子不教；歧视妇女，只招男生，不教女生；孔子认为是笨学生的不教，（7.8）子曰："不愤不启，不悱（fěi）不发。举一隅（yú），不以三隅反，则不复也。"；不听话的学生不教，如宰我、冉求、公伯寮、樊迟等不但不教，而且还攻击辱骂。

（7.25）子以四教：文、行、忠、信。孔子的教学内容是：忠孝礼乐，仁义道德。教学目的是：学而优则仕。一句话：只教周礼，其余不教，如军旅之事、农稼之事、经商之事都不教。怎么能说孔子是有教无类的全民教育家？

儒家说：孔子有弟子三千，圣贤七十二。其实，《论语》中有名有姓的弟子才 26 人。《史记》记载虽有七十七人，但儒家自己也不承认都是圣贤，如宰我、冉求、公伯寮等人就不是。而且这七十七人中，好多是孔子死后才出生。如果把孔子死后，历代儒者都算成孔子的弟子，那又说少了，何止三千？

由于孔子只教如何当官发财，克己复礼，忠恕而已。适应了上层社会的需要，逐渐在社会上小有名气。连三桓之一的孟僖子在临死时，也交代儿子孟懿子和南宫敬叔拜孔子为师。据《史记》记载：孔子 34 岁时，鲁昭公派他和南宫敬叔到洛阳周室，向老子问礼。此事儒家是极力否认的，但仔细分析，应有此事。不管周室怎样，仍是中央政府，而鲁国相当于半个山东省。老子是中央学术权威，孔子适周问礼，相当于进京镀金，抬高自己。据《史记》记载，老子劝孔子说："周公周礼已经连骨头都腐朽了，你还死抱着不放，思想也太落伍了。"此事《庄子·天道》也有记载。

当然，孔子教人如何当官不是不可以，国家需要有人当官来管理。问题是当官为谁？老子认为当官为百姓，孔子认为当官事君。《论语》中，没有一句说当官为百姓的话。

4. 四十而不惑

到了中年，孔子觉得，通过自己刻苦学习，对忠孝礼乐，仁义道德那套东西，无所不知，无所不晓，达到不惑程度。例如，什么是礼？我们认为礼是文明礼貌，礼仪礼节。而孔子的确不惑，（17.11）子曰："礼云礼云，玉帛云乎哉？乐云乐云，钟鼓云乎哉？"孔子说：礼难道只是玉帛礼物，钟鼓乐器吗？不是的，而是周礼奴隶制，是节制老百姓的工具。什么忠孝礼乐、仁义道德；什么君子小人；如何学而优则仕；如何克己复礼等等，《论语》都进行了答疑解惑。然而，孔子不是什么都不惑。他最大的疑惑就是（6.17）："谁能出不由户？何莫由斯道也？"孔子确实想不通，为什么没人走我这条道呢？其实，原因很简单：诸侯要改革周礼，而孔子要克己复礼。

5. 五十知天命

到了壮年，孔子的世界观已经形成。四十没想通的事，五十想通了，知天命，知道这是命。（3.13）子曰："获罪于天，无所祷也。"（6.28）孔子指天发誓："予所否者，天厌之！天厌之！"（7.23）："天生德于予。"（8.19）"唯天为大。"（9.9）"凤鸟不至，河不出图，吾已矣夫！"（9.12）"吾谁欺，欺天乎？"（11.9）"天丧予！天丧予！"（12.5）"死生有命，富贵在天。"（14.36）"道之将行也与，命也；道之将废也与，命也。"（16.8）"畏天命。"（20.1）"天之历数在尔躬。"（20.3）"不知命，无以为君子。"（7.21）虽然，子不语怪力乱神，不等于孔子不信鬼神。（3.12）"祭神如神在。"（6.22）"敬鬼神而远之。"（7.35）子路请祷神祇，子曰："丘之祷久矣。"（8.21）"菲饮食而致孝乎鬼神。"（11.12）"未能事人，焉能事鬼？"说明孔子信鬼神，信天命。把天看成是有的人思想意识的神灵，一切都是命中注定的。谁是天子，谁是庶人，谁富贵，谁贫贱，上天早就安排好了，大家只能安分守己，听天由命。（6.23）子曰："知者乐水，仁者乐山；知者动，仁者静。"孔子形象地阐明两种对立的哲学观点：知者指老子，喜欢水一样运动变化；而仁者指自己，喜欢山一样静止不变。孔子这种哲学观点，是为周礼奴隶制不可改变的政治主张服务的。用现在的话说：是典型的形而上学唯心主义哲学。

孔子虽然有自己的哲学，但还够不上是哲学家。孔子"述而不作，信而好古"。没有哲学著作传世，《论语》不是哲学著作。德国哲学家黑格尔说："《论语》只讲了些伦理道德常识，没有多少思辨的东西。中国哲学真正成体系的，只有老子，智慧在孔子之上。"每个人都有自己的哲学，如果仅凭孔子有自己的哲学就说他是哲学家，岂不是每个人都是哲学家？（5.13）子贡曰："夫子之文章，可得而闻也；夫子之言性与天道，不可得而闻也。"一针见血地指出孔子的文章，缺少哲学理论。在儒家历史上，有四个人堪称哲学家：孟子以心字；公孙龙以异字；董仲舒以天字；朱熹以理字，"为儒学造道"，援道入儒，论证不平等礼制的合理性，以弥补孔子理论上的不足。

孟子认为："心之官则思。"一切都源于心，不管是人之初的善（心）、良（心），还是后来的忠（心）、孝（心）、仁（爱心）、义（恻隐之心、羞耻之心）都发端于心。"凡道，心术为主，仁义礼智根于心。仁之于父子也，义之于君臣也，君之视臣如犬马，臣事君如事父，此君臣之义。体有贵贱，有大小。有大人之事，有小人之事。无以小害大，无以贱害贵。先立乎其大者，则其小者不能夺也。劳心者治人，劳力者治于人，天下之通义也。"是个地道的唯心主义者。孟子也学孔子周游列国，宣扬儒学。但和孔子一样，虽然处处维护统治者利益，却得不到诸侯重用。原因是：孔孟维护的是旧统治者利益，当然得不到主张改革周礼的新统治者的重用。

公孙龙是平原君赵胜家的门客，著有五论：如《白马论》。一般认为白马是马，但公孙龙说：白马非马，二者是有区别的。以此别同异，明贵贱，论证周礼奴隶制不平等的合理性。孔子第六代孙孔穿很不理解：明明白马是马，硬说不是，不承认公孙龙是儒家。笔者认为：在四人中，公孙龙应该是最厉害的哲学家。他主张的"异"是客观存在的，很难驳倒他。他的思辨能力，逻辑思维，在孔、孟、董、朱之上。这样的哲学家，却名不见经传，实在不该埋没。

说公孙龙是名家，是司马迁的父亲乱点鸳鸯谱。老子、孔子、墨子、荀子等人，有关名实问题的论述，比公孙龙更早、更多。如果说公孙龙是名家，他们更应是名家。其次，惠子的"历物十事"，未论及名实，他与公孙龙观点对立，怎么可能同为名家？从他们的主张看，惠子应是道家，公孙龙是儒家。所谓名家，在历史上，子虚乌有，根本不存在。

《坚白论》说：一块石头，用眼睛看，只能看到白色，看不到硬度；用手摸，只能摸到硬度，摸不到白色。可见，坚与白是石头不同的属性（异）；一切属性皆可离物而自存（离），在世上还没有坚物和白物时，坚与白就已经存在，只不过还没体现出来而已，坚与白好像藏起来了。就是说坚白未与石结合时，是独立自藏的精神实体。这种精神可以离开实体而自存的理论，是典型唯心论。

"一尺之棰，日取其半，万世不竭。"这句话都以为是庄子说的，其实是公孙龙说的。公孙龙主张事物无限可分，强调异，强调分别离，明贵贱，从而维护不平等持权礼制。庄子主张齐物，惠子主张合同异，老子主张玄同。他们都强调同，要求平等，均贫富，等贵贱。不会说这种分别离，明贵贱的话。惠子认为：万物毕同毕异，大同小异。天与地卑，山与泽平。天地一体，泛爱万物。不要只爱君主，不爱百姓。公开反对天尊地卑，贵贱有等。而孔子和公孙龙观点一样，强调异。（13.23）子曰："君子和而不同，小人同而不和。"称赞君子心理平和地接受不平等的不同；指责老百姓（小人物）心理不平和，只强调同，要求均贫富，等贵贱，反对天尊地卑，贵贱有等，和统治者的特权。

《指物论》说："物莫非指。"万物没有不是人指称出来的，人不指称，物就不存在，这也是典型唯心论。先有名后有实，颠倒了名与实的关系，想以此论证（13.3）孔子必先正名的正确性。

《通变论》把抽象的鸡足（名），当成实存的鸡足，从而得出鸡三足、牛五足等荒谬结论与惠子穷辩。所谓火不热，目不见，轮不碾地，都是唯心论。《通变论》实际是不变论：左是左，右是右；上是上，下是下；牛是牛，马是马，不能变。应用到政治上，君是君，臣是臣，名分地位、等级礼制不能变。

春秋战国，社会变动，旧名已不能适应新实。公孙龙的《名实论》维护孔子的君臣之义，死抱着旧名礼制不变，反对改革。从哲学高度论证君臣等级特权制度的合理性，克己复礼的正确性，以达到维护旧统治者利益的目的。可见，公孙龙是儒家不是名家，真是历史的误会。

董仲舒把天说成有思想意识的神灵。所谓"天人同类"，是说天和人一样，有喜怒之气，哀乐之心。所谓"天人感应"是人的一举一动，天都知道，都有反应，天有赏罚功能。人如果触犯天条，有逆天意，就会受到上天灾难性的惩罚，天具有至高无上的权威。"天尊地卑，乾坤定矣；卑高以陈，贵贱位矣。"董仲舒把神权、君权、夫权统归于天意，君权天授。把老百姓统称为天下臣民，必须尊天、顺天、奉天。"君为臣纲，父为子纲，夫为妻纲，天之制也。""天子受命于天，诸侯受命于天子。子受命于父，臣受命于君，妻受命于夫。诸所受命者，其尊皆天也。"把孔子的君臣之义捧上了天，神化儒学。

老子则认为：天道自然，天是自然的天。"天人合一"指天和人是一个整体，都是域中四大之一。但天与人不同类，最大不同是：天地不仁，天道无亲，天没有人的思想感情。胡适说："天地不仁这个观念，打破了天人同类的谬说，立下后来自然哲学的基础。"可见，儒家的天人同类和道家的天人合一本质是不同的。

朱熹认为：道理是个实而不有，虚而不无的东西。这个悬空而无形无象的东西必须有个挂搭附着之处，那就是气和器。理在气中，道在器中。道和理是无形体的精神抽象，器和气是有形体的物质现象。"理也者，形而上之道，生物之本也；气也者，形而下之器也，生物之具也。""气是理之所生，先有理而后有气。所谓理与器，此绝是二物。虽未有物，而已有物之理，理在物先。万一山河大地都陷了，毕竟理却只在这里。""未有这事，先有这理。如未有君臣，已先有君臣之理。未有父子，已先有父子之理。""人之所以生，理与气合而已。理在人未形之前，浑然于天空。于人一旦形成，便附于人体，成为先天禀赋于人心的仁义礼智。理便是仁义礼智，这是先天的善性所在，人人皆有，故名天命之性。""所谓天理，复是何物？仁义礼智，君臣父子，兄弟朋友，岂不是天理？""宇宙之间，一理而已。天得之而为天，地得之而为地。凡生于天地之间者，又各得之以为性。其张之为三纲，其纪之为五常。皆以此理流行，无所适而不在。""道者，古今共由之理。如父之慈，子之孝，君仁臣忠，是一个公共底道理。"朱熹主张以理制欲，"存天理而灭人欲"。所谓无极而太极，出佛入老，复归儒学。把老子物质性的道，说成是精神性的理，目的是把孔子的礼教、仁义道德上升到天理乃至宇宙本体的高度。

老子认为：道是物的本质、本体、本原，生物之本；理是物的本性、本能、运动规律。道好比是构成一个人的细胞，细胞是人的本质、本体、本原；理好比是人的性格脾气、办事能力、生老病死的变化规律。道与理，物质与物理，一物两面，而非董仲舒所言绝是二物。有物必有理，无先后可言。但物质与精神则有先后，先有物理后有理论。这与朱熹的说法本质不同。

当然，为儒学造道的不只这四个人。从整体看，儒家哲学，万变不离其宗，都属于形而上学唯心论。

6. 孔子当官

孔子生活在春秋晚期，周天子腐败无能，无力控制诸侯。于是天下大乱，各诸侯国纷纷改革自强，争霸中原。公元前594年，鲁国大夫，新兴势力的代表，季氏、孟氏、叔氏（合称三桓），受改革浪潮影响，在各自领地，开始"变其俗，革其礼。"隐瞒不报，悄悄变公田为私田，变奴隶为自耕农，大大提高种田积极性，势力大增，从而控制鲁国政权。《史记》曰："悼公之时，三桓胜，鲁君如小侯，卑于三桓之家。"公元前517年，鲁昭公不甘心失败，以季氏八佾舞于庭，僭越周礼为由，突然起兵袭击季氏。在三桓联合反攻下，鲁昭公逃亡齐国，客死晋国。《左传》曰："季氏出其君，而人民服焉，诸侯与之。"季氏赶走国君，改革周礼奴隶制，人民拥护，诸侯认可。孔子却认为是犯上作乱，大逆不道。

（3.1）由于孔子叫嚷季氏八佾舞于庭，是可忍，孰不可忍！无法在鲁国立足，只好跟着鲁昭公逃到齐国，做了齐国贵族高昭子的家臣。经高昭子引见，孔子拜见了齐景公。此时，齐景公也正为新兴势力僭越周礼而大伤脑筋。（12.11）于是，问政于孔子。孔子发表了著名的"君君臣臣，父父子子。"反对改革言论。《史记》曰："齐大夫欲害孔子。"《孟子·

万章下》曰："孔子之去齐，接淅而行。"说孔子闻风而逃，又回到鲁国。

此时，鲁国局势发生了变化：把鲁昭公赶出国的季平子死了，其子季桓子继位。季平子的家臣阳货，乘机控制年轻的季桓子。这就是孔子所说的：天下无道，陪臣执国命。(17.1)阳货知道孔子反对季氏，就拉拢孔子说："喜欢当官，又屡错机会，时光易逝，岁不等人。来我这里当官吧，机不可失！"孔子有些动心，但决心未下，就应付说："诺，吾将仕矣。"(17.5)公山弗扰配合阳货在费邑造反，使阳货势力大增。"召，子欲往。"遭子路反对，孔子辩解说："如有用我者，吾其为东周乎？"表白自己如果参加造反，也是身在曹营心在汉，会坚定地反对改革周礼的。阳货、公山弗扰的政变很快失败了，孔子幸亏没参加，从而取得鲁定公和季桓子的信任，当了一年中都宰（今山东汶上县）。公元前500年，孔子任司空（管建筑）。以后，又当了两年司寇（管司法），还代理过三个月宰相。孔子一辈子只当了这三年官，终于过了一把梦寐以求的官瘾，主要干三件事：

第一件：公元前500年，鲁定公和齐景公在夹谷会盟，孔子担任相礼。

鲁国的改革不比齐国晚，自然条件不比齐国差。但受周礼守旧思想影响很深，改革不彻底，一直强盛不起来。《史记》曰："鲁小弱，附于楚则晋怒，附于晋则楚来伐，不备于齐则齐师侵鲁。"三桓叔氏曰："今我小侯也，处大国之间，缮贡赋以共从者，犹惧有讨。"鲁夹在齐、晋、楚三个大国之间，左右为难。国内也动荡不安，可谓内外交困。尽管如此，鲁国也有举足轻重之处，鲁不管依附哪一大国，都将使大国势均力敌的格局失去平衡。在这种形势下，齐国开展外交攻势，近水楼台，拉拢鲁国。齐景公和鲁定公在夹谷（山东莱芜）会盟，齐国答应退还侵占鲁国三个县的领土，(18.4)又送80名美女，30辆豪车，120匹良马等礼物。这次会见，孔子不过是个司仪，却被儒家宣传成，鲁国之所以取得外交伟大胜利，完全是孔子的功劳。既然孔子有这么大本事，半部论语可以修身、齐家、治国、平天下，又培养了三千弟子七十二圣贤这么多人才，为何没使鲁国也强大起来呢？

第二件：上台三个月，就杀了主张改革周礼奴隶制的大夫少正卯，还下令暴尸三天。谁说孔子是仁人君子，心慈手软不杀人？

第三件：阴谋"堕三都"。

所谓"堕三都"，即孔子为削弱三桓改革派实力，与鲁定公密谋，派子路按照周礼的规定："家无藏甲（大夫家不许拥有武装），邑无百雉之城（一雉为三丈，大夫封邑的城墙，长度不许超过三百丈）"拆毁季氏的费（今山东费县），孟氏的成（今宁阳县），叔氏的郈（今东平县）长度超标的城墙，解除非法拥有的武装。这一招很厉害，硬要端掉三桓的老巢。在三桓死命抵抗下，"堕三都"阴谋惨遭失败。《孟子·告子下》曰："不税冕而行。"说孔子来不及换掉祭祀时戴的礼帽，仓皇出逃，开始了14年的流亡生涯。《论语》(18.4)把这段不光彩的历史美化成，孔子不满鲁国国君腐败无能，沉湎女乐，三日不朝，大失所望。于是周游列国，明知山有虎，偏向虎山行，为实现克己复礼的理想而奋斗的英雄壮举。

7. 周游列国

公元前 497 年，54 岁的孔子逃出鲁国，首先到卫国。卫国是周公旦弟弟康叔的封地，新兴改革势力比鲁三桓还弱小。卫国大夫公叔戌虽在匡城蒲乡率众改革，但未成气候，卫国大权仍掌握在守旧的卫灵公手里。卫灵公待孔子不薄，给孔子在鲁国当大夫时，同样六万斗的厚禄。但对孔子不放心，经常派人监视。孔子很失望，决定去陈国。（9.5）子畏于匡。经过匡地时，被围困五天后获释，孔子只好返回卫国。事后，孔子拍胸曰："天之未丧斯文也，匡人其如予何！"

为了解除卫灵公的戒心，获得重用，孔子找卫灵公夫人南子走后门。（6.28）不料遭到子路反对，孔子只好指天发誓："予所否者，天厌之！天厌人！"走后门没取得预期效果，孔子很失落。有一天，卫灵公和南子乘车出游，叫孔子像宠物一样在后面跟着，孔子感到莫大耻辱，（9.18）背后骂卫灵公是好色之徒。《史记》曰：孔子又想去晋国，刚走到河边，听说晋国主张改革周礼奴隶制的赵简子，刚杀了两个反对改革的著名保守人物，孔子吓得连忙返回卫国。

公元前 496 年，卫灵公的儿子蒯聩（kuǎi kuì）因谋杀南子，被驱逐出国。3 年后，卫灵公去世，蒯聩的儿子蒯辄（zhé）继位。蒯聩在晋国赵简子支持下，与阳货一起带兵回卫国，准备从儿子手中夺位。

公元前 492 年，孔子觉得在卫国待不下去，就启程去陈国，途经宋国。宋国司马桓魋（tuí）也是个主张改革周礼奴隶制的大夫，孔子曾攻击他违背周礼。听说孔子来了，就带兵要杀孔子。《孟子·万章上》曰："孔子遭宋桓司马，将要而杀之，微服而过宋。"说孔子化装逃离宋国，结果和弟子们跑散了。当弟子们找到孔子时，（7.23）孔子曰："天生德于予，桓魋其如予何！"据《史记》记载：子贡告诉孔子："有人说你累累兮，若丧家之狗。"惊魂未定的孔子说："别的不像，丧家之狗倒很像。"逃过这一劫，孔子终于到了陈国，投靠在大夫司诚贞子门下。陈是舜后裔的封地，在开封以东安徽北部，建都河南淮阳，后被楚国所灭。孔子在陈国待了三年，其间，鲁国掌权者季康子派人请冉求回国任职。冉求是孔子最具政治才能和革新思想的学生，和孔子观点不同。故（5.22）子在陈曰："回去吧！回去吧！我那些弟子，狂妄简单，志大才疏，虽能出口成章，却不懂得运用周礼来节制仲裁，判断是非。"据《史记》记载：子贡把冉求拉到一边，劝他不要和孔子计较，并希望冉求想办法把孔子和同学们也弄回国。

公元前 489 年，吴国争霸中原，侵占陈国，楚王发兵救陈，战争持续了好几个月。为躲避战乱，孔子带弟子们前往蔡国。途中，楚国派人来聘孔子。陈蔡两国与孔子言行相左的大夫，为了阻止孔子去楚国，派人将孔子一行围困于郊野，断粮七天，史称"陈蔡绝粮"。（15.2）在陈绝粮，从者病，莫能兴。别人都饿病了，爬不起来，孔子却不饿，还在弦歌不绝。子路愠见，曰："君子亦有穷乎？"孔子说："君子固守（安于）穷困，小人一穷就乱来。"后来，还是子贡冒险突围，到楚国讨救兵才解围。于是，孔子一行便向楚国进发，途经楚国叶地，今河南叶县。（13.16）叶公问政。子曰："近者悦，远者来。"言下之意，我大老远跑来投靠楚国，希望得到重用。于是，叶公对孔子进行面试。（13.18）叶公对孔子说："我家有个正直的人，其父偷羊，他去告发。"孔子说："我家乡正直的人和你说的不一样，父为子隐，子为父隐，正直的品德就体现其中。"（7.19）叶公认为孔子反对大义灭亲，人品有问题。就问子路，孔子这人怎样？子路不答。这一下把孔子惹急了，责怪子路："你为什么不说：其为人也，发愤忘食，乐以忘忧，不知老之将至云尔。"（7.12）子曰："富而可求也，虽执鞭之士，吾亦为之。"（9.13）子贡曰："有美玉于斯，韫椟（yùn dú）而藏诸？求善贾（gǔ）而沽诸？"子曰："沽之哉！沽之哉！我待贾者也。"（7.16）子曰："饭疏食，饮水，曲肱而枕之，乐亦在其中矣。不义而富且贵，于我如浮云。"（4.5）子曰："富与贵，是人之所欲也，不以其道得之，不处也。"（4.16）子曰："君子喻于义，小人喻于利。"（9.1）子罕言利。（14.12）见利思义。（13.17）见小利则大事不成。说得多么好，其实言行不一。从《乡党篇》讲述孔子日常生活之奢侈讲究，根本不是饭疏食，饮水。为求富贵，不惜吹嘘自己，开后门，拜倒在南子石榴裙下。

孔子到了楚国，楚昭王本想分封土地，重用孔子。宰相子西提醒说："当初楚国封地只有百里，现在不只千里；诸侯不能称王，只有楚国敢称王。在孔子看来，这都是僭越周礼，大逆不道的行为。孔子主张克己复礼，如果让他掌权，楚国就要遭殃。"几句话就打消了楚昭王重用孔子的念头，孔子只好返回卫国。弟子们在《论语》中（14.39（18.5）（18.6）（18.7）虚构了荷蓧、楚狂、长沮、桀溺、丈人等人物。"滔滔者天下皆是也，而谁以易之？"提出了"天下大乱，谁能改变？""出路在哪里？"等问题，流露了悲观避世情绪。滔滔者指翻江倒海，改革周礼，推翻奴隶制的历史潮流。孔子派子路问津。长沮曰："孔子是圣人，他应该知道出路在哪里。"子路说："君臣之义，克己复礼，道之不行，已知之矣。"连死党子路也失去信心。

公元前488年，孔子一行回到了卫国。子贡继冉求之后，从卫回鲁当了季氏家臣，从事外交工作。此时，卫国的国君仍是卫出公辄。（13.3）子路问孔子："卫出公若请老师为政，您打算从何着手？"孔子曰："必也正名。"所谓"正名"就是克己复礼。子路不解地说："也是的，怎么那么迂，何必去正那个名？"孔子说："放肆！你不懂。名不正，言不顺；言不顺，事不成；事不成，礼乐不兴；礼乐不兴，刑罚不中；刑罚不中，则民无所措手足，如何为政？"卫出公辄不让父亲蒯聩回国执政，违反了"君君臣臣，父父子子"的等级名分。（7.15）故子贡说：孔子不会帮辄为政的。

公元前484年，齐国讨伐鲁国。当了季氏宰的冉求被任为左师统帅；因关心发展经济而问稼，被孔子辱骂为小人的樊迟，被任为副将。两人齐心协力，大败齐军。而子贡出使吴国，也取得外交上的胜利。这使得季康子很高兴，在冉求、樊迟、子贡协调下，季康子同意给孔子退休大夫待遇，回国当顾问。（14.38）孔子回国时，由子路打前站。当子路赶到京城曲阜时，天色已晚，城门紧闭，只好在城外露宿一夜。隔天清早，城门一开，守门

人问子路从哪里来？子路说从孔子那里来。守门人说："是那个知其不可而为之的人吗？"本是一句执迷不悟，顽固不化的贬语，却被美化成，为理想执着奋斗的赞美之词。

公元前484年，68岁的孔子终于结束了自称丧家之犬的逃难生活，回到阔别14年的鲁国。孔子主要躲在卫国，累计9年，陈国3年。宋是路过，楚是短暂停留，晋、蔡想去没敢去。齐国是十几年前逃难去的，不算这次周游列国。其中辛酸苦辣，五味杂陈。不但没人用他，反而赶他，困他，饿他，要杀他。孔子四处逃难，如丧家之犬，实在狼狈不堪，哪里是周游列国的英雄壮举。《孟子6.4》曰：孟子学孔子周游列国，从者数百人，乘车数十辆，传食于诸侯之间。只凭一张嘴，浩浩荡荡，从这一国吃到那一国，看来还是孟子有办法。

8. 耳顺、不逾矩的晚年

（2.4）子曰："吾六十而耳顺。"说他晚年，帖耳恭顺，两耳不闻窗外事，整理古籍，编写教材，从不逾越周礼的规矩。（8.14）子曰："不在其位，不谋其政。"（14.26）思不出其位。（9.15）子曰："吾自卫反鲁，然后乐正，《雅》《颂》各得其所。"据说孔子整理了礼、乐、诗、书、易、春秋六本教材。《乐》失传了，故称五经。

《礼》是周礼，不是文明礼貌，而是一种社会制度。是奴隶社会政治、经济、军事、法律的等级制度。"周公制礼，孔子复礼。"礼不是周公和孔子发明的，周公只是在夏商礼制基础上完善制定的，孔子只是宣扬而已，还没那个本事复礼。

《诗》是远古诗歌总集，共305首，分风、雅、颂三集。《国风》大部分是民歌，反映了民间现实生活及老百姓改变苦难现状的强烈愿望。《雅》大部分是贵族作品。《颂》多半是西周统治者祭礼的颂歌。

《书》叫尚书，分虞书、夏书、商书、周书四部分，是各朝代制度、事件的文献史料。少数是战国时期的托古之作，如尧典、禹贡、洪范等。禹贡记录了战国以前黄河、长江流域山河物产情况，是我国最早的地理志。

《易》分经、传两部。说《易经》是迷信占卜用书，这是误解。实际是一本哲学之书、预测之书、革命之书。《易经》运用阴阳八卦，根据自然变化预测社会凶吉的书籍，是汤武革命的理论。《易传》是讲解《易经》的书籍。《易》出现于商，成书于战国秦汉之际，主要哲学思想是革新变易，这和孔子保守不变的哲学是对立的。"天下凡事，皆一阴一阳。极而反，盛而衰。一盛一衰，高下平也。盛而为君，衰而为民。"这种君民易位的言论，在儒家看来，是大逆不道的异端。康有为上书要求变法，李鸿章说："祖宗之法不能变，变了就是不忠不孝，大逆不道。"康有为说："任何事都是变化的，祖宗之法也一样，陈旧腐朽的东西必须改变，国家才能富强，才不会被外国人欺侮。把那么多国土一块块割让给洋人，才是不忠不孝，大逆不道。"故《易传》不可能是孔子儒家著作。

《春秋》是鲁国的史书，简要记载鲁隐公至鲁哀公期间242年的历史，还记录当时日食30次，地震7次。

可见，四书五经都不是孔子的作品。（7.1）子曰："述而不作，信而好古。"孔子没有著书传世，五经不是儒家经典；论语、大学、中庸、孟子等四书才是后世弟子写的儒家著作。

（2.4）孔子曰："吾七十而从心所欲，不逾矩。"说他到七十岁随心所欲，想干什么就干什么，但不逾越周礼奴隶制的规矩，这是他的底线。但事实并非如此，孔子自卫返鲁后，并不帖耳恭顺，安分守己。而是不在其位，却谋其政。思出其位，总想干涉政事。（16.1）季氏将讨伐颛臾。孔子要冉有和子路加以阻挠。（3.6）季氏旅于泰山。子谓冉有曰："女弗能救与？"对曰："不能！"（14.21）陈成子弑简公。孔子沐浴而朝，告于哀公曰："陈恒弑其君，请讨之。"都说孔子主张和为贵，爱好和平，反对战争，却要鲁哀公出兵干涉他国内政。鲁哀公管不了的事，他要管；说帖耳恭顺，却不安分守己；说不逾矩，还是逾位；说随心所欲，想干什么就干什么，可一样也没干成，使得孔子灰心丧气。（5.7）子曰："道不行，乘桴浮于海。"（7.5）子曰："甚矣吾衰也，久矣吾不复梦见周公。"哀叹自己太衰老了，不再做"吾从周""为东周"的梦。（9.9）子曰："凤鸟不至，河不出图，吾已矣夫！"天不助我也，这辈子完了！完全没了当年的豪言壮语：（4.8）朝闻道，夕死可矣。（8.7）任重道远，死而后已。（15.9）杀身成仁。（9.17）子在川上曰："逝者如斯夫，不舍昼夜。"无可奈何花落去，恰似一江春水向东流。（11.2）子曰："从我于陈蔡者，皆不及门也。"当年陈蔡受困，断粮七天，在那样艰险情况下，乃然坚定跟从孔子的弟子，现在都走了。公元前480年，卫国蒯聩在晋国支持下，赶走了卫出公辄，自立国君。子路在这场父子争夺战中，被砍成肉酱。颜回也病死了，原先门庭若市，现在门可罗雀。晚景黯淡凄凉，并不辉煌。公元前479年，孔子病故，享年73岁。

孔子的一生，就为一个"礼"字而活着。他从小受到礼的熏陶；少年立志学礼；年轻以礼立足社会；壮年办学教礼；50岁步入官场，克己复礼；55岁反对改革周礼，"堕三都"失败，被迫"周游列国"流亡14年，到处碰壁，一事无成；68岁回到鲁国，整理古籍，编写教材，宣传周礼；5年后去世。可见，孔子一生坎坷，活得并不出彩，更谈不上与日月同辉，与山河同在。

二、孔子的主张

孔子在《论语》中提出了许多主张，主要有忠、孝、礼、乐、仁、义、智、信八个字，以及君子与小人，核心是礼。

1. 孝

《论语》首先讲孝，百善孝为先。有好吃好喝，能供养父母还不够。还要"事父母，能竭其力"。孝顺、听话、无违、无改、不犯上、问寒问暖，关心疾病，使父母健康快乐。不可否认，孔子说起孝来滔滔不绝，说得很好，很有道理，实际孔子并非孝子。据《史记》揭发：孔母刚去世，恰逢季氏设宴招待士人，孔子不在家守灵，却跑去赴宴，被赶了出来。又据《礼记·檀弓上》透露："伯鱼之母死，期而犹哭。夫子闻之曰：谁与哭者？门人曰：鲤也。夫子曰：嘻！其甚也。伯鱼闻之，遂除之。"孔鲤的母亲死了，孔鲤很伤心，孔子竟然不许儿子哭！孔子不但没有任何孝顺父母先进事迹，还鄙视衣食父母，歧视妇女。(9.6)："吾少也贱，故多能鄙事。"(13.4)：樊迟请学稼，子曰："小人哉，樊须也！"把老百姓称为没文化、不讲道德的小人、野人、贱人、鄙人、庶人，把老百姓做的事说成鄙事。(17.25)子曰："唯女子与小人为难养也。"(8.20)武王曰："予有乱臣十人。"孔子曰："有妇人焉，九人而已。"武王说：我有治乱能臣十人。孔子说：有妇人不算，九人而已。把妇人不算人，孔子歧视妇女，把妇女推入千年火坑。可见孔子虚伪，表面孝，实际不孝，没资格当什么道德楷模，万世师表！

有人以为只有孔子讲孝，老子不讲孝。其实，孔子表面孝，内心不孝，厚葬久丧，那是做给活人看的；老子则是发自内心的孝敬。他把父母提到天地之始，万物之母的崇高地位。20章曰："我独异于人，而贵食母。"42章："人之所教，我亦教之，强梁者不得其死，吾将以为教父。"他赞美母爱最勇敢，能战胜一切。67章曰："慈故能勇，以战则胜，以守则固。"可见，老子讲孝，反对虚伪的孝。18章："六亲不和，有孝慈。"臣弑君，子戮父，兄弟相残，还讲什么父慈子孝。19章：老子力主"民复孝慈。"并非不讲孝。

2. 忠

如果孔子真心孝敬父母，倒也无话可说。问题是孔子真正目的不是要孝敬父母，而是假托孝顺父母，要老百姓像孝顺父母一样孝顺"父母官"，效忠天子。(2.20)"孝慈，则忠。"(2.21)"孝乎惟孝，友于兄弟，施于有政。"把孝应用到政治上，就是忠君。(3.19)"事君以忠。"(4.15)"夫子之道，忠恕而已。"(1.2)把孝提高到仁之本，本立而道生的地位。只要孝顺，就不会犯上作乱。(1.7)"事父母，能竭其力；事君，能致其身。"要忠心耿耿，不辱君命，见危致命，杀身成仁。孔子这一招很厉害，谁敢说不孝顺父母，谁敢说不效忠天子？不忠不孝，不仁不义，大逆不道，乱臣贼子，马上招来杀身之祸，株连九族。

有人说：孔讲忠，老子不讲忠。其实，孔子忠君；老子忠民，忠于老百姓，忠于人民。第49章："以百姓心为心。"第10章："爱民治国。"66章："是以天下乐推而不厌。"主张民主推选君主。

3. 礼

什么是礼？孔子所说的礼和我们所说的礼，概念完全不同。我们所说的礼是文明礼貌，孔子所说的礼是周礼。（17.11）子曰："礼云礼云，玉帛云乎哉？乐云乐云，钟鼓云乎哉？"所谓礼呀乐呀，难道只是玉帛之类的礼物，钟鼓之类的乐器吗？不是的，不是日常生活的礼品礼物，礼仪礼节。（2.23）子曰："殷因于夏礼，周因于殷礼。"（3.14）："周鉴于二代，郁郁乎文哉，吾从周。"周礼是借鉴夏商二代礼制发展起来的，源远流长，内容丰富。周礼主要有分封、井田、军事、刑法四项制度。可见，周礼是沿袭夏商残酷的奴隶制，而不是文明礼貌，这可是孔子自己说的。

礼制不是周公和孔子发明的，周公只是完善，孔子只是鼓吹而已。《礼记》曰："夫礼者，所以定亲疏，决嫌疑，别同异，明是非也。天尊地卑，君臣定矣，卑高已陈，贵贱位矣。""道德仁义，非礼不成。君臣上下，父子兄弟，非礼不定。"

分封世袭是西周基本政治制度，这是一种极端不平等的制度，不同等级享受不同礼遇、待遇。主要内容是：周天子直辖西安和洛阳周边方圆千里肥沃土地，称为王畿。其余土地划为大小不一的邦国，分给亲属和功臣。例如武王弟弟周公旦封地为鲁，功臣姜子牙封地为齐。据说周初封了71个诸侯国，但经常分裂、兼并，到底有多少诸侯国，没有准确数据。"普天之下，莫非王土；率土之滨，莫非王臣。"天下土地皆归天子所有，由奴隶耕种，称为公田。诸侯对封地，只有使用权，无所有权，不许私自买卖，拥有私田，但享有世袭特权。

井田制是西周基本经济制度。井田是分封土地的计量单位，百亩为一田（相当现在20亩），九田为一井。周天子根据亲疏远近，功劳大小，等级高低，分配不同数量的井田，并以此规定必须上交的贡赋、兵员、劳役数量。所谓"封建"，取自"封邦建国"中的两个字。按理，西周实行分封制，应称为封建制才是，却称奴隶制。秦朝废分封制为郡县制，却称封建制。其实，不应顾名思义，而应看土地上主要是谁在劳动。在西周"公田"上耕种的人主要是奴隶，在秦代"私田"上劳动的主要是自耕农。对于种地，自耕农比奴隶更有积极性，这是两种社会制度最本质的不同。尽管封建制仍很黑暗，但比奴隶制，是一次伟大的社会进步。孔孟反对这种进步，想恢复井田制。

周礼的军事制度是：天子直接指挥的军队，有14个师，14万人，这是维持统治的武力。诸侯可以拥有军队，大国不得超过三个师，小国一个师。诸侯有镇守疆土，捍卫周室，缴纳军赋贡税，提供兵员劳役，定期朝觐（jìn）述职等义务。天子一旦有事，诸侯必须及时派兵勤王。尽管如此，诸侯仍有很大自主权。这为日后诸侯坐大，分庭抗礼，各自为政，不听号令，犯上作乱，称雄争霸，无法控制，种下祸根。

周礼规定的刑法多达三千余条，主要有：刺字、割鼻、砍脚、宫刑、斩首五刑。"刑不上大夫，礼不下庶人。"主要用来惩治老百姓。

如此复杂的礼是干什么用的？不是用来讲文明礼貌，礼尚往来的。而是用来维护统治者利益，要老百姓安分守己，遵守礼制，不要犯上作乱。（1.12）讲得很清楚："礼之用，和为贵。先王之道，斯为美，大小由之，有所不行，知和而和，不以礼节之，亦不可行也。"礼的核心是分等级，明贵贱。君君臣臣，等级名分，长幼有序，贵贱有等。礼是用来"和"

的，和是最可贵的。礼是先王治国之道，是最完美的制度。不管大事小事，都要按等级来。越级就乱，不越级就不会乱。不乱就是和，犯上作乱就是不和。知和而和，就事论事，光说和不行，必须是强制性的，不用礼来节制约束，是不行的。

（2.3）："道之以德，齐之以礼，有耻且格。"这是孔子治国基本理念：一手抓仁义道德，一手抓礼乐制度。老百姓有羞耻心，行为就不会出格。季氏没有羞耻心，所以行为出格，不知羞耻地八佾舞于庭。

天下之所以大乱，就是礼坏乐崩。（8.2）"无礼则乱。"（8.10）"好勇疾贫，乱也。人而不仁，疾之已甚，乱也。"乱的根本原因是老百姓不安贫乐道，不安分守己，好勇疾贫，犯上作乱。（6.27）（12.15）"约之以礼，亦可以弗畔。"（14.41）"上好礼，则民易使也。"（13.4）"上好礼，则民莫敢不敬，焉用稼？"治乱必先正名，克己复礼。可见，礼不是文明礼貌，而是周礼奴隶制，是镇压老百姓的统治工具。

孔子说的没错，礼制这套统治工具还是很管用的。使夏商周奴隶社会延续大约1750年，和二千年封建社会差不多。夏450年，商500年，周800年。周分西周300年，东周500年。东周又分两个阶段：前段叫春秋，约300年，因鲁史《春秋》而得名；后段叫战国，约250年，因西汉刘向的《战国策》而得名，《战国策》是记录战国纵横家言行的史书。春秋是诸侯把天子变成傀儡，周礼奴隶制崩溃的时期；战国是齐田氏、晋三家、鲁三桓等大夫、陪臣把诸侯变成傀儡，封建制确立的时期。

西周在周公的治理下，有过一段兴盛的时期，是孔子理想的社会，称为"至德之世。"（8.20）"周之德，其可谓至德也已矣。"（3.14）"吾从周。"（3.17）"我爱其礼。"（4.13）"礼让为国。"孔子认为：西周达到了忠孝礼乐仁义道德最高境界，涌现出许多道德高尚的先进人物。例如周文王的哥哥泰伯是礼让为国的典型。（8.1）"泰伯，其可谓至德也已矣。三以天下让，民无得而称焉。"泰伯是孔子树立的假典型，泰伯实际是受排挤，逃到蛮荒吴地的。孔子有意把臣弑君，子戮父，兄弟相残，和老百姓反抗混为一谈，统统说成行为出格，不知羞耻，犯上作乱，最不道德。鲁迅说："中国原是礼让为国的，既有礼就必须让。签订不平等条约，割地相让，卖国贼才以礼让国。"

好景不长，到西周晚期，恰恰是社会制度的至德周礼出了问题。用孔子的话说：周室衰微，祸起萧墙，礼坏乐崩，世风日下，分崩离析，天下大乱。

一是周礼奴隶制造成社会基础崩溃。老子曰："九层之台，起于累土。贵以贱为本，高以下为基。"西周"盛世"是建筑在奴隶血汗与白骨堆之上的，基础不牢。明代思想家李贽说："耕田者有所收获，才肯出力治田。"这是至今都适用的至理名言，价钱低，成本高，又辛苦，哪来种粮积极性？在奴隶社会里，奴隶主对奴隶任意打骂、虐杀、买卖。沉重的劳役，牛马不如的生活，一无所获，奴隶哪有出力治田积极性？奴隶病的病，死的死，逃的逃。消极怠工，劳力短缺，加上天灾人祸，使"公田"荒芜歉收。一些聪明能干的诸侯，觉得这样下去非完蛋不可。于是，在自己封地，采取一系列改革措施，改革对象首先就是周礼井田制。他们悄悄把公田化为私田，以优惠政策把逃亡的奴隶吸引到私田，变为自耕农，大大提高了种田积极性。这一改革，加速了周室王畿的奴隶向诸侯封地逃亡。结果诸侯坐大，周室衰微，周库空虚，财源枯竭，养不起重兵。这一来，问题大了。对外，无力抵御外族侵扰。对内，无力控制诸侯，镇压民众。

二是周礼世袭制造成上层腐败。

周礼世袭制，保障奴隶主世代子孙特权。不管有本事没本事，有贡献没贡献，也不管是败家子、浪荡公子、混蛋，还是白痴，三岁就能当天子，掌握无上权力，三宫六院，七十二妃，享受极端奢侈生活。世袭制使统治者近亲繁殖，一代比一代腐败无能。也使中国有史以来，一直陷于不断改朝换代的"历史周期律"。曹操评论刘邦的子孙说："他们是生深宫后院，活在妇人怀里，只知享乐的无能之辈。"可是，曹操自己的子孙也一样。表面看好像不是什么好事，实际是历史在前进。天子腐败无能，被改革而强大起来的诸侯所取代。后来，诸侯称王称霸，长期混战，尸骨遍野，百姓无以为生，也存在一代比一代暴虐腐败的问题，聪明能干的大夫陪臣乘机篡夺诸侯权势。如田氏代齐、晋之六卿、鲁之三桓。尽管他们也不是什么大善人，总比腐败的天子、诸侯强。封建制取代周礼奴隶制，尽管封建制仍很黑暗，但总比奴隶制强。聪明能干的新兴势力取代腐败无能的旧势力，这是历史的必然，是一种社会变革和进步。

孔子反对这种变革和进步。反对天子腐败无能由聪明能干的诸侯取而代之；反对诸侯腐败无能由聪明能干的陪臣取而代之。（16.2）认为由诸侯、大夫、陪臣代替天子执国命是天下无道的表现。主张"君君臣臣，父父子子"的等级世袭特权礼制不能变。连酒杯改个样子他都反对。（6.25）子曰："觚（gū）不觚，觚哉，觚哉！"凡是主张改革的人，他都攻击、辱骂，甚至杀害。管仲不守先王之道，改革周礼，使齐富国强兵，称霸中原。《史记》曰："管仲知与之为取，政之宝也。世所谓贤臣，然孔子小之。"《论语》多处指责管仲器小违礼。孔子的学生不乏主张改革的人，如（17.21）宰我反对三年久丧，孔子骂他不仁不义；（13.4）樊迟问稼不问礼，孔子骂他是小人；冉有协助季氏改革周礼，（11.17）孔子说："非吾徒也，小子鸣鼓而攻之可也。"胡适说："中国古代的守旧派，如孔子之流，对于这种变革自然非常痛恨。所以孔子做司寇，七日便杀了一个乱政大夫少正卯。"足见孔子并非仁慈不杀人。（3.1）孔子不能容忍诸如季氏八佾舞于庭这种礼坏乐崩，犯上作乱的现象存在。孔子做梦都想克己复礼，与子路实施"堕三都"反变革的军事行动。失败后被迫出逃，开始14年之久的所谓周游列国壮举。（14.21）齐国发生变革，孔子竟然要鲁哀公出兵干涉。孔子说：无礼则乱，做梦都想克己复礼，复辟周礼奴隶制。老子则说："夫礼者，乱之首，攘臂而扔之。"孔子主张：君君臣臣，父父子子，长幼有序，贵贱有等，尊卑有别，不能变。老子则认为："贵以贱为本，高以下为基。"77章："损有余而补不足，以有余以奉天下。"体现了老子"均贫富，等贵贱"的革命思想。

有人说："孔子讲礼，老子不讲礼。"其实，孔子讲的礼是周礼奴隶制，老子不是不讲礼，只是主张扔掉极端不平等的周礼奴隶制。老子实事求是地承认等级差别，不但讲礼，而且从哲学高度，提出"和"及"玄同"的概念，论证等级礼制的合理性。42章曰："万物负阴而抱阳。"万物总是有差别，没有绝对的平等。29章："但要"去甚、去奢、去泰。"去掉极端不平等。32章："道常无名，始制有名。名亦既有，夫亦将知止。"世上本来没有什么等级名分，是后来才有的。既然有了，就应该适可而止，不要毫无限制地扩大不平等。"天地相合，以降甘露，民莫之令而自均。"天与地不可能平等，但天地相合，以降甘露，老百姓不但会接受这种不平等，而且万众将自宾，不会搞绝对平均主义。显然，老子与孔子都讲"礼"，但本质不同。

4. 乐

（17.11）子曰："乐云乐云，钟鼓云乎哉？"孔子认为：乐难道只是钟鼓之类的乐器吗？不是的，"乐"是配合统治者在祭祀征伐时，举行礼仪活动而制作的音乐舞蹈。周礼规定，歌舞也是分等级的，是一种严格的等级制度，不能僭越。例如（3.1）所说的八佾舞庭，只有天子才能享用，诸侯六佾，大夫四佾，士二佾。季氏只是大夫，只能享受四佾，竟不知羞耻，胆敢八佾舞于庭。大逆不道，是可忍，孰不可忍！孔子不容忍这种违反周礼，犯上作乱的行为，表示了极大愤慨。墨子则认为：歌舞是奢侈享乐，腐化堕落的东西，主张"非乐"。老子不主张取消歌舞娱乐，主张"乐其俗。""音声相和。""大音希声。"声音不要太大，要和谐。12章："五色令人目盲，五音令人耳聋。"五光十色，令人目盲，看不到方向；五音轰鸣，令人耳聋，失去分辨是非能力。因此，不要恣情纵欲，追求声色。

5. 仁

仁是中国传统道德观念。（12.22）樊迟问仁，子曰："爱人。"孟子曰："恻隐之心，仁也。"即现在常说的爱心，好像只有孔孟讲仁，其实不然。《庄子·天地》曰："爱人利物之谓仁。"《墨子·经说下》："仁，仁爱也。"主张兼爱，反对儒家有差别的爱。《韩非子·诡使》："少欲宽惠行德谓之仁。"可见，诸子都讲仁，只是地位不同，立场不同，爱谁不同，仁的内容也不同。毛泽东同志说："世上绝没有无缘无故的爱，也没有无缘无故的恨。"鲁迅说："林黛玉不会爱焦大。"

都说孔子讲仁，老子不讲仁。其实，老子也讲仁。67章："我有三宝，持而保之：一曰慈，二曰俭，三曰不敢为天下先。慈故能勇；俭，故能广；不敢为天下先，故能成器长。今舍其慈且勇，舍其俭且广，舍其后且先，死矣！夫慈，以战则胜，以守则固。天将救之，以慈卫之。"老子把仁慈放在三宝第一位，母亲生性胆小，但儿女遇到危险时，伟大的母爱使她能勇敢地护卫自己的孩子，故慈能勇；勤俭节约才宽裕；不敢把个人利益置于天下大众利益之前，这源自对民众的爱。见困难就上，见好处就让。能外其身，后其身，以身为天下者，能成大器。如果舍弃爱心，只讲勇敢，乱砍乱杀；如果舍弃勤俭节约，挥霍浪费；如果舍后抢先，有好处就抢在前头，没好处就躲在后头，那就死定了。在伟大母爱呵护下的新生事物，是战无不胜，守无不固的，天下大众将以爱心护卫它。74 章："若使民常畏死而为奇者，吾得执而杀之，孰敢？"挺身而出，为民除害，这才是真正的仁勇。这与孔子不辱君命，为君卖命的主张形成鲜明对照。（1.7）"事君能致其身。"（19.1）"见危致命。"（15.9）"杀身成仁。"《老子》第 5 章曰："天地不仁，以万物为刍（chú）狗；圣人不仁，以百姓为刍狗。"天地不仁，没有爱心，没有人性。生之畜之，长之育之，又毫无人性地亭之毒之，养人覆之。把万物当草狗，用完就抛弃。这好理解，因为天地没有人的思想意识。这是老子无神论的思想体现。令老子愤慨的是，圣人也没有爱心，没有人性，把老百姓不当人，当草狗。

（7.27）子钓而不纲，弋不射宿。说孔子讲仁，很有善心。想吃鱼，想吃鸟，又想得不杀生的美名。鲁迅说："君子非吃牛肉不可，然而他慈悲，不忍见牛临死恐怖的样子，于是走开，等到烧成牛排，然后慢慢来咀嚼。"无情揭露孔子仁义的虚伪。

孔子对上仁，孔子对下不仁；对君主一片忠心，对百姓没一点爱心。把种地的老百姓当小人，把妇女不当人。《论语》多次提到君子和小人，把上层社会的大人物说成是忠孝仁义，道德高尚的君子；把社会底层的老百姓和妇女说成是不安贫乐道、不安分守己、龌龊低劣，不讲道德的无赖刁民、卑鄙小人。《乡党篇》描写了孔子面对君主"鞠躬如也，屏气似不息者。"点头哈腰，大气不敢出的一副奴才相。面对百姓马上换另一副面孔："正其衣冠，尊其瞻视，俨然人望而畏之。"孔子要求人们事君，能致其身，杀身成仁，不辱君命。文死谏，武死战，君叫臣死，臣不敢不死。这都源自仁，源自对君主的热爱。

可见，孔子满口仁义道德，实际只爱君子，不爱小人物；只爱君主，不爱百姓。对君主、君子仁慈，对改革派、对老百姓则心狠手辣，大开杀戒，一点也不仁慈。杀改革派少正卯，发动"堕三都"。老百姓要是被扣上不仁不义，不忠不孝，犯上作乱，乱臣贼子的大帽子，立即招来杀身之祸，株连九族。

6. 义

什么是义？按字典的注解有三点含义：一是认识上，人对事物认识到的内容，如道义、含义、定义、字义，等等；二是行为上，如在法律、道义上应尽的责任，不计报酬的义务，不求回报的义举等；三是情感上的，如情义，江湖义气。

从这三方面看，孔子主张什么义？（4.15）子曰："吾道一以贯之，忠恕而已。"只是忠君而已，没有别的含义。《中庸》曰："义者，宜也，尊贤为大。"所谓义，就是做适宜自己身份的事。孟子说：大人有大人之事，小人有小人之事。你是小人物，就做小人物的事，老老实实，种地纳税，尊敬圣贤是大义。不要僭越出格，犯上作乱。可见，孔孟只讲君臣之义，不讲庶人之义。（18.7）连子路都说："君子当官行君臣之义，这种道义行不通，我早就知道了。"

在言行方面，（2.24）孔子主张"见义勇为。"（19.1）"见危致命。"（15.9）"杀身成仁。"不过，这是为事君而致其身，不是为老百姓的。（6.26）有人落井，孔子说："君子可逝不可陷，可欺不可罔。"无法施救起码也应帮忙呼救，但孔子却主张见死不救，扯个理由躲开，不可犯糊涂，使自己陷入两难境地。孟子虽然改口说，人皆有恻隐之心，却无见义勇为的行动。

（14.12）孔子还主张见利思义。（16.10, 19.1）见得思义。（4.16）子曰："君子喻于义，小人喻于利。"（7.16）"饭疏食，饮水，曲肱而枕之，乐亦在其中矣。不义而富且贵，于我如浮云。"（4.5）"富与贵，是人之所欲也，不以其道得之，不处也。"这些话说得多么好，多么感人！（9.1）子罕言利与命与仁。好像孔子只讲义，不讲名，不讲利，具有安贫乐道的高尚情操。其实，孔子比谁都重视功名利禄。《论语·乡党篇》详细记录了孔子讲吃讲穿，豪华奢侈的日常生活。孔子不容忍季氏八佾舞于庭，可是孔庙、孔府、孔林的规模和气派，僭越周礼，恐怕连季氏都自叹不如。（9.13）子贡问：有块美玉给你，你是藏起来还是卖掉？子曰："沽之哉！沽之哉！我待贾者也。"（7.19）叶公问子路，孔子这人怎样？子路不答，这可把孔子惹急了，为了让叶公重用，厚着脸皮教子路说："女奚不曰：其为人也，发愤忘食，乐以忘忧，不知老之将至，云尔。"（7.12）"富而可求也，虽执鞭之士，吾亦为之。"孔子为了追求富贵，连他向来看不起的执鞭鄙事也干！

孔子标榜自己最讲情义。（1.1）"有朋自远方来，不亦乐乎？"（1.7）"与朋友交，言而有信。"（10.15）"朋友死，无所归，曰：于我殡。"（11.9）颜渊死。子曰："噫，天丧予！天丧予！"（11.10）子哭之恸。（11.11）门人欲厚葬之。一贯主张厚葬久丧的孔子却说："不可！"颜渊很穷，多少总该资助一下，可孔子一毛不拔。颜父很生气，故意说："没钱，把车子卖了。"子曰："才不才，以吾从大夫之后，不可徒行也。"其实，孔子是个大财主，奉粟六万，不是没钱，根本原因是（11.4）"回也非助我者也。"孔子对亚圣颜回如此无情无义，假情假义，对其他人就可想而知。（6.4）孔子派子华出差齐国，子华母亲申请粮食补贴，冉有觉得补贴太少，悄悄多给了一点。一贯主张孝敬父母的孔子却斤斤计较，把冉有臭骂了一顿。孔子对子华如此抠门，对子思却很大方。（6.4）原思为之宰，与之粟九百，辞。子曰："毋！以与尔邻里乡党乎！"孔子对学生并非一视同仁。

孔子"周游列国"，为了当官发财，到处钻营，拉关系，开后门，甚至不惜拜倒在南子石榴裙下。当着齐景公、卫灵公、季氏的面，孔子是好话说尽。这三人都待孔子不薄，但不用他时，（16.12）孔子就背后骂齐景公缺德；（14.19）骂卫灵公无道，好色不好德；（3.1）骂季氏不知羞耻，八佾舞舞于庭。毫无情义可言！

老子最看不惯这种虚伪的假仁假义。18章："大道废，有仁义；智慧出，有大伪；六亲不和，有孝慈；国家昏乱，有忠臣。"38章："失道而后德，失德而后仁，失仁而后义，失义而后礼。夫礼者，忠信之薄，而乱之首。"必须攘臂而扔之。19章：绝假仁，弃假义，恢复孝慈的淳朴民风。

7. 智

按字典注解：智是智慧，聪明才智。但在实际中，什么是智，什么是愚，利益不同，立场不同，看法也不同。（16.9）子曰："生而知之者上也。"（17.3）"唯上知与下愚不移。"上等人聪明，下等人愚蠢，这是天生的，改变不了的。（7.23）子曰："天生德于予。"孔子自命为天生的聪明人，所以主张"以智治国"应该由他们这些聪明人来治理国家。孟子曰："劳心者治人，劳力者治于人。"在孔孟眼里，劳力者都是没有知识，愚蠢的小人，不能当家作主，治理国家。

（4.5）子曰："富与贵，人之所欲。"五色、五音、五味、驰骋田猎、难得之货、颜如玉、金玉满堂，谁不喜欢？在孔子看来，见钱不要是傻瓜，有权不用，过期作废，勤勤恳恳的老黄牛是傻人干傻事。

20 章：老子自称愚人，当了官，还不懂得享太牢，春登台，是个"贵食母"的老土。列子说：愚公移山，大智若愚；智叟是个只想到自己的聪明人。庄子说：伯乐是个聪明人，以智治马，目的是奴役马；诸侯也很聪明，以智治国，目的是让老百姓当牛做马。窃国贼为诸侯，所谓至圣者，有不为大盗看守乎？他们以忠孝礼乐，仁义道德来维护诸侯，节制百姓。故圣人不死，大盗不止。孔子就是这样的圣人，称之为盗丘。孔子认为：不能让老百姓懂得这些道理，如果懂了，变聪明了，就难治了。（9.8）故子曰："民可使由之，不可使知之。"（14.41）"上好礼，则民易使。"（17.4）"割鸡焉用牛刀，小人学道则易使。"这是地道的愚民政策。

可是，有人却把愚民政策的帽子扣到老子头上。《老子》第 3 章："常使民无知无欲，使夫智者不敢为也。"65 章："古之善为道者，非以明民，将以愚之。民之难治，以其智多。故以智治国，国之贼；不以智治国，国之福。"此言常被指责为愚民政策，治国需要智慧，无知如何治国？不以智治国，难道以昏君治国？胡适说："虚其心，实其腹，圣人为腹不为目。是要人吃得饱饱的，做一个无思无虑的愚人。"类似误解太多。要消除误解，必先搞清什么是民的基本概念。

查字典：所谓人民，人和民的范围，有时相同，有时不同。人的范围大些，指所有的人，包括官与民；而"民"在不同国家不同历史时期，有不同内容。除政府机构中的官员或称干部之外，民一般除指平民百姓、劳动大众，如农民、渔民、牧民、民工；有时也泛指人，包括百姓和官员。如公民、国民、民族、藏民、回民。《左传》曰："民有好恶喜怒哀乐。"此处的民指所有的人，不会单指老百姓才有喜怒哀乐。有人称赞孟子的与民同乐；民为贵，君为轻；得民心者得天下的思想太先进，太了不起！殊不知孟子所说的"民"，是拥有五亩之宅，百亩之田恒产的小奴隶主。劳苦大众哪来那么大之宅，那么多之田？《老子》书中的民也一样，有时指百姓，有时指统治者，有时却泛指人，其中包括统治者。75 章的民之饥，10 章的爱民治国，民指百姓。但 64 章："民之从事，常几于成而败之。"此处民泛指人，不能理解为只有老百姓做事，快成功却失败了。53 章：

"大道甚夷，而民好径。朝甚除，田甚芜，仓甚虚，服文采，带利剑，厌饮食，财货有余，是谓盗夸。"此处民字，明显指统治者，而非百姓。同样，3章、65章："古之善为道者，非以明民，将以愚之。"此处的民字和智者皆指官吏。特别是"以智治国，国之贼。"当然指统治者，不是老百姓。可见，老子主张"愚官"不"愚民"。因为当官的都是聪明人，往往以他们的聪明才智，想出许多办法来欺压剥削老百姓。他们越聪明，算计的怪招越多，老百姓就越倒霉。老子觉得这些官还是"笨"一点好，要像愚公一样为民办实事，不要像智叟只考虑自己。所谓"无知"，不是没文化，没知识。而是没有钩心斗角，总想算计别人的心智。不以智治国，指不以智谋来烹小鲜，鱼肉百姓。75章："民之饥，以其上食税之多。"老子以智慧启发民众，团结起来，推翻周礼奴隶制，建立一个甘其食，美其服，安其居，乐其俗的太平盛世，怎能说愚民？

8. 信

（1.5）子曰："敬事而信。"（1.6）谨而信。（1.7）言而有信。（1.8）主忠信。（1.13）信近于义。（2.22）子曰："人而无信，不知其可。"人要是不讲信用，真不知他如何处世。就像车轮无销键，怎么行驶？这些话都说得很好，好像孔子是很讲信用的人，其实不然。

在政治上，孔子像泥鳅。有利则上，无利则溜，投机取巧，毫无诚信可言。（5.21）子曰："邦有道则知；邦无道则愚。"（7.11）"用之则行，舍之则藏。"（8.13）"危邦不入，乱邦不居。天下有道则见，无道则隐。"（15.7）："邦有道则仕，邦无道则卷而怀之。"《论语》多处宣扬隐居避世，逃避现实，消极"无为"的思想。有人视而不见，却把隐士祖宗的帽子扣到老子头上。老子与孔子的"无为"概念完全不同。（15.5）子曰："无为而治者，其舜也与，夫何为哉？恭己正南面而已矣。"（2.5）无违。（1.11）三年无改父之道。（19.18）不改父之臣与父之政。孔子认为：无为就是无违，无改，无所作为。而老子的无为是不为，不妄为，不烹小鲜，鱼肉百姓。《老子》全书都主张积极进取，大有作为。29章："将欲取天下而为之。"就是大作为。全书毫无消极隐退、无所作为的思想。也没有证据证明，老子隐居山林，遁入空门。

在为人处世上，孔子反对犯上作乱，（17.5）（17.7）却几次想参加叛乱。（14.19）（16.12）卫灵公、齐景公待孔子不薄，孔子却在背后骂他们好色不好德。（13.10）孔子到处吹嘘"苟有用我者，期月而已可也，三年有成。"但是，没人信任他，连学生也不相信他。（18.7）子路曰："君臣之义，道之不行，已知之也。"甚至产生信任危机，孔子只好诅咒发誓。（7.24）："吾无行而不与二三子首，是丘也。"我要是有一点对不起大家的，我就是丘八。（6.28）子见南子，子路不说。夫子矢之曰："子所否者，天厌之！天厌之！"（13.18）对于盗窃，这种不诚实的行为，孔子却主张"父为子隐，子为父隐。"反对大义灭亲，反对做一个正直诚实的人。（13.20）孔子竟然说："言必信，行必果，硁硁然小人哉！"《孟子·离娄》附和说："大人者，言不必信，行不必果，惟义所在。"

9. 君子与小人

《论语》中提到君子和小人，多达六七十次。孔子所谓的君子和小人，和我们所敬重的君子，所厌恶的卑鄙小人，概念完全不同。（17.25）："唯女子与小人为难养也。"有人实在无法为孔子歧视妇女辩解，就说小人指小孩。（6.13）子谓子夏曰："女为君子儒，无为小人儒。"显然小人不是小孩。（4.11）子曰："君子怀德，小人怀土；君子怀刑，小人怀惠。"君子关心的是道德，小人关心的是土地；君子关心刑法大事，小人关心小恩小惠。（13.4）樊迟请学稼。子曰："小人哉，樊须也！上好礼则民莫敢不敬，焉用稼？"可见，孔子所谓的君子是社会上层人物；小人是只关心种地、关心小恩小惠，社会底层的劳力者。（16.8）子曰："君子有三畏：畏天命，畏大人，畏圣人之言。小人不知天命而不畏也，狎（不尊重）大人，侮圣人之言。"天子、大人物、圣人讲忠孝仁义，有"道德"，有文化，衣冠楚楚，有钱有权有势，值得敬畏。而鄙夫、贱人、庶人、小人（小人物）没知识，没文化，不讲道德，不知天命，说粗话，行撒野，不尊敬大人物，侮辱圣人之言，是犯上作乱的无耻之徒，无赖刁民，卑鄙小人。

孟子说的更直白，他反对庄子的齐物论，主张"异"。《孟子5.4》曰："物之不齐，物之情也。"《孟子5.3》："无君子，莫治野人；无野人，莫养君子。"《孟子5.4》："有大人之事，有小人之事，或劳心，或劳力。劳心者治人，劳力者治于人。治于人者食人，治人者食于人，天下之通义也。"《孟子11.15》公都子问："钧是人也，或为大人，或为小人，何也？"同样是人，分什么大人小人？孟子答："从其大体为大人，从其小体为小人。此天之所与我者，先立乎其大者，则其小者不能夺也。"《孟子11.14》："体有贵贱，有大小，无以小害大，无以贱害贵。"显然孟子和孔子一样，只为君子说话，为百亩恒产之"民"说话；不为劳力者、小人物说话。生怕君子的利益被"无耻小人"抢夺而受到伤害。在孔孟眼里，劳力者都是没有知识，愚蠢的小人，不能当家作主，治理国家。把种地的老百姓当小人，把妇女不当人。孟子说：你是小人，就做小人的事，老老实实，种地纳税，尊敬圣贤。不要僭越出格，犯上作乱。《论语》把上层社会的大人物说成是忠孝仁义，道德高尚的君子；把社会底层的老百姓和妇女说成是不安贫乐道，不安分守己，龌龊低劣，不讲道德的无赖刁民、卑鄙小人。我们千万不能被孔孟所谓君子小人的言论所迷惑。

三、孔子的历史地位

有人说："孔子思想，在历史上一直是占正统主导地位的。对中国历史和民族文化的影响，怎么估计都不过分，是别的思想所无法比拟的。"应当承认，孔子的影响很大，但影响是好是坏？是不是一直占统治地位，别的思想无法比拟？别的不说，法家的影响就不在

儒家之下，不管哪个朝代都是以法治国的。请看历史事实：

1. 春秋战国时期

春秋战国，天下大乱，百家争鸣，百花齐放，孔子思想并不占主导地位。尽管孔子周游列国，到处拉关系，还是没人用他。就连他的学生也没有信心，（6.12）冉求曰："非不说子之道，力不足也。"（（18.7）思想比孔子还保守的子路说："道之不行，已知之矣。"孔子这套理论是维护统治者利益的，为什么没人采纳？（6.17）子曰："谁能出不由户，何莫由斯道也？"孔子百思不得其解，真是灰心丧气，无可奈何。（5.7）："道之不行，乘桴浮于海。"（9.9）："凤鸟不至，河不出图，吾已矣夫！"天不助我也，这辈子完了，没指望了！为什么春秋战国时期，孔子思想不占主导地位？原因是：

（1）孔子反对改革

前面讲过，由于奴隶制的残酷，奴隶毫无劳动积极性，导致"公田"荒芜歉收，周室衰微。有些聪明能干的诸侯清醒认识到，若不改变，这样下去，非亡国掉脑袋不可。齐桓公率先在自己封地，对周礼井田制进行改革。《史记》曰："管仲任政齐相，知与之为取，政之宝也。"想多收税，必先给土地。于是悄悄把"公田"化为"私田"，把奴隶解放为自耕农。大大提高种田积极性，使齐国迅速强大，进而称霸中原。于是，各国诸侯纷纷效仿，掀起用封建制代替奴隶制的改革浪潮。虽然封建制还很黑暗，但比起奴隶制，无疑是一次伟大的社会进步。孔子反改革，反封建，反社会进步。（8.20）子曰："周之德，其可谓至德也已矣。"（3.14）："吾从周。"（17.4）："如有用我者，吾其为东周乎！"（12.1）："克己复礼。非礼勿视，非礼勿听，非礼勿言，非礼勿动。"诸侯就是要改革周礼奴隶制，不改革就会亡国掉脑袋；孔子却要复辟周礼，岂不是要诸侯的脑袋？孔子杀主张改革的大夫少正卯，发动"堕三都"，真的要取改革者的脑袋。试想想，正在改革周礼奴隶制的掌权者，会采纳孔子的主张吗？

（2）孔子公开反对诸侯大夫陪臣掌权

（16.2）子曰："天下有道，则礼乐征伐自天子出，政不在大夫，庶人不议；天下无道，则礼乐征伐自诸侯出，自大夫出，陪臣执国命。"

（3.1）孔子谓季氏：八佾舞于庭，是可忍也，孰不可忍？（3.2）："相维辟公，天子穆穆，奚取于三家之堂？"反对诸侯、大夫、陪臣掌权，取代周天子。（12.11）齐景公问政于孔子，孔子对曰："君君臣臣，父父子子。"关系不能变，反对改革周礼世袭制。齐景公觉得有道理，曰："善哉！信如君不君，臣不臣，父不父，子不子，虽有粟，吾得而食诸？"孔子背后说过：齐桓公杀公子纠，为争权夺利，兄弟相残，不仁不义。（16.12）"齐景公有马千驷，死之日，民无德而称焉。"君不像君，臣不像臣，齐景公却同意孔子的说法，岂不是自打耳光？

周天子腐败无能，由聪明能干的诸侯取而代之；诸侯腐败无能，由聪明能干的大夫、陪臣取而代之。这是历史的必然，社会的进步。尽管聪明能干的诸侯、大夫、陪臣不是什么大善人，但总比腐败无能的人掌权强。孔子反对这种必然和进步，反对能干的诸侯、大夫、陪臣掌权，当然不会得到重用。

（3）孔子只讲周礼，不讲军事和经济

（13.4）樊迟请学稼。子曰："小人哉，樊须也！上好礼，则民莫敢不敬，焉用稼？"（15.1）卫灵公问陈于孔子，孔子对曰："俎豆之事，则尝闻之矣；军旅之事，未之学也。"明日遂行。在天下大乱的形势下，掌权者急需的不是什么俎豆之事，而是军旅之事，发展经济的用稼之事。孔子却说他只懂俎豆之事，其他没学过，叫掌权人如何用他？孔子只好明日遂行。

可见，春秋战国时期，孔子思想不占主导地位。

2. 秦代，更无孔子思想的地位

秦原是周在陕甘一带养马的部族，因护送周平王东迁洛阳有功，封为诸侯。周平王说："若秦能攻逐西戎，即有其地。"从此，秦便致力征伐西戎，收复西周失地。秦僻居西部落后地区，自然条件，经济基础，远不如中原各国。向东扩展，受到晋齐楚等国阻击。使秦意识到，要立足中原，成就霸业，必须广招人才，厉行改革，发展生产，富国强兵。"五张羊皮换国相"的故事，反映出秦不讲孔子主张的名分地位的人才意识，任用奴隶出身的百里奚为相，实施变革，兴修水利，发展生产，使秦快速强盛。《史记》曰："秦益国十二，开地千里，遂霸西戎。"尽管秦快速发展，但各国仍看不起秦。秦孝公继位后，痛感"诸侯卑秦，丑莫大焉"。决心继续改革图强，下令求贤。摒弃周礼世卿世禄制（打破铁饭碗），不论什么人，不问名分，只要能使秦国富强起来，就提拔重用。尽管秦地处偏僻，贫穷落后，仍有大批人才向秦聚集。其中以商鞅最为杰出，受命主持变法。变法主要内容就是对周礼奴隶制进行改革：

（1）开阡陌封疆，废井田旧制。即挖开公田田埂，重新划定田界。授田给地主自耕农。化公田为私田，变奴隶为自耕农。这意味着改变了土地所有制，推翻了奴隶制，确立了封建制，我国古代用了五六百年才走完这一步。

（2）废分封制为郡县制；废世卿世禄制为职官制。加强君主集权，防止分封割据。这项改革不彻底，只废世卿世禄，不废君主世袭；废旧的奴隶主特权，却建立了新的等级特权。

（3）奖励耕战，废贵族特权。不分贫富贵贱，不讲身份地位，只讲贡献大小。劳大者其禄厚，功多者其爵尊，贡献大者可升官发财。

（4）统一度量衡，制定商鞅方升。用现在的话说：加强技术监督，维护经济秩序，稳定社会。统一度量衡不是从秦始皇才开始的。

（5）燔诗书而明法令，以吏为师；制秦律，以法治国。可见，"焚书坑儒"以法治国，也不是秦始皇才开始的。

商鞅变法的本质是地主革奴隶主的命，不可避免地触犯了贵族的利益，故"宗室贵戚

多怨恨"。变法遭到儒家甘龙、杜挚等守旧势力反对。儒者曰："先王古法不能改，祖宗礼制不能变。法古无过，循礼无罪。"商鞅曰："治世不一道，便国不法古。反古者不可非，循礼者不足多。"秦孝公大悦之耳："善！以鞅为左庶长，卒定变法之令"谁反变法就治谁的罪。从此，"儒者不入秦"，一直到秦始皇、李斯还在实行商鞅新法。秦始皇凭借商鞅改革所成就的国力，纵横捭阖（bǎi hé），远交近攻，先弱后强，各个击破。灭六国，统一天下，结束长达五六百年诸侯混战局面。推翻奴隶制，建立封建制，这是社会一大进步，秦始皇功不可没，而儒家扮演了不光彩的螳螂角色。

问题是如此强大的秦帝国，为何在几个草民带头造反下就轰然垮台呢？有人说秦始皇错在焚书坑儒，酷法少恩。其实，秦始皇错不在以法治国、焚书坑儒。错在不爱民治国，不懂得无为而治的道理，不懂得天下莫柔弱于水（老百姓），但团结起来却有无坚不摧的力量。老子曰："治大国，若烹小鲜。"秦始皇的权力实在太大，不受任何约束，想干什么就干什么。统一之后，不是利用手中权力为民造福，而是用来鱼肉百姓，为自己造福。据史家保守统计：建造秦始皇陵，征调役夫75万；建造阿房宫70万；北筑长城30万；开发岭南50万。全国几乎所有精壮劳力，不种粮食，都在搞这些耗尽国力的庞大工程，搞得老百姓苦不堪言，难怪要揭竿而起。陈胜、吴广起义时，有人问："就你们几个人，斗得过秦皇？"陈、吴对曰："燕雀安知鸿鹄志，王侯将相宁有种乎？"可见，老庄影响之深。焚书坑儒，儒者都跑哪里去了，还在说不可犯上作乱吗？

3. 西汉，儒家思想不占主导地位

话说秦始皇暴政，弄得民众"衣牛马之衣，食犬彘（zhì）之食"。八年楚汉之争，赤地千里，哀鸿遍野。依靠大风起兮的刘邦，战胜了有勇无谋、力拔山兮的楚霸王，登上了皇帝宝座。有人说刘邦之所以成功，是因为："世无英雄，遂使竖子成名。"但也有人说："千古帝业烟飞灭，原来刘项不读书。"秦之灭亡，是因为刘项不读孔子的书，不受孔孟思想束缚，起来造反。相反，刘邦肯定读过《老子》，否则何以知道无为而治？《老子》使刘邦获得成功，而非《论语》。刘邦在位期间，仍奉行秦代挟书律，禁止儒学活动，私藏儒书，直到惠帝四年才解禁。刘邦向来看不起儒者，把儒冠当尿壶。但有一件事，改变了刘邦对儒者的蔑视。刘邦举办开国大典，举杯欢庆之时，不料群臣都是武夫悍将，狂醉争功，拔剑击柱，闹得杯盘狼藉。叔孙通谋曰："一般儒生，无法与之共谋，开创帝业大事，却可用于保守成业。"于是，刘邦起用了几个儒生，制定礼乐朝仪，恢复分封，实行郡、国并行制。从此，每当刘邦上朝，皇帝驾到，百官跪拜，三呼万岁，煞是威风。那些武夫悍将，也都变得规规矩矩，恭恭敬敬。刘邦得意忘形地说："如今我才尝到了做皇帝的滋味啊！"可是，刘邦转过身来，却要面对百废待兴的烂摊子。《史记·平准书》曰："汉兴，接秦之弊，丈夫从军旅，老弱转粮饷，作业剧而财匮。自天子不能具钧驷，而将相或乘牛车。物踊腾粜（tiào），米至石万钱，马一匹则百金。"物价飞涨，人吃人的现象到处发生。连皇帝也弄

不到一辆像样的马车，将相出门只能坐牛车。"然尚有干戈，平定四海，亦未暇遑痒序（礼教）之事也。"刘邦坐卧不安。"天下凶凶，成败未可知也。"哪有闲暇顾及礼教之事？当务之急，还是要搞生产，不复前人之所过，"反秦之弊，与民休息。"取秦亡教训，实行无为而治。那些儒生只懂礼乐朝仪，提不出发展生产对策，只能具官备用，待问而已，并未重用。可见，儒术并没有成为刘邦统治集团的指导思想。

从刘邦到文景二帝，一直是把无为而治作为国策，以百姓心为心，爱民治国。不妄为，不扰民，不鱼肉百姓，主要内容是：

（1）根据老子所言："将欲取之，必先予之，鱼不可脱于渊。"鱼离不开水，国家离不开老百姓。想收税取之于民，必先与民土地，让那些因战争逃难的百万民众返乡生产。而不是实行孔子在（13.3）的主张：为政必先为统治者"正名"。

（2）"治大国，若烹小鲜。"与民休养，不折腾民众，鱼肉百姓。节俭开支，减轻税收。把秦十收其五，改为十五税一，文帝又减为三十税一。文帝是历史上以节俭闻名的皇帝。

（3）对外和亲，不打仗，一心发展经济。

经过六七十年的"无为而治"，社会经济空前繁荣。将相坐牛车已成过去，私家马车已进入寻常百姓家中，骑匹母马都觉惭愧。《史记·平准书》曰："汉兴七十余年之间，国家无事，非迁水旱之灾，民则人给家足。都鄙廪庾皆满，而府库余货财。京师之钱累巨万，贯朽而不可校。太仓之粟，陈陈相因，充溢露积于外，至腐败不可食。众庶宁巷有马，阡陌之间成群，而乘字牝者宾而不得聚会。当此之时，网疏而民富。"反映了当时民富国强，空前繁荣景象。无为而治，成就"文景盛世"，而非儒术，这是不争的历史事实。

然而，有人说："正因无为放任，诸侯坐大，才造成七国之乱，内战不止。"恰恰相反，七国之乱不是无为国策造成的。而是刘邦按儒生主张，恢复分封制，种下的祸根。西汉朝廷对诸侯从未无为放任过。刘邦采用各个击破，消灭韩信等异姓王；文帝采用"削藩策"，平定七国之乱；连独尊儒术的汉武帝，也按照老子"小国寡民"的原理，发布推恩令规定：老诸侯去世，子孙皆受封，表面恩及更多人，实际把诸侯国越封越小，从而削弱诸侯势力。

《史记·儒林列传》曰："孝惠、吕后时，公卿皆武力有功之臣。孝文帝本好刑名之言，及至孝景，不任儒者。而窦太后又好黄老之术，故诸博士具官待问，未有进者。"窦太后原是宫女，出身贫寒卑微，深知民间疾苦。又经历文景之治全过程，对老子一书有深刻理解。她的眼睛虽然失明，心里却很明白：当今盛世来之不易，全靠无为而治。她常说："道可道，非常道。老子的道，可值得称道。你们讲的都是小道理，老子讲的可是大道理。无为而治是汉家国策，不许更化。"

汉武帝十六岁继位，年少气盛，对无为而治缺乏深刻体会。在儒者鼓动下，对匈奴烧杀抢掠感到愤怒，对奉送财物、和亲嫁女感到耻辱。觉得儒生把和亲归罪于无为国策的软弱无能是有道理的。于是罢黜道家黄生，起用儒生窦婴为丞相，田蚡（bīn）为太尉，赵绾（wǎn）为御使大夫，王臧为郎中令。还计划迎接鲁儒申公来朝廷，仿古制，设名堂，改历服，行礼仪。窦太后虽是瞎眼老太婆，却是个杰出女政治家。意识到这样做，必然葬送汉家大业。于是捕杀赵绾、王臧，逼汉武帝罢免窦婴、田蚡。使汉武帝无法改变道家之"无为"为儒家之"有为"。但六年后，窦太后去世，再没人管得了汉武帝。汉武帝变本加厉，拜田蚡为相，重用数百儒生，凡不治儒学五经的人一律罢免，这就是著名的"罢黜百家，独尊儒术"。有人认为：这是董仲舒的功劳，从而确立了两千多年儒学的统治地位，是儒家的伟大胜利。这种说法不符合历史事实，理由有三点：

（1）如果说董仲舒有这么大功劳，为什么《史记》没记载？

（2）尽管董仲舒抄袭阴阳之道，宣扬"天尊地卑，乾坤定矣，卑高以陈，贵贱位矣。"很卖力地把孔子的君臣之义，正名之说奉上了天。但从唐代大儒韩愈开始，董仲舒始终未被列入儒家正统。

（3）既然董仲舒有王佐之才，汉武帝为何不重用？《史记》曰："今上即位，董仲舒为江都相，以春秋灾异之变推阴阳，所以错行。于是，下董仲舒吏，当死，诏赦之。董仲舒竟不敢复言灾异，恐久获罪，疾免居家至卒。"可见，董仲舒不但没有对汉武帝产生影响，还差点掉脑袋。所谓汉武帝接受董仲舒的"天人三策"，子虚乌有。事实是汉武帝通过五经考试，招收儒生。董仲舒只是个考生，在考卷里把汉武帝已经决策的东西重新夸赞一遍，谋个官职。

其实，汉武帝并未真正"罢黜百家，独尊儒术。"他只是借此排除窦太后对他的制约，以改变对外的和亲政策。对内，他还是采用法术、道术，而非儒术。汉武帝的推恩令，沉命法采用的是道家、法家思想，而不是儒家思想。汉武帝凭借先辈"无为"积累起来的强大国力，才可能"大有作为"：北逐匈奴，南定诸越，开发西南，通使西域，开拓疆土。汉武帝对中华民族有贡献，但也付出沉重代价。他在位54年，打了50年的仗。穷兵黩武，弄得海内虚耗，人口减半。天灾兵祸，沉重赋税，逼得饥民不断起义。汉武帝晚年意识到自己的错误，他说："汉家庶事草创，加四夷侵陵中国，朕不变更制度，后世无法。不出师征伐，天下不安。为此者，不得不劳民。若后世又如朕所为，是袭亡秦之迹也。"于是，下罪己诏："止擅武，禁苛累，重民生，倡农耕。"表示悔过，回到无为而治的道路上来。但为时已晚，西汉从此由强盛走向衰败。汉武帝名曰雄才大略，实为败家子。所谓"独尊儒术"不过昙花一现。

4. 东汉时期

光武帝刘秀，在他所谓"柔道"治理下，社会安定，经济复苏，人口增多，史称"光武中兴"。东汉后期，尊孔崇儒，谶纬盛行，宦官专权，政治极端腐败，最终酿成农民大起义。

东汉末年，民间流行两本讲解《老子》的道书：一本是太平道的《太平经》；另一本是天师道（五斗米道）的《老子想尔注》。鲁迅说："中国根柢全在道教。"而不在儒学。《魏书》

曰："道教之原，出于老子。"这是误解。首先，老子说道之为物，没说道之为神，许多自然现象很神奇、神秘，但不是神仙。老子信道不信神；道教信神不信道，是信仰神仙的宗教，不信老子的革命道理。道教不是老子创立的，老子去世五六百年才出现道教。把老子和神仙道教扯在一起，毫无道理。其次，把张角创立的太平道和张陵创立的五斗米道合称为道教也不对。因为他们不是官方支持的神仙宗教，而是把老子的革命理论作为指导思想，遭到官方残酷镇压的起义队伍，本质不同。

《太平经》曰："夫道何也？万物之元首，不可得名者。"道是无名小卒的老百姓，却是万物之元首。"六极之中，无道不能变化，元气行道，以生万物。"万物都是老百姓生产出来的，因此，"天地财物，乃天下共有，非独给一人也，当公有公用。比偌大仓之粟，本非鼠之独有。愚人无知，以为终古独一人所有，不知乃万户共有。帝王将相府库里的财物，原本也是从天下百姓那里征收得来的。却封藏幽室，令皆腐涂，也不肯拿出来行善，见穷人饥寒而死，不以救济，反而讥笑。"这简直是原始共产主义言论，《论语》决不会说这些革命道理的，只会说："民可使由之，不可使知之。"

《太平经》曰："天下凡事，皆一阴一阳。极而反，盛而衰，盛而为君，衰即为民，乃天地之道也。"这种君民易位的言论，完全颠覆"普天之下，莫非王土；率土之滨，莫非王臣""礼乐征伐自天子出，庶人不议"的儒家学说。黄巾起义的革命歌曲是："发如韭，剪复生。头如鸡，割复鸣。官吏不可畏，小民不可轻。"革命口号是："苍天当死，黄天当立。"革命理想是："推翻东汉王朝，建立甘其食，美其服，安其居，乐其俗的太平盛世。"黄巾起义时，"八郡同时俱发，天下响应，京师震动。"东汉帝国瞬间轰然倒塌。至今，仍有学者百思不得其解：《太平经》是宗教道书，不宣传神仙，怎么宣传起老子的革命理论？

张陵创立的五斗米道，更是直接受老子的影响，要求入道者必须诵读《老子》。为什么张陵不像朝廷那样要求道民诵读《论语》呢？原因不言而喻，《老子》是革命书籍，《论语》不是！五斗米道被污称为"米贼鬼道"，入道者是鬼吏鬼卒。《老子想尔注》被说成是张陵造作道书，以鬼道教民，妖言惑众。有人说："尔，你也。想尔，想想你自己吧。"实在解释不通。查字典，"尔"除了你之外，还有"这、那、是、近"等含义。想是所思所想，简称思想。所以，笔者把《老子想尔注》译为《老子思想近注》。有人说："这是第一部完全用神学注解老子的随想录，托老子之言而演五斗米道。"但从内容看，被说成"神学的想你注"是读不通的，不但没有天堂地狱，神仙鬼怪之说，反而坚持老子关于道之为物，道生万物，有物混成，得福慎祸来，天下神器不可为等无神论和辩证唯物论的观点。"人君爱民治国令太平。""爱民治国而无为。""勿贪宝货，则国易治。高官重禄，好衣美食，诊宝之味，皆不能长生久世。凡贪欲好衣食，广宫室，高台榭，积珍宝，而令百姓劳弊者，不可为天子也。""习权诈，随心情，面言善，内怀恶。伪忠孝，买君父，求功名。外是内非，见人可欺，诈为仁义，欲求禄赏，此为天下大乱之源。""圣人不仁，以百姓为刍狗。当王政煞恶，亦视之如刍狗也。"圣人没有爱心，视民如草芥，不把老百姓当人，当刍狗。我们要反其道行之，把凶神恶煞的当政王者，亦当刍狗，把它扔掉。都说《老子》一书难懂，可是起义将士文化程度也不高，不但一读就懂，而且领悟深刻。如果说张陵是革命的理论家，他造作的道书多达24部；他的儿子张衡，是制作浑天仪和地动仪的大科学家；他的孙子张鲁，则是革命的实践家。张鲁在汉中建立人民政权三十年，实行原始社会主义公有制，集体劳动，看病、吃饭、住房不要钱。大受欢迎，各地民众纷纷前来投奔。是人类社会一次伟大的尝试。

纵观二千年，大规模全国性农民起义，如唐代"黄王起兵，本为百姓。""冲天太保，均平大将军。"建立"大齐"政权的黄巢起义。所谓"均平""大齐"就是追求平等。北宋提出"均贫富，等贵贱。"的方腊起义；"替天行道"的梁山好汉；元末"摧富益贫"的红巾军起义；明末"均田免赋"建立"大顺"政权的闯王李自成；清末，提出"凡天下田，天下人同耕。有饭同吃，有衣同穿，有钱同使，无处不均匀，无处不饱暖。"的太平天国起义。义军所到之处，捣毁孔庙，把孔子牌位抛进粪堆。改"学宫"为"宰夫衙"，设"删书衙"，凡孔孟之道，统统删除。这些大规模的农民起义，无不以争取平等生存权利为目标，无不与孔子所维护的不平等礼制相对立，儒家思想在这里不可能有主导地位。东汉之后，魏晋南北朝，天下大乱，思想混杂，玄学盛行，并非儒学统治主导。

5. 唐、宋、元、明、清也不是一直由儒家思想占统治地位

唐朝以道为国教，唐太宗李世民读《道德经》颇有心得。他说："我新即位，为国者要在安静。兵者凶器，不得已而用之。自古以来，穷兵极武，未有不亡者。""民之所以为盗者，因赋繁役重，官吏贪求，饥寒切身，故不暇顾廉耻耳。去奢省费，轻徭薄赋，使民衣食有余，则自不为盗，安用重法邪？改革前弊，布宽大之令，用法务在宽简。""夫欲盛则费广，费广则赋重，赋重则民愁，民愁则国危，国危则君丧也。常以此思之，故不敢纵欲也。君多欲则民苦，朕所以抑情损欲，克己自励耳。""上善若水，水可载舟，亦可覆舟。"君民是舟水关系。老子曰："后其身，外其身，以身为天下者，可寄托天下，是以天下乐推而不厌。"李世民曰："天子者，有道则人推为主，无道则人弃而不用，诚可畏也。"天子也要有危机感，敬畏之心，不可妄为。"君无为则人乐，君多欲则人苦。天下大定，亦赖无为之功。"李世民这些治国理念，源自老子智慧启发和亲身体验，而非源自孔子。

唐玄宗两次《御注道德经》曰："取之于真，不崇其教，理国之要，可不然乎？"取之真理，不搞成宗教迷信。理国之要，可不要这样吗？大唐天子，尊老子之言，开贞观之治，创开元盛世。然而，唐代后期，世袭礼制发酵，一代不如一代，腐败无能，以儒学为治国指导思想，葬送了唐朝大好江山。

接着是五代十国，又是天下大乱，佛道盛行，也不是一直由儒家思想为主导。到了后周大将赵匡胤，陈桥兵变，黄袍加身，建立宋朝。因为宋太祖赵匡胤是威逼后周七岁恭帝，采取儒式禅让上台的，所以尊孔崇儒。《宋史》曰：在他督促下，宰相赵普推出所谓"半

部论语治天下"之说。宋儒二程、朱熹等人为振兴儒学，援道入儒。从哲学角度，努力为儒学造道。经过激烈争论，终于使儒家理学盛行一时。由于统治者极力推崇，"宋儒赫赫之炎势，非朱子之传义不敢言，非朱子之家礼不敢行。"妇女缠足就是从宋代开始的。如有人非议，轻者拷打流放，重者诛族灭门。戴震曰："人死于法，犹有怜之者；死于理，其谁怜之。"揭露宋儒以理杀人的本质。

元代是信喇嘛教的，由于成吉思汗任道家丘处机为谋士，故元初儒学未占统治地位。元代后期，尊孔崇儒，恢复科举，逐渐衰败。

明代，朱元璋喜读《老子》。他在《御注道德经》曰："朕虽菲材，惟知斯经乃万物之至根，王者之上师，臣民之极宝。""天下初定，百姓财力具困。辟犹初飞之鸟，不可拔其羽。新植之木，不可摇其根，要在安养生息之。弘急则绝，民急则乱。居上上道，正当用宽。兵革之余，郡县版籍多亡。过制之取，民多病焉。夫善政在于养民，养民在于宽赋。今遗铸等往定税额，此外毋令有所妄扰。"说明他读《老子》，能抓住爱民治国，无为而治，休养生息的精神实质。懂得取之必先予之的道理，而非杀鸡取卵，竭泽而渔。

史称朱元璋是个乞丐皇帝，小时养猪放牛，当过和尚，云游四方，到处乞讨，后参加红巾军起义。对百姓疾苦，深有体会。他"立纲陈纪，救济斯民。克城勿杀，勿夺民财，勿毁民居，勿废农具，勿杀耕牛，勿掠女子，获有遗孤孩还之"。说明朱元璋具有爱民治国思想，对欺压百姓的贪官污吏深恶痛绝，恨之入骨。他说："元朝纵容贪官污吏，把天下弄丢了。我治天下，若不用严刑峻法，就不足以消除积弊。"故惩治贪官，毫不手软。甚至剥皮示众，使人胆战心惊。史书说朱元璋设锦衣卫，大搞特务政治，屡兴冤狱，滥杀功臣，是个心狠手辣的暴君。实论之，朱元璋虽冷酷无情，却是位开国明君。掌权后，解放奴婢，提高佃农工匠地位，减免税收，兴修水利，奖励农耕，发展生产。他一生勤政，事必躬亲。怕忘事，身上经常贴了许多条子。在他铁腕治理下，户数增长十倍，耕地扩大四倍。经济繁荣，商业发达。出现了资本主义萌芽，不比西方晚，为永乐盛世打下了基础。他儿子明成祖在北京和武当山等地建造了规模宏大的道观，组织编辑《道藏》五千多卷。他五次亲征蒙古，迁都北京，开通京杭大运河，促进了南北经济交流。派郑和率庞大船队七下西洋，明朝确是当时世界头号强国。史书曰："永乐盛世，兼汉唐而有之。天下清平，朝无失政。"可见明初是道家思想占主导地位。明代后期，儒家思想占了上风，世袭制使统治者一代不如一代。穆宗死后，9岁的明神宗继位，大权落入从小侍候他的太监手中，酿成东林党与阉党之争，国势日衰。连皇帝都受儒家思想禁锢，儒士们给小皇帝立了很多规矩，一不小心，就会受到严厉指责，把皇帝管得像孙子一样。据说，万历皇帝喜欢在宫内骑马玩，"忠臣"们马上抬出孔圣人来教训他：皇帝要像皇帝的样子，非礼勿言，非礼勿动。君无戏言，说话要小心，行为要检点，不能有失体统。使得万历皇上都怕见这些儒士们，躲在后宫不出来，这样的皇上能治理好国家吗？

清初顺治、康熙都重视老子无为治国理念。采取刚柔并济，滋生人丁，永不加赋，免税垦荒政策。顺治皇帝6岁登基，24岁得天花去世，是个少年天子。曾刻印章自称"坐隐道人""痴道人"。时值清军南下，双方激战，迁都北京，政务繁忙。加之明清之际，道学衰微，理学盛行。他却能《御注道德经》，从寻常日用道理入手，阐明奥义。他说："老子之书，原非虚无寂灭之说，权谋术数之谈。是注也，于日用常行之理，治心治国之道。"《四库全书》提要曰："自古以来，注其书者，著录日繁。然诸家旧注，多各以私见揣摩。或参以神怪之谈，或傅以虚无之理，或歧而解以丹法，或引而参诸兵谋。群言淆乱，转无所折中。惟我世祖章皇帝（指顺治）此注，皆即寻常日用，亲切阐明。使读者销争竞而反淳朴，为独起于诸解之上。"

康熙年少登基，内有权臣，外有强藩。却能除鳌拜，平三藩。这与他在顺治影响下，精读《老子》有很大关系。据史书记载：康熙奉《老子》为圣经宝典，特颁发《道德经》，嘱满族亲王研读。并在交泰殿悬挂无为匾额，把无为而治作为圣训传承。

雍正是位颇受争议的皇帝，有人说他是心狠手辣的抄家皇帝。实际上，雍正是个精通历史，谈经论道，不贪财色，恬淡寡欲，以法治国，严惩贪官的皇帝。史称康熙治世宽，雍正理政严，乾隆宽严相济，刚柔并举。他们以"内用黄老，外示儒术"开创康乾盛世。到了清代后期，崇儒尊孔，腐败透顶，众所周知。

可见，在历史上，孔子思想并不一直占指导统治的地位。两千多年前，在那大革命的年代，诸侯革天子的命，封建制革奴隶制的命。出现了至今让我们无法忘怀的两个老祖宗：老子和孔子。一个讲道，一个讲礼；孔子也谈经论道，《论语》中的"道"字比《老子》还多。鲁迅说："道譬如同是一双鞋子，孔子是上朝廷的；老子是走流沙的。"一个为统治者说话，一个为老百姓说话。应该说，真实的孔子是一个很有本事的聪明人，但他的聪明和本事不是用在为百姓谋福利，推动社会进步；而是用在克己复礼，维护周礼奴隶制，阻挡历史车轮前进。他生前是反封建的，一事无成；死后却被改造成为，维护腐朽封建制度的工具，作出了"无论如何估计都不过分的贡献"。

孔子在《论语》中提出的主张，主要就是忠、孝、礼、乐、仁、义、智、信八个字，核心是礼，即周礼奴隶制。（8.20）孔子认为西周奴隶社会是至德之世，是理想社会。政治主张是克己复礼，复辟周礼奴隶制。老子的理想社会是"小国寡民"中央集权，"甘其食，美其服，安其居，乐其俗"双文明的太平盛世。主张爱民治国，无为而治。周礼奴隶制乱之首，应攘臂而扔之。

孔子的哲学观点是为政治主张服务的，属于形而上学唯心论。（1.2）孝心、忠心、爱心的心是本。"君子务本，本立而道生。"一切道理都源自本心。孔子强调"和而不同"的异，以此证明特权礼制的合理性。主张"君君臣臣，父父子子"不平等的关系，要像山一样永远静止不变。与老子"道生万物，万物负阴而抱阳，冲气以为和"的辩证唯物主义观点相对立。

孔子的价值观是：周礼至德，值得克己复礼；学也，禄在其中，学而优则仕，只有学礼当官，才有价值，值得追求；耕也，馁在其中，没有价值，焉用稼？不值得追求；孔子所谓的君子和小人，和我们所敬重的君子，所厌恶的卑鄙小人，概念完全不同。（16.8）子曰："君子有三畏：畏天命，畏大人，畏圣人之言。"君子、大人物、圣人有"道德"，有文化，有钱有权有势，值得敬畏。要求事君，能致其身，杀身成仁，不辱君命；庶人、小人（小人物）没知识，没文化，不讲道德，没钱没势，瞧不起，不值得重视。这与老子金玉满堂，莫之能守，为腹不为目；以百姓心为心，百倍利民的价值观相对立。

忠孝礼乐，仁义道德是中华民族共有的好传统，不是孔子创造发明的，也不是儒家的专利。忠孝礼乐，仁义道德，诸子百家都讲，不是只有儒家才讲，只是各讲各的，内容、目的不同。

孔子讲忠孝仁义，真正目的不是要孝敬父母，他本人并非孝子。而是假托孝敬父母，要老百姓像孝敬父母一样，孝敬"父母官"，效忠天子。他打着孝敬父母的旗号，使人无法反驳，不敢反抗。谁要是被扣上不忠不孝，不仁不义，大逆不道，乱臣贼子大帽子，立即招来杀身之祸，株连九族。这一招很厉害，是套在老百姓头上的紧箍咒、精神枷锁。难怪封建统治者喜欢孔子，把他捧为镇国之宝，吹嘘半部《论语》治天下，这就是真相。可见，儒家不能代表中华文化，不是离开孔子就不能讲忠孝礼乐仁义道德。相反，传统文化，应该大力提倡，大讲特讲，但不能完全按孔子宣扬的说法去讲。明代思想家李贽说："四书五经非万世至论；不必以孔子是非为是非。"

汉、唐、明、清开国明君，以道治国。以老子爱民治国，无为而治，为指导思想。休养生息，欲取之必先予之，不烹小鲜，鱼肉百姓，开创了四大盛世。孔子的思想，在历史上有过很高地位，但不是一直占指导统治地位；起码法家思想的地位，不在儒家思想之下。

孔子主张以礼治国，以德治国，好像很有道理。但是，孔子思想一旦占了上风，成了指导思想。推行特权礼制，不顾百姓死活。只会加剧社会矛盾，不可能和谐社会。必然导致政治腐败，社会黑暗。汉武帝"独尊儒术"；理学盛行的宋代，都是惨痛教训。孔子思想不是千古明灯，应该是"天生仲尼，万古长如夜"。吃人礼教不是中国精神，不是中国道德，不能代表中国文化。

孔子的思想对我国的历史确有很大的影响，但也滋生了很多负面影响。纵观历史，没有哪个朝代靠《论语》强大起来的。反倒是三纲五常，世袭守旧，礼制特权，形成腐败周期律。使我国陷于二千年不断改朝换代动乱之中，给中华民族带来无穷苦难。难道不值得我们深思？

孔子还是很厉害的，不但他本人为克己复礼奋斗一生，就连他的子孙后代都始终遵循礼制。所谓衍圣公，就是长子世袭制。尽管发生过争权夺利，仍沿袭七十多代。至今没有人，甚至没哪个皇帝能超过孔子家族。不过话要说回来，没有历代统治者的尊崇，孔子家族也不可能沿袭至今。表面看，孔子讲礼，不逾矩。其实最不遵守礼制正是孔子。3.1孔子指责季氏八佾舞于庭。但孔子也只是个大夫，孔庙、孔府、孔林的规格，早已僭越周礼，让季氏自叹不如。

如何评价老子与孔子这两位老祖宗，争论了两千多年，至今还是说不清楚。许多人争累了，不想再争。但是，说不清还得说，这个问题回避不了的。老子和孔子的思想，是传统文化中不可分割的两个对立面。有矛必有盾，有正必有反，有对必有错，正反两种思想都是宝贵的精神财富。孔子的话，有些很害人。但不见得说什么都是错的，有些还是很有道理的，不是不能引用。例如子在川上曰："逝者如斯夫。"虽然表达无可奈何花落去的悲观情绪，但还是被后世很多人引用了。古希腊许多唯心主义哲学家，至今仍受尊重，并经常引用他们一些名言。这些都是客观存在的事实，不是想全盘否定，或者不承认，想掩盖回避得了的。话又说回来，立场错了，只为统治者说话，不为老百姓说话。说得越有道理，危害就越大。历来统治者都把自己置于老百姓的对立面，对统治者越有利，老百姓就越倒霉。如果统治者能像老子所说的：明白"鱼不可脱于渊"的道理，以百姓心为心，爱民治国，无为而治。老百姓关注的事，认真去办。老百姓为什么反抗？不但不反抗，相反会真心拥护。

虽然孔子的立场、观点、方法有些是错的，是封建糟粕，必须抛弃。但抛弃不等于只学老子不学孔子，两者都应该学，从而提高识别能力。作为反面教材，这是孔子思想并未失去价值之所在。

孔子一些教育理念，至今仍可借鉴。他整理古籍，编写教材，对传承中国文化，还是有贡献的。毛泽东同志说：二十四史是统治者写的，老百姓不可能写，统治者不会说自己的坏话。因此，二十四史有很多是假的。但是，不能不读，不读就不可能了解历史，只有靠自己去识别真假。对待《论语》也一样，"不怕不识货，只怕货比货。"把《论语》和《老子》对照学习，可以提高辨明是非的能力。

孔子还是不打倒的好，因为学术争论，用打倒的办法不能解决问题。应该打倒的是腐败的统治者，是他们利用了孔子保守思想，维护腐朽的封建制。具有唯物世界观的人，基本观点是对的，看问题做事情可以少犯错误。但不见得什么都对，真理再跨一步，往往会变成谬论。主观唯心的东西，每个人或多或少都有。即使唯物辩证法大师，有时也会犯主观主义错误。唯心的东西，千百年之后还会存在，只有在实践中辨别是非。再说，打倒了，没对立面，唯物主义也不可能发展。《史记》曰："孔子适周，将问礼于老子。"老子劝曰："子所言者（指周公），其人与骨皆已朽矣，是皆无益于子之身。"孔子去，谓弟子曰："老子，其犹龙邪！"可见，两人观点虽然敌对，并未互相攻击，而是互相尊重，共同切磋。在这点上，应向老祖宗学习。

《论语》是本很好的反面教材，通过阅读，可以提高我们的识别能力。识别什么是形而上学唯心主义，什么是错误的立场、观点、方法。《论语》中，比较客观地反映出孔子的思想言行，使我们了解到一个真实的孔子。总之，孔子是个什么样的人？《论语》是本什么书？笔者认为：

（1）孔子的主张：核心是礼。所谓孝，是以孝顺父母为名，孝顺天子；所谓忠，只忠君不忠民；所谓仁，只爱君不爱民；所谓义是君臣之义；所谓礼是极端不平等的礼制。孔子所主张的仁义道德，不可能提升社会道德；孔子所主张的礼，只会加剧社会矛盾，不可能和谐社会。老子曰："夫礼，乱之首，攘臂而扔之。"极端不平等的礼是动乱的根源，必须抛弃。

（2）孔子的一生：是克己复礼的一生；他做人虚伪，根本不为老百姓说话。他的保守思想，给我们带来的不是"福音"而是苦难。不值得把他当什么圣人、道德楷模、万世师表来崇拜。

（3）孔子的历史地位：尽管他影响很大，有很高的历史地位，但只能是反面教员。

搞清孔子的一生、孔子的主张、孔子的历史地位这三个问题，回头再读《论语》。就不难读懂《论语》讲什么。不要看孔子讲得很有道理，那都是维护周礼奴隶制的道理。维护老百姓利益的道理，一句也没有。要问《论语》是本什么书？一句话：是本只为统治者说话的反面教材。统治者喜欢，老百姓是不会喜欢的。

第一章　学而篇

编号：1.1

古　文	今　文
子曰： "学而时习之，不亦说⁽¹⁾乎？ 有朋自远方来，不亦乐乎？ 人不知而不愠⁽²⁾，不亦君子⁽³⁾乎？"	孔子说： "学过的东西时常复习，不也是很愉快的事情吗？ 有朋自远方来，不也很快乐吗？ 不被人理解而不埋怨，不也是君子吗？"

查字典：

（1）说：古文同悦字，表示高兴，愉快，音"悦"。

（2）愠：恼怒，怨恨，音"运"。

（3）君子：与小人相对，指上层社会有文化、有仁义道德修养的人。

笔者的理解：

《论语》开篇第一个字，就是"学"。学什么？不学稼，不学军旅之事，只学六经，即礼、乐、诗、书、易、春秋等六本教材。主要内容是：忠孝礼乐仁义道德。朱熹称之为："入道之门，积德之基。"孔子于37岁那年起，开坛设教，广招弟子，目的是学而优则仕，别的不教，只教怎么当官。而且只招男生，不招女生，并非（15.39）有教无类。（7.7）学费最少是十条肉干，只要有赞助，多少照收不误，并非全民义务教育。学生除了上课，还要替孔子赶车、办事、管家、打杂。（6.4）当然，孔子也会给学生一些报酬，想给多少就给多少。不过，孔子也会见人打发，对子华很抠，还会讨价还价。对原思却很大方，并非一视同仁。

教学生怎么当官不是不可以，因为社会需要有人当官来管理国家。问题的关键是：当官为谁？老子主张当官为百姓，这是最根本的一条。老子曰："爱民治国，以百姓心为心，百姓皆注其耳目，圣人皆孩之。不烹小鲜，鱼肉百姓。"说起来容易，做起来难，不但要有一颗爱心，还要有为百姓管理国家的本事。

孔子则主张：一是当官为自己，（15.32）"耕也，馁在其中矣；学也，禄在其中矣。"

二是"臣事君以忠。"不是替百姓，而是替君主治国治民平天下。列宁说："统治者总是竭力把学校用来专门训练恭顺的和能干的奴才。"孔子则为奴隶主培养当官人才。

孔子强调快乐学习，很有道理。现在为了挤独木桥，填鸭式的学习，实在太痛苦。应该想办法培养兴趣爱好，化苦读书为快乐的学习。但是，（16.13）孔子主张："不学礼，无以立。"（19.13）"学而优则仕。"（15.32）"学也，禄在其中。"儒家以书中自有黄金屋，书中自有颜如玉，鼓励学生以此为动力而努力学习是不对的。

编号：1.2

古 文	今 文
有子曰： "其为人也孝弟，而好犯上者，鲜矣；不好犯上，而好作乱者，未之有也。君子务本，本立而道生。孝弟也者，其为仁之本与！"	有子说： "为人孝顺，而好犯上作乱者很少；不好犯上而好作乱的人，从来就没有。君子重视根本，本是基础，本立而道生。孝为仁之本！"

笔者的理解：

有子是孔子的学生，名有若，比孔子小 33 岁。从《论语》的记载看，有子是个有一定理论水平的人，能从哲学的高度阐明孔子的主张。《史记》曰："有若状似孔子，孔子死后，弟子立有若为师，师之如夫子之时。"但好景不长，弟子问有子两个问题，有子都默然以对，回答不了。故众弟子曰："有子避之，此非子之座也。"把他赶下台。

（9.1）："子罕言利与命与仁。"（5.13）子贡曰："夫子之文章，可得而闻也；夫子之言性与天道，不可得而闻也。"（4.15）曾子曰："夫子之道，忠恕而已矣。"意思说孔子之道，只是忠君而已，很少从哲学高度来论证自己的观点。

有子第一个提出"孝为本，和为贵。有孝心、忠心的人，不会犯上作乱"的著名论点。这是儒家百善孝为先的原版。但有子只谈到孝，未论及心。

孟子以心字论述忠孝仁义的合理性。他说心之官则思，谁都会想问题。小孩落井，人都有恻隐之心，纠正了孔子（6.26）见死不救，想逃离的说法。孟子说：人的四肢行动都发端于四心：忠心、孝心、爱心、良心。孟子虽然这么有心，却只是说说而已，没说小孩落井怎么办，未见四肢有何施救行动。

与孟子同时，公孙龙提出白马非马，坚白石二；左是左，右是右；上是上，下是下；分别离，离同异，明贵贱。以异字，论证不平等礼制的合理性，论证孔子提倡正名的正确性。

董仲舒篡改道家"天人合一"观点，提出"天人相类""天人感应"的唯心论。以天字，

神化儒学，把神权、君权、夫权捧上了天。

宋儒以理字为儒学造道，提出先有理后有气的理学。在统治者支持下，形成朱熹理学赫赫之炎势。"非朱子之传义不敢言，非朱子之家礼不敢行。"如有人非议，轻者拷打、流放，重者诛族灭门。戴震曰："人死于法，犹有怜之者；死于理，其谁怜之？"揭露了封建理学以理杀人的本质。

任何人都有自己的哲学观点，但不是每个人都是哲学家。孔子虽然够不上唯心主义哲学家，不等于他没有自己的哲学观点。例如（2.4）："七十而从（随）心所欲。"（6.23）："知者乐水，仁者乐山知者动，仁者静。"（6.25）："觚不觚，觚哉！觚哉！"（12.5）："死生有命，富贵在天。"（13.23）："君子和而不同，小人同而不和。"（16.8）："君子有三畏：畏天命、畏大人、畏圣人之言。"（17.3）子曰："唯上知与下愚不移。"（15.29）子曰："人能弘道，非道弘人。"（1.2）"本立而道生。"这些都是形而上学唯心主义观点。与老子："道之为物，道生万物。"唯物观点是对立的。

编号：1.3

古　文	今　文
子曰："巧言令色，鲜矣仁！"	孔子说："满口花言巧语的人，是没有多少仁爱之心的。"

笔者的理解：

孔子的一些基本立场、观点、方法是错误的，但不等于他说的话都是错的。这句话本身，不但没错，而且很有道理，关键在什么是仁。仁是爱人，爱什么人？孔子只爱君子，不爱小人物、庶人。

编号：1.4

古　文	今　文
曾子曰："吾日三省吾身：为人谋而不忠乎？与朋友交而不信乎？传而不习乎？"	曾子说："我每天都要自我反省三件事：为人做事是不是忠心耿耿？和朋友交往是不是守信？老师传授给我的知识，是不是复习了？"

笔者的理解：

儒家的唯心观点，统治立场，静止不变的方法虽然不对，但并非所有的说法都是错的，曾子主张经常自我反省的说法就很对。关键是反省什么？忠于君主还是忠于人民；交什么朋友，守什么信；学而时习之是对的，关键是学习什么知识。不利于百姓的知识，不但不要复习，而且要攘臂而扔之。

编号：1.5

古　文	今　文
子曰： "道千乘之国，敬事而信， 节用而爱人，使民以时。"	孔子说： "治理拥有千辆兵车的国家，要敬业而诚信， 节俭而爱惜人力，使用劳役而不违农时。"

笔者的理解：

鲁迅《现代中国的孔夫子》曰："孔夫子曾经计划过出色的治国方法。但那都是为了治民众者，即权势者设想的方法。为民众本身的，却一点儿也没有。"节用而爱人，使民以时。这句话是为权势者着想，不是为民众着想的。

编号：1.6

古　文	今　文
子曰："弟子入则孝，出则悌。 谨而信，泛爱众而亲仁。 行有余力，则以学文。"	孔子说："弟子在家，孝顺父母。 出门则尊敬兄长，谨慎而诚信，广爱众人，亲切仁慈。 尚有余力，则可以学点文化。"

笔者的理解：

话说得很好，很漂亮，但孔子并非孝子，没有任何行孝的先进事迹。母亲去世，孔子不在家守丧，却跑去赴宴；孔子的老婆死了，孔子竟不许儿子孔鲤哭母亲！鲁迅《坟》："拼命的劝孝，也足见孝子的缺少。而其原因，便全在一意提倡虚伪道德。"

编号：1.7

古　文	今　文
子夏曰："贤贤易色；事父母，能竭其力；事君，能致其身；与朋友交，言而有信。虽曰未学，吾必谓之学矣。"	子夏说："看人要重贤轻外表；事父母，能竭尽其力；事君，能效忠献身，奋不顾身；与朋友交往，言而有信。虽说未学过，我必说他学过。"

笔者的理解：

所谓事君能致其身，鼓吹了孔子事君以忠，杀身成仁的忠君思想。

编号：1.8

古　文	今　文
子曰："君子不重则不威，学则不固。主忠信，无友不如己者，过则勿惮（dàn）改。"	孔子说："君子不稳重就没有威信，学习也不牢固。忠君以守信为主。不要与不如自己的人交友。有错就不怕改正。"

笔者的理解：

圣人说话不见得都对，都有逻辑。例如，无友不如己者的说法就不对。东扯西拉，这里所说的几件事情，彼此之间并无什么逻辑关联。

编号：1.9

古　文	今　文
曾子曰："慎终追远，民德归厚矣。"	曾子说："慎重办丧，追悼远祖，民风终归淳厚。"

笔者的理解：

儒家提倡久丧厚葬，互相攀比，导致奢靡之风，而非淳朴。有人倡议"慎终追远"不如"及时孝亲"。

编号：1.10

古　文	今　文
子禽问于子贡曰："夫子至于是邦也，必闻其政。求之与，抑与之与？"子贡曰："夫子温、良、恭、俭、让以得之。夫子之求之也，其诸异乎人之求之与。"	子禽问子贡："孔子不管到哪个国家，必定先了解该国政事。是他求来的，还是别人主动告诉他的？"子贡说："孔子以温和、善良、恭谦、俭朴、礼让的态度得来的，这和别人不一样。"

笔者的理解：

　　"刑不上大夫，礼不下庶人。"对上和对下是有区别的，对庶人、奴隶从不讲什么温良恭俭让。毛主席在《湖南农民运动考察报告》中说："革命不是请客吃饭，不是做文章，不是绘画绣花，不能那样雅致，那样从容不迫，文质彬彬，那样温良恭俭让。""这种理论，阻碍农民运动的兴起，其结果破坏了革命。"

编号：1.11

古　文	今　文
子曰："父在，观其志；父没，观其行。三年无改于父之道，可谓孝矣。"	孔子说："父亲健在，观其志向；父亲死了，观其行为。三年不改父之道，可谓孝矣。"

笔者的理解：

　　所谓无改父之道，就是不改先王之道。让死人统治活人，不变革、不前进、不发展，永保等级周礼奴隶制度不变。鲁迅《坟》曰："只要思想未遭锢蔽的人，谁也喜欢子女比自己更强，更健康，更聪明高尚，更幸福。就是超越了自己，超越了过去，超越便须改变。所以，子孙对于祖先的事，应该改变。三年无改于父之道，可谓孝矣。当然是曲说，是退婴的病根。"

编号：1.12

古　文	今　文
有子曰："礼之用，和为贵。先王之道，斯为美。大小由之，有所不行，知和而和，不以礼节之，亦不可行。"	学生有子说："礼的用途是，和为贵，不犯上作乱。这是先王最完美的治国之道。无论大事小事，有所行不通的地方，都要由礼来约束节制。只知和为贵，不以礼节之，亦不可行。"

笔者的理解：

　　和为贵是句名言，都以为是孔子说的，其实是有子说的。有子的确有水平，几句话就把礼的本质说清楚了。他说，礼是干什么用的？不是用来讲什么文明礼貌，而是先王用周礼奴隶制来理政的治国之道。这是最完美制度，不管大小，都按等级来就不会乱。礼的用处就是和为贵，和是很可贵的，但知和而和，就事论事还不行，必须以礼来强制约束老百姓的反抗。有子打着和为贵的旗号，说安贫乐道，安分守己，遵守周礼就是和，犯上作乱，反抗不平等的周礼奴隶制就是不和，从而强制推行极端不平等的周礼奴隶制。这种强行以礼治国，只会激化矛盾，不可能和谐社会！

编号：1.13

古　文	今　文
有子曰："信近于义，言可复也。恭近于礼，远耻辱也。因不失亲，亦可宗也。"	有子说："讲信用接近于义，说话可经得起复验。恭谦接近于礼，可远离耻辱，因而不失宗亲支持，也就比较可靠。"

笔者的理解：

　　"不失亲，亦可宗"可见，儒家是主张任人唯亲的。

编号：1.14

古　文	今　文
子曰："君子食无求饱，居无求安，敏于事而慎于言，就有道而正焉，可谓好学也已。"	孔子说："君子不追求吃喝，不追求安逸。做事敏捷，说话谨慎。这就是正道，可以称之为好的学习榜样。"

笔者的理解：

这些话不但没错，而且讲得很好。但说一套，做一套，孔子并不艰苦朴素。《乡党篇》记载了孔子讲吃讲穿，生活奢侈的情况。

编号：1.15

古　文	今　文
子贡曰："贫而无谄，富而无骄，何如？"子曰："可也未若贫而乐道，富而好礼也。" 子贡曰："诗云：如切如磋，如琢如磨，其斯之谓与？"子曰："赐也，始可与言诗已矣，告诸往而知来者。"	子贡问："虽然贫穷，却不谄媚巴结别人，虽然有钱，却不骄傲自大，怎么样？"孔子答："可以，但还不如贫而乐道，富而好礼。" 子贡又问："做学问就要像诗经上说的，不断切磋琢磨，是这个意思吧？"孔子说："赐也，可以开始和你谈诗说经了，告诉你以往的历史，就能知道未来发展趋势。"

笔者的理解：

本章节分两段，前段讲贫而乐道，富而好礼，后段讲子曰诗云，好像互不关联。其实不然，意思说学道习礼，要不断切磋琢磨。

有人说安贫乐道，表达了孔子不求名利的思想。（9.6）：孔子少时贫而贱，然而他并不安贫。（7.12）子曰："富而可求也，虽执鞭之士，吾亦为之。"（9.13）："沽之哉，沽之哉，我待贾者也！"追求名利的急切心情跃然纸上。后来，孔子当官发财了，并不贫贱，故称赞他安贫乐道，不求名利，不符合事实，这里是孔子要求老百姓安贫乐道的。恩格斯说："所有过去的时代，实行这种吸血的制度，都是以各种各样的道德宗教和政治的谬论来加以粉饰的。牧师、哲学家、律师、国务活动家，总是向人民说：为了个人幸福，你们必定要忍饥挨饿（安贫乐道），因为这是上帝旨意。"

编号：1.16

古　文	今　文
子曰："不患人之不己知，患不知人也。"	孔子说："不怕别人不了解自己，就怕自己不了解别人。"

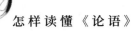

笔者的理解：

    这话说得好，不要老怪别人不理解自己，要换位思考，先设身处地地理解别人。在了解别人的过程中，也要推销自己，让别人了解自己。

    本章《学而篇》主要讲学礼。礼的用途是和为贵，任何事情都要讲礼。"以礼节之"，否则行不通。

第二章　为政篇

编号：2.1

古　文	今　文
子曰："为政以德，譬如北辰，居其所而众星共之。"	孔子说："以德为政，就像北极星，坐北朝南，众星拱之。"

笔者的理解：

孔子所谓为政以德，是以忠孝礼乐、仁义道德来治理国家。有人说："一个人，一个管理者、领导者，一个执政党，不管是修身、齐家，还是治国、平天下，最重要的是要讲一个德字。有德就有人格魅力，就有吸引力、凝聚力、感召力。就能成为领导核心，受民众拥戴。"话说得没错，关键什么是德？孔子以忠孝礼乐仁义为德，维护统治者利益；以犯上作乱，触犯统治者利益为不道德。

老子以上善若水，善利万物为德。爱民治国，能无为乎？以生而不有，为而不恃，长而不宰，为玄德。民之饥，以其上食之多，使老百姓无以生为，为不道德。两人立场、道德观，根本不同。

编号：2.2

古　文	今　文
子曰："诗三百，一言以蔽之，曰：思无邪。"	孔子说，诗经三百首，用一句话来概括，就是思无邪念。

笔者的理解：

《诗经》是春秋时期一部诗歌总集，共 305 篇，分风、雅、颂三部分。《风》：民风，民间创作，反映民众生活、思想愿望、对统治者的不满和反抗。《雅》分大雅和小雅，小雅大都表达下对上的不满。《大雅》和《颂》是重大仪式所唱的诗歌，有一部分讽刺腐败。

孔子却曲解为:《诗经》虽有三百首之多,不少是情诗。但思想纯正,没有邪念。不要七想八想,想歪了。"思无邪"是《诗经·鲁颂》中的一句话,意为鲁僖公没有别的想法,专心养马,故事业兴旺。孔子也认为文艺要为政治服务,把"思无邪"说成是《诗经》三百首的主题思想。其中心思想就是要"思无邪",不要有违反周礼奴隶制,犯上作乱的邪恶念头。

编号:2.3

古　文	今　文
子曰:"导之以政,齐之以刑,民免而无耻;道之以德,齐之以礼,有耻且格。"	孔子说:"用行政命令,以法治国,民众只会避免刑罚,而无羞耻心。用道德规范,以礼治国,民众有羞耻心,行为就不会出格。"

笔者的理解:

老子主张治国先治吏,孔子则主张治国就是治民。孔子认为:强制惩罚,使民战栗,从而小心约束自己的行为,不敢犯上作乱,避免刑罚,却不会使民感到不服从统治是可耻的。没有羞耻心,就难以达到自觉遵守不平等礼制的效果。所以,"道之以德,齐之以礼。"目的是让民众有羞耻心,行为不出格,不会犯上作乱。

(3.1)孔子谓季氏:"八佾舞于庭,是可忍也孰不可忍也?"季氏没有羞耻心,所以行为出格,竟敢用周天子的八佾舞于庭。就像一个平头百姓,不知羞耻,竟敢穿龙袍,那可是杀头之罪。如此大逆不道,违反周礼,犯上作乱,是可忍孰不可忍!

以礼治国,以德规范,双管齐下,孔子这一招很厉害。用忠孝礼乐仁义道德精神枷锁,套在中国人头上长达两千多年。所谓《半部》论语治天下,有哪一个朝代,是靠论语治天下而强盛的?

编号:2.4

古　文	今　文
子曰:"吾十有五而志于学,三十而立,四十而不惑,五十而知天命,六十而耳顺,七十而从心所欲,不逾矩。"	孔子说:"我十五岁就立志于学礼,三十以礼立足于社会,四十知书达礼而不惑,五十知天命,六十听顺天命,七十随心所欲,但不逾越礼乐规矩。"

笔者的理解：

孔子在本节自述一生六个阶段的心路历程：

（1）十五岁有志于学习周礼。

孔子从小受鲁国周公守旧礼教熏陶。《史记》曰："孔子为儿嬉戏，常陈俎豆，设礼容。"（9.6）子曰："吾少也贱，故多能鄙事。"官场实行世卿世禄礼制，孔子出身贫贱，什么名分资格都没有。只好在季氏手下看仓库放牛羊，以及替人办丧事，当吹鼓手等鄙事。这些艰苦的生活经历，使孔子意识到，必须努力学习，争取名分，跻身官场，才能改变命运。故十五有志于学礼。（8.20）子曰："周之德，其可谓至德也已矣。"（8.2）"无礼则乱。"（3.14）子曰："周监于二代，郁郁乎文哉，吾从周。"（3.17）"我爱其礼。"所以孔子学礼非常用功，（7.2）："默而识之，学而不厌，诲人不倦。"（3.14）："子在齐闻韶，三月不知肉味。"到了痴迷的程度。（3.22）："三人行，必有我师焉。"（3.15）："子入太庙，每事问，是礼也。"（3.19）："发愤忘食，乐以忘忧，不知老之将至。"（5.28）子曰："十室之邑，必有忠信如丘者焉，不如丘之好学也。"功夫不负有心人，孔子终于学有所成。

（2）三十而立。

立什么？（8.8）："立于礼。"（16.13）："不学礼，无以立。"（20.3）："不知礼，无以立也。"不学礼，就无法在社会上立足；不懂礼，就不懂得如何为人处世。学习的动力是（15.32）："耕也，馁在其中矣；学也，禄在其中矣。"书中自有黄金屋；书中自有颜如玉。（19.13）："学而优则仕。"（14.41）上好礼，则民易使也（13.4）："上好礼，则民莫敢不敬，焉用稼？"

（3）四十而不惑。

到了四十岁，孔子认为，忠孝礼乐仁义道德那套东西，通过自己刻苦努力学习，下学而上达，无所不知，无所不晓，达到不惑的程度。然而，孔子并非不惑，最大的疑惑就是，（6.17）："谁能出不由户，何莫由斯道也？"为什么没人走我这条道路，为什么没人重用我呢？

（4）五十而知天命。

（14.35）子曰："莫我知也夫，不怨天，不尤人，下学而上达，知我者其天乎！"四十岁想不通的问题，到五十岁终于想通了，知道这是命。（14.36）子曰："道之将行也与，命也。道之将废也与，命也。"（12.5）："死生有命，富贵在天。"（16.8）孔子曰："君子有三畏，畏天命，畏大人，畏圣人之言。"反映出孔子的唯心世界观。

（5）六十而顺天命。

孔子从 50 岁开始，当了 5 年官。因堕三都，打击季氏等新兴改革势力失败，被迫流亡，长达 14 年。流亡期间，孔子逆改革周礼历史潮流，宣扬君君臣臣，克己复礼，妄图复辟西周奴隶制。不但没人重用他，反而围困他，要杀他。搞得孔子灰心丧气，万念俱灭。连孔子自己都认为累累兮，若丧家之狗的流亡生活。却被美化成知其不可而为之，明知山有虎，偏向虎山行，为实现理想抱负，不畏艰险的英雄壮举。（9.9）子曰："凤鸟不至，河不出图，吾已矣夫！"奔走一生，无人赏识，天不授我，这一辈子完了，很是绝望。（5.7）子曰："道不行，乘桴浮于海。"（7.5）："甚矣吾衰也，久矣吾不复梦见周公！"表示不再做克己复礼的梦。（9.17）子在川上曰："逝者如斯夫，不舍昼夜。"无可奈何花落去，问君能有几多愁，恰似一江春水向东流。青山遮不住，毕竟东流去。用孔子自己的话说六十而耳顺，听天由命。这与当年（4.8）："朝闻道，夕可死。"（15.9）："杀身成仁。"（8.7）："仁以为己任，死而后已。"（13.10）："苟有用我者，期月而已可也，三年有成。"雄心勃勃，满口豪言壮语的孔子判若两人。

（6）七十而从心所欲，不逾矩。

公元前 484 年，卫国发生内乱，待不下去，68 岁的孔子结束了流亡生活，回到鲁国。孔子说：他七十岁可以随心所欲，想干什么就干什么，这是吹牛。（14.26）：孔子总说不在其位，不谋其政。实际仍不死心，还想干预政事。（14.21）：田成子弑齐简公而夺权，孔子认为犯上作乱，大逆不道，要鲁哀公出兵讨伐。鲁哀公只是傀儡，叫孔子找三桓。三桓曰：不可。从此，孔子不问政事，一心编写忠孝礼乐仁义道德教材。（9.15）子曰："吾自卫反鲁，然后乐正，雅颂各得其所。"据说编了诗书礼乐易春秋六本教材。情况如果属实，可以说这是孔子对传承中国文化一大贡献。（15.39）子曰：有教无类。有人根据这句话，就吹捧孔子是全民教育家。孔子并不是什么全民教育家，充其量是统治者的教育家。理由是：

① 孔子的学生顶多只有几十人，并非上千名。在论语中有名有姓的学生是 26 人。《史记》记载也只有 70 人，其中有不少是孔子死后才出生，根本不可能是孔子学生，人数上够不上全民。

②（7.7）子曰：自行束脩以上，吾未尝无诲焉。可见孔子办学并非全民义务教育，而是收费的。对穷人来说饭都没得吃，哪来十条干肉交学费。孔子的学生大都是富家子弟，颜回算是最穷的，但能供得起父子俩一起上学，会穷到哪里去？

③ 孔子歧视妇女，女子无才便是德。故只招男生，不招女生。

④ 孔子四体不勤，五谷不分。只教怎么当官，别的不教。尤其不教商稼和军旅之事。

⑤ 对自己的学生并不一视同仁。颜回是他最喜爱的学生，但颜回死后，孔子一毛不拔，（11.4）还说回也非助我者也。孔子并不真正爱学生，师生之间存在许多矛盾。

可见孔子搞的不是有教无类，而无教有类，能说是全民教育吗？孔子73岁去世，他不逾矩，只为一个礼字终其一生。

编号：2.5

古　文	今　文
孟懿子问孝，子曰："无违。"樊迟御，子告之曰："孟孙问孝于我，我对曰，无违。"樊迟曰："何谓也？"子曰："生，事之以礼；死，葬之以礼，祭之以礼。"	孟懿子问："何为孝？"孔子答："不违礼乐。"一天，樊迟为孔子赶车，孔子告诉他："孟孙向我请教：什么是孝道。我告诉他两个字：无违！"樊迟问："此话怎讲？"孔子说："父母健在，以礼侍候；父母去世，以礼葬之，以礼祭之。"

笔者的理解：

孟懿子是鲁国执掌实权的三桓之一，是新兴势力的代表。孔子对他们僭越周礼、主张改革，变奴隶制为封建制，早就忍无可忍。孟孙居然来问孝，孔子乘机把孟孙教训一顿。还沾沾自喜，在樊迟面前显摆了一番："孟孙问孝于我，我叫他不要违反周礼。"隐含嘲笑之意。樊迟的榆木脑袋实在迟钝。（13.4）樊迟请学稼。被孔子骂道："小人哉，樊迟也！上好礼，则民莫敢不敬，焉用稼？"但樊迟仍不明白：这孝与礼有何关系？孔子看到樊迟不开窍，不知个中玄机，没好气地从初级知识说起：什么是孝？就是父母健在，事之以礼；父母去世，葬之以礼。一句话：厚葬久丧。其实，孔子并非孝子，亦无孝顺先进事迹。孔子宣扬孝，并不真心要孝顺父母。真正目的是利用人们孝顺心理，把孝引向忠君，把孝应用于政治。（2.21）："孝乎惟孝，施于有政。"（2.20）："孝慈则忠。"（3.18）："事君尽礼。"（3.19）："事君以忠。"孔子善于用漂亮的言辞进行伪装，导致世人都以为只有孔子和儒家讲孝。儒家这一招很厉害，要是谁被他们扣上不仁不义，不忠不孝，乱臣贼子，大逆不道的帽子，马上会招来杀身之祸，株连九族。

编号：2.6

古　文	今　文
孟武伯问孝，子曰："父母唯其疾之忧。"	孟武伯也来请教孝道。孔子说："做子女的尤其要为父母的疾苦担忧。"

笔者的理解：

鲁国是周公的封地，受周礼影响很深，许多上层人物都想把自己打扮成忠臣孝子。因为孔子搞过儒术这个行当，熟知怎么说、怎么做、怎么表现，才让人觉得你真是个忠臣孝子。所以不少人向孔子问孝，其中包括孟懿子、孟武伯父子。他们是掌实权的鲁国大夫，父子都来问孝，使孔子觉得很光彩。于是，在樊迟面前显摆了一番。但孔子的回答有意让人捉摸不透。父母唯其疾之忧的"其"指谁？理解不一，有的说指父母自己，父母只有疾病之忧；有的说指子女，朱熹说："言父母爱子之心，无所不至，惟恐其有疾病，常以为忧也。"认为疾是疾病；有的却认为疾不限于疾病，应该是疾苦；还有的认为疾是品德上的毛病。笔者认为：既然是儿子孟武伯问孝，应该是指父母疾苦或疾病。孔子讲的还是很有道理的，久病无孝子，久病见孝心，指子女对父母的疾病两种不同的态度。孔子说起孝，头头是道，却从未行孝。

编号：2.7

古　文	今　文
子游问孝，子曰："今之孝者，是谓能养。至于犬马，皆能有养；不敬，何以别乎？"	子游问孝，孔子说："当今所谓孝，仅仅是能供养父母就算孝。至于犬马也能供养，如果对父母不敬，这和犬马有何区别？"

笔者的理解：

在动物界，普遍是父母哺育子女，而子女很少反哺父母。尽管孔子举犬马为例欠妥，但讲得还是很有道理的：子女对父母不仅要养，而且要敬，才算孝。

编号：2.8

古　文	今　文
子夏问孝，子曰："色难，有事，弟子服其劳；有酒食，先生馔（zhuàn），曾是以为孝乎？"	子夏问孝，孔子说："父母脸色难看，说明有事，子女就要多操劳；有好吃好喝的，先让父母享用，仅仅这样，难道就可以认为是孝吗？"

笔者的理解：

孔子强调：孝敬父母，不仅要关心他们的物质生活，更要关心他们的精神需求，讲得确实全面而深刻。关键是孔子自己做到没有？孔子真正目的是要老百姓像孝顺父母那样效忠天子。

编号：2.9

古　文	今　文
子曰："吾与回言终日，不违如愚。退而省其私，亦足以发，回也不愚。"	孔子说："我整天和颜回讲学，他从不违背我的主张，好像很笨。等他回去反省，却能有所发挥，颜回不笨。"

笔者的理解：

颜回是孔子最喜欢的学生，因为颜回最听话。可以看出，孔子对学生的要求是：发挥可以，但不能违背我的主张。只要有点不同看法，就要挨骂。（5.10）宰予被骂成"朽木不可雕，粪土之墙不可朽也"。（11.13）子路被骂"不得好死"。（11.17）骂冉求"非吾徒也，小子鸣鼓而攻之，可也"。

编号：2.10

古　文	今　文
子曰："视其所以，观其所由，察其所安。人焉瘦⁽¹⁾哉？人焉瘦哉？"	孔子说："看他因为什么，所以才这么做；看他以什么理由，经由什么途径，采取什么办法去做；观察他安的什么心。把这些问题都看透了，这个人还能瞒天过海吗？"

查字典：

（1）瘦：隐藏、隐瞒、掩盖。

笔者的理解：

孔子强调：看人做事，要注意观察其真正的动机，这话说得很对。以其人之道，还治其人之身，观察一下孔子劝孝动机。鲁迅说："拼命的劝孝，也足见实事上孝子的缺少。而其原因，便全在一意提倡虚伪道德。"孔子劝孝动机，不是真心要孝顺父母，也不是孝子的缺少。而是想把人们的孝心引向忠君，要人们像孝敬父母一样，孝敬父母官，效忠天子，真正目的是忠君。其办法先礼后兵，先劝说后强制。劝说不成，则大帽子一扣：不忠不孝，不仁不义，乱臣贼子，大逆不道，斩首示众，夷灭九族！这一招相当厉害，被封建统治者当作"镇妖法宝"，使用了两千多年。

编号：2.11

古　文	今　文
子曰："温故而知新，可以为师矣。"	孔子说："温故而知新，可成为一种自学方法。"

笔者的理解：

"温故而知新"，是孔子的一句名言。一般理解为："经常温习学过的东西，可以获得新知识。"笔者认为：应该拓展一些，例如：经常回顾历史，可知兴替；失败是成功之母，吸取教训，可以转败为胜。

"可以为师"一般理解为："可以为人师表，当别人的老师。"我则理解为："温故而知新，自己当自己的老师，这是一种自学方法。"

编号：2.12

古　文	今　文
子曰："君子不器。"	孔子说："君子器量不要太小。"

笔者的理解：

注家多理解为："君子不能像一件器具，只有一种用途。"《易》曰："形而上者谓之道，形而下者谓之器。"意思说无形的东西是道；有形的东西是器。但孔子在此处说的器，不是有形的器具、器物，而是无形的心胸、胸怀、度量、器量。(3.22)子曰："管仲之器小哉！"(14.9)问管仲，子曰："人也，夺伯氏骈邑三百，饭疏食，没齿无怨言。"管仲是法家先驱，任齐相时，改革周礼，主张欲取之，先与之。解放奴隶，把奴隶主的"公田"化为"私田"

分给奴隶，把奴隶变为农民，大大提高生产积极性。使齐国迅速强大，称霸中原。孔子反对改革，指责管仲器量小，违背周礼，剥夺奴隶主伯氏三百户封地，使伯氏饭疏食，还不敢有怨言。

编号：2.13

古 文	今 文
子贡问君子，子曰："先行其言而后从之。"	子贡问："怎样做才是君子？"孔子说："先兑现自己说过的话，然后继续做下去。"

笔者的理解：

"先行其言而后从之。"与孔子说的"主忠信。"（5.10）："听其言，观其行。"是一个意思。做人要言而有信，说话算数才是君子。然而（13.20）孔子却说："言必信，行必果，硁硁然小人哉！"前后矛盾，不知孔子如何自圆其说。

《论语》记录了孔子一些信用事迹，看看孔子是君子还是小人。

例如：齐景公和卫灵公都待孔子不薄，不但在孔子落难逃亡时收留他，而且给予优厚待遇。（16.12）孔子却背后骂齐景公无德，（14.19）子言卫灵公之无道。（3.18）孔子一方面主张："事君尽礼，事君以忠。"（3.24）"天下之无道久矣，天将以夫子为木铎。"另一方面，孔子却主张（5.21）"邦有道则知；邦无道则愚。"（8.13）"危邦不入，乱邦不居。天下有道则见，无道则隐。"（15.7）"邦有道则仕，邦无道则可卷而怀之。"（15.36）形势大好，孔子就当仁不让地"则仕"；形势不好，无道之乱邦，正需要有人去治乱。可是，孔子一看，大势不好，连忙像泥鳅一样卷而怀之，溜之大吉。

（4.8）子曰："朝闻道，夕死可矣。"（15.9）子曰："志士仁人，无求生以害人，有杀身以成仁。"（6.26）宰我问曰："仁者，虽告之曰：井有仁焉，其从之也？"子曰："何为其然也？君子可逝也，不可陷也；可欺也，不可罔也。"不下井相救，起码可以呼救。怎能逃走，见死不救，还是君子吗？

（17.21）宰我认为：三年之丧太久，一年可矣。孔子骂宰我不仁不孝，大逆不道。可是，孔母刚死，孔子不老实守丧，却跑去赴宴，被季氏家臣阳货赶了出来。

（3.1）孔子不容忍季氏僭越周礼，犯上作乱。（6.27）（12.15）子曰："约之以礼，亦可以弗畔矣夫！"（17.5）孔子却想参加公山弗扰、佛肸（bì xī）等人叛乱，遭到子路反对。（11.13）孔子咒子路不得好死。

（7.16）孔子一面高唱："饭疏食，饮水，曲肱而枕之，乐亦在其中矣。不义而富且贵，

于我若浮云。"（7.12）一面却说："富而可求也，虽执鞭之士，吾亦为之。"（9.13）子曰："沽之哉！沽之哉！我待贾者也。"急切心情，跃然纸上。乡党篇还详细描写了孔子的富豪生活：肉割不正不食，席不正不坐，高档衣服一套一套的。

（14.26）子曰："不在其位，不谋其政，思不出位。"其实，孔子一点儿也不本分，到处跑官要官。不但干涉子路、冉求等人为政，如（3.6）季氏准备祭泰山，孔子认为只有天子才有资格，要冉有阻止季氏祭山，冉有说："不能。"（14.21）孔子甚至要求鲁哀公派兵干涉齐国内政。

（15.39）孔子标榜自己"有教无类"。其实，孔子对学生并不一视同仁。结果造成信任危机，孔子只好指天发誓。（6.28）子见南子，子路不说。夫子矢之曰："予所否者，天厌之！天厌之！"（7.24）子曰："二三子以我为隐乎？吾无隐乎尔！吾无行而不与二三子者，是丘也。"我要是隐瞒，就是丘八。

编号：2.14

古　文	今　文
子曰；"君子周而不比，小人比而不周。"	孔子说："君子遵从周礼而不计较；小人计较而不遵从周礼。"

笔者的理解：

许多人注解：周是以道义团结人，不结党营私；比是以利害关系互相勾结，不是团结。故解释为："君子团结不勾结；小人勾结不团结。""君子不结党营私，小人结党营私。"这样注解是错的。

首先，要搞清孔子所谓君子和小人指的是什么人。一般认为：孔子把人分成两种：君子有德；小人无德。"君子"是指有"道德修养"的文人；"小人"是指不讲道德的卑鄙小人。笔者认为，这样理解并不准确。（14.6）子曰："君子而不仁者有矣夫。"孔子认为是君子而不仁的人还是有的。我们要问：没有爱心，没有仁德的人还是君子吗？可见，孔子所谓君子不全是有道德的人。

在《论语》中，孔子多次谈论君子与小人的区别。（4.11）子曰："君子怀德，小人怀土；君子怀刑，小人怀惠。"（4.16）"君子喻于义，小人喻于利。"（6.13）子谓子夏曰"女为君子儒，无为小人儒！"（12.19）季康子问政，孔子曰："子欲善而民善，君子之德风，小人之德草，草上之风必偃。"（13.4）樊迟请学稼。子曰："小人哉，樊须也！上好礼，则民莫敢不敬，焉用稼？"（13.23）子曰："君子和而不同；小人同而不和。"（14.24）"君子上达，小人下达。"（16.8）孔子曰："君子有三畏：畏天命、畏大人、畏圣人之言。"可见，孔子所谓君子不是大人、圣人，也不全是有德之人，而泛指上层人物；所谓小人不是小孩，也不全是无德之人，更不是道德败坏的人。而是没有文化、愚昧无知，生活在社会底层的劳动人民。

其次，周并非团结，而是从周。（3.14）子曰："周监于二代，郁郁乎文哉，吾从周。"从周就是遵守周礼。比就是比较、计较。

第三，周礼是一种不平等的社会制度，贵贱等级森严。君子当然拥护而不计较，小人当然不满而计较。故"君子周而不比；小人比而不周"。与（13.23）"君子和而不同；小人同而不和"的意思大同小异，都是要老百姓遵从周礼，不要计较，维护统治者利益的说法。

编号：2.15

古　文	今　文
子曰："学而不思则罔[(1)]，思而不学则殆[(2)]。"	孔子说："只死读书，而不思考，就会受蒙蔽；只是空想，而不学习，则思源枯竭。"

查字典：

（1）罔（wǎng）：蒙蔽、受骗、迷惑、迷惘。无、没有、不，置若罔闻。

（2）殆（dài）：将近、差不多。危险、枯竭、殆尽。

笔者的理解：

这是孔子一句名言，很有道理。孔子指出：学而不思，思而不学的危害，是人们常犯的毛病。

编号：2.16

古　文	今　文
子曰："攻乎异端，斯害也已。"	孔子说："攻击异端，因为异端是极其有害的！"

笔者的理解：

孔子认为：改革周礼的主张都是异端。有人把"攻乎"注解为攻读、钻研是错的，应为攻击。（11.17）：季氏富比周公，而求也为之聚敛而附益之。子曰："非吾徒也，小子鸣鼓而攻之，可也。"在鲁国掌权的季氏，改革井田制为田赋制，化公田为私田，变奴隶制为佃农制，比周公还富。孔子的学生冉求，还辅助季氏改革。孔子反对改革，号召弟子起来攻击冉求这种大逆不道的行为。

编号：2.17

古　文	今　文
子曰："由，诲汝知之乎？知之为知之，不知为不知，是知也。"	孔子说："由，教你的东西懂了吗？懂就说懂，不懂就说不懂，不要不懂装懂，才是聪明人。"

笔者的理解：

子路姓仲名由，字子路、季路，是孔子不喜欢却又离不开的学生。《史记》说：子路性鄙，好勇力，是个身着奇装异服的小混混。不爱读书，江湖义气十足，是孔子的保镖。忠心耿耿，鞍前马后，为孔子效劳。（7.35）（9.12）孔子生病，子路以管家自居，自作主张，为孔子求神请祷，料理后事，惹得孔子非常生气。

子路思想比孔子还保守，（13.3）孔子主张"正名"，子路说："真是的，迂腐到这种地步，何必去正什么名？"（6.28）子见南子；（17.5）（17.7）孔子想造反，都遭到子路强烈反对。（7.19）"叶公问孔子于子路，子路不对。"这把孔子惹急了，连忙粉墨登场。子曰："女奚不曰，其为人也，发愤忘食，乐以忘忧，不知老之将至云尔。"

子路说孔子那套主张行不通，我早就知道。（5.14）"子路有闻，未之能行，唯恐有闻。"（18.7）子路曰："道之不行，已知之矣。"（5.14）孔子却说子路有勇无谋，不懂政治。（11.15）子曰："由之瑟奚为于丘之门？"说子路尚未升堂入室，为何要在我门下乱弹琴？（5.8）孟武伯问子路仁乎？子曰："不知也。"（15.4）子曰："由！知德者鲜矣。"（5.7）子曰："道不行，乘桴浮于海。从我者，其由与？""由也好勇过我，无所取材。"子路除勇之外，没有什么可取之才，表达了孔子对这个学生无可奈何的心情。（11.13）"子路行行如也，若由也，不得其死然。"子路有勇无谋，怕是不得好死。不幸被孔子言中，子路后来惨死于卫君父子王位之争，成了捍卫礼制的牺牲品。

编号：2.18

古　文	今　文
子张学干禄。子曰："多闻阙疑，慎言其余，则寡尤；多见阙殆，慎行其余，则寡悔。言寡尤，行寡悔，禄在其中矣。"	子张请教当官秘诀。孔子说："多听可减少疑惑，谨慎说话，留有余地，则少忧患；多看可以减少危险，谨慎行事，留点后路，则少后悔。说话少惹祸，行事少后悔，禄就在其中啊！"

笔者的理解：

　　本节专讲为官之道。孔子办学，不教稼圃鄙事，也不教军旅之事，只教怎么当官。内容相当丰富，有诗、书、礼、乐、易、春秋六门课。主要内容是：忠孝礼乐，仁义道德。当官秘诀，书上不能明说，只能私下口头传授。孔子告诉子张：在官场混，要多闻慎言，多见慎行，做到这点，禄在其中，保证你升官发财。

编号：2.19

古　文	今　文
哀公问曰："何为则民服？"孔子对曰："举直错诸枉，则民服；举枉错诸直，则民不服。"	鲁哀公问："怎样做才能使民众信服？"孔子答："提拔正直的人，置于不正直的人之上，则民服；要是把不正直的人置于正直人头上，则民不服。"

笔者的理解：

　　举是举用；直是正直、正派；错，措置、放置；诸，之上；枉，弯曲、不正直。"举直错诸枉。"话说得没错。

　　但什么是直，什么是枉？老百姓认为：敢为老百姓说话的人，是正直的包青天；贪赃枉法的人，不是正派人。孔子则认为：忠孝双全，遵守忠孝礼乐、仁义道德的人，是走正道、正直的人；不遵守是大逆不道、没有羞耻心，行为出格的人。立场不同，看法不同。

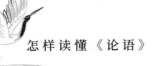

编号：2.20

古 文	今 文
季康子问："使民敬，忠以劝，如之何？" 子曰："临之以庄，则敬；孝慈，则忠；举善而教不能，则劝。"	季康子问："要使老百姓敬畏，劝他们忠心耿耿，应该如何做？"孔子说："庄重威严，让人望而生畏；孝则无违，不犯上作乱，孝则有耻且格，行为不会出格。孝乎惟孝，施于有政，孝则忠；举用善人，教育不能尽忠的人，这就是劝忠。"

笔者的理解：

正如鲁迅说的：孝则忠，这又是孔子为权势者设想的治国方法，为民众本身的，却一点儿也没有。

编号：2.21

古 文	今 文
或谓孔子曰："子奚不为政？" 子曰："《书》云：孝乎惟孝，友于兄弟，施于有政。是亦为政，奚其为为政？"	有人问孔子："先生为何不当官为政？"孔子说："《书》云：把孝和兄弟感情应用于政治，这也是为政。何必当官才是为政？"

笔者的理解：

孔子口是心非，说不想当官。从（7.19）（9.13）孔子与子路、子贡的对话中可以看出：孔子想当官的心情比谁都急切。

编号：2.22

古 文	今 文
子曰："人而无信，不知其可也。大车无輗（ní），小车无軏（yuè），其何以行之哉？"	孔子说："做人不讲信用，不知他怎么处世。就像大车小车，辕无木销子，车子何以行走？"

笔者的理解：

孔子说做人要讲信用，用车做比喻也很恰当。可是，（13.20）却说言必信，行必果是小人，不知如何自圆其说。

编号：2.23

古　文	今　文
子张问："十世可知也？"子曰："殷因于夏礼，所损益，可知也；周因于殷礼，所损益，可知也。其或继周者，虽百世，可知也。"	子张问："十世之后的礼制可以预知吗？"孔子说："殷继承夏礼，有所增减，可以预知；周继承殷礼，有所增减，可以预知。将来有继承周者，不说十世，就是百世，亦可预知也。"

笔者的理解：

古代以 30 年为一世。保守的孔子坚信：礼制源远流长，虽改朝换代，有所增减，但万变不离其宗，贫富贵贱，君臣等级。不说三百年，三千年也不会变！反映出孔子坚守奴隶制周礼的顽固立场。

编号：2.24

古　文	今　文
子曰："非其鬼而祭之，谄（chǎn）也；见义不为，无勇也。"	孔子说："不是他的祖先，他去祭，这是献媚；不见义勇为，这是怯懦。"

笔者的理解：

古代，人死后都叫鬼，一般指已死去的祖先。非其鬼，不是他的鬼，不是他的祖先，不该他祭拜而祭拜，就是奉承、谄媚。勇就是不问强弱，不计胜败，路见不平，只要合乎道义的事，就无所畏惧，奋不顾身去做。这和（6.26）有人落井，见死不救，又自相矛盾。

第三章　八佾篇

编号：　3.1

古　文	今　文
孔子谓季氏，"八佾（yì）舞于庭，是可忍也，孰不可忍也！"	孔子谈到季氏时说："在自家庭院，竟敢享用天子规格的八佾礼乐，这种违反周礼的行为是不可容忍的！"

笔者的理解：

八佾是周礼严格规定的歌舞礼乐等级制度：一佾八人，八佾就是 64 人的舞蹈方队，只有天子才能享用。诸侯享用六佾，季氏是大夫，只能享受四佾。就像龙袍只有皇帝才能穿，谁敢穿？那是杀头之罪！

春秋晚期，由于奴隶受残酷奴役，死的死，逃的逃，"公田"生产上不去。加上统治者腐败无能，使周朝逐渐衰弱。一些聪明能干的诸侯、大夫看到，这样下去非完蛋不可。于是，在自己的领地进行改革，改革对象就是代表奴隶制的周礼。他们悄悄把"公田"化为"私田"；把奴隶转为自由佃农，即"解放奴隶"，大大提高了生产积极性。改革使诸侯、大夫经济实力强大，从而藐视衰弱的周天子。于是，"犯上作乱"的事件不断发生。例如：天子八佾，你能享受，为什么我不能享受？（16.2）孔子曰："天下无道，则礼乐征伐自诸侯出；自大夫出；陪臣执国命。"反映出主张变革的新兴封建势力走上政治舞台掌握实权，而旧的奴隶主势力正在失去权力而退出历史舞台；标志着周礼奴隶制崩溃，逐步向封建制过渡。

季氏是鲁国新兴势力的代表，他们改革周礼，用"赋田制"代替井田制。从而强大起来，控制了鲁国实权。对老百姓而言，尽管季氏不是什么大善人，但他们解放奴隶，解放生产力，总比腐败无能的"鲁二代"强。应该肯定，这是一次社会变革和进步。孔子反对改革和进步，不但有言论，而且有行动。

（1）提出正名、克己复礼理论，妄图复辟奴隶制。

（2）攻击季氏、管仲等改革派，包括自己的学生，如宰我、公伯寮、冉有、樊迟等，只要有一点改革新思想，无不受到孔子的攻击和谩骂。（11.17）："非吾徒也，小子鸣鼓而攻之。"

（3）孔子担任司寇和代理三个月宰相时，杀了革新派少正卯。

（4）孔子与鲁定公策划"堕三都"，妄图镇压"三桓"革新势力。失败后，被迫开始14年所谓"周游列国壮举"，实为丧家之犬般的流亡生活。

（5）（14.21）齐国改革派发动政变，孔子要鲁哀公派兵干涉。

（6）（17.5）公山弗扰等人反叛，子欲往。子曰："如有用我者，吾其为东周乎？"企图混入改革派，行保守复辟之实。

《论语》如实反映保守势力与改革势力的激烈斗争。

编号：3.2

古　文	今　文
三家者以《雍》彻。子曰："相维辟公，天子穆穆，奚取于三家之堂？"	三家祭祀唱《雍》诗。孔子说：《雍》诗中有一句："相维辟公，天子穆穆。"意思说：诸侯只是助祭，天子才是肃穆的主祭，三家有何资格享受天子礼乐？

笔者的理解：

《雍》是诗经周颂中的一首诗歌，"相维"指相助、助祭；"辟公"指诸侯。三家者指"三桓"，即掌控鲁国实权的三个大夫：季氏、孟氏、叔氏，以季氏势力最大。他们是改革周礼，改变奴隶制为封建制剥削方式的改革派，经常有"越礼"行为，多次受到孔子攻击。与（3.1）相同，反映出孔子克己复礼，复辟奴隶制的政治立场

编号：3.3

古　文	今　文
子曰："人而不仁，如礼何？人而不仁，如乐何？"	孔子说："人要是不仁慈，没有爱心，就不会把礼乐当回事。"

笔者的理解：

这里主要讲仁与礼的关系。孔子认为："人要是不仁慈，没有爱心，就不会正确对待礼乐。"礼乐是维护奴隶主利益的等级制度，孔子要人们正确对待礼乐，爱护礼乐，不要反

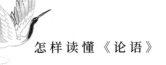

对礼乐。很明显，孔子为统治者说话。

《老子》第 5 章曰："圣人不仁，以百姓为刍狗。"圣人不仁慈，没有爱心，把老百姓不当人，当刍狗。很明显，老子为百姓说话。

编号：3.4

古　文	今　文
林放问礼之本。子曰："大哉问！礼与其奢也，宁俭；丧，与其易也，宁戚。"	林放问礼的本质。孔子说："这个问题问得很大！礼，与其奢侈，宁可节俭；丧，与其隆重，不如真心哀戚。"

笔者的理解：

礼仪奢侈不如节俭；丧礼隆重不如真心哀戚。但孔子常常言行不一，说得很好，实际又是另一套。谁都知道，孔子主张事死如事生，久丧厚葬。（2.5）子曰："生，事之以礼；死，葬之以礼，祭之以礼。"活时奢侈豪华，死后同样要隆重豪华。（17.21）宰我说："三年之丧太久，一年就够了。"孔子骂他不仁不孝，大逆不道！

孔子故意把日常生活的礼仪、丧礼和奴隶制度的周礼混为一谈，以便移花接木，挂羊头卖狗肉。要求老百姓不停留在表面仪式，而要发自内心感情，真心实意拥护周礼，这是孔子如意算盘。试想想，老百姓要求均贫富，等贵贱，人人平等，根本不可能发自内心拥护周礼。而孔子维护不平等礼制，只会加剧社会矛盾，不可能和谐社会。

编号：3.5

古　文	今　文
子曰："夷狄之有君，不如诸夏之亡也。"	孔子说："夷狄虽有君主，不如中原华夏诸国没有君主。"

笔者的理解：

有人解释为："即使诸夏有礼乐，没有君主，也比有君主没礼乐的夷狄强。说明君主与礼乐相比，孔子更重视礼乐。"这样解释似乎有道理，但有悖于孔子忠君的一贯思想。礼乐是为君主服务的，没有君主，孔子就不需要那么重视礼乐了，谁都可以八佾舞于庭。孔子这么说，确实不可理喻，要不就是弟子记录有误。

编号：3.6

古　文	今　文
季氏旅于泰山。子谓冉有曰："女弗能救与？"对曰："不能。"子曰："呜呼！曾谓泰山不如林放乎？"	季氏祭祀泰山。孔子责怪冉有说："你不能劝阻吗？"冉有答："不能。"孔子叹道："呜呼哀哉！难道泰山当局还不如林放懂礼吗？竟然接受季氏越礼祭拜！"

笔者的理解：

周礼规定：只有天子才有资格祭祀泰山，季氏是大夫，也要祭泰山。在孔子看来，这是僭越犯法行为。冉有是孔子的学生，时任季氏宰。因此，孔子要冉有设法阻止季氏的越礼行为，表明了孔子守护奴隶制的立场。林放何人？没有记载。（3.4）说林放不懂礼才问礼，这里的意思是：泰山当局比不懂礼的林放还不懂礼。

编号：3.7

古　文	今　文
子曰："君子无所争。必也射乎！揖让而升，下而饮。其争也君子。"	孔子说："君子没有什么可争的事情。如果有，必定是射箭比赛。互相作揖，彼此谦让，然后上场。比赛后下场，又互相敬酒。这就是彬彬有礼的君子之争。"

笔者的理解：

老子和孔子都主张"不争"。49章，老子主张以百姓心为心，不烹小鲜，不与民争利。百姓关注的事情，圣人都给办。

孔子则主张老百姓要安分守己，安贫乐道，不要和上面争。犯上作乱，和上面争就是小人，不是彬彬有礼的君子之争。

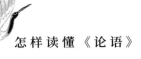

编号：3.8

古 文	今 文
子夏问曰："'巧笑倩兮，美目盼兮，素以为绚兮。'何谓也？"子曰："绘事后素。"曰："礼后乎？"子曰："起予者商也！始可与言《诗》已矣。"	子夏问道："'巧笑倩影，美目顾盼，以素为美。'这首诗讲什么？"孔子答："讲先有白纸才能绘画。"子夏又问："意思是不是先有仁后有礼呢？"孔子大喜："能理解我的人是你子夏呀！可以开始和你讲《诗经》了。"

笔者的理解：

商指卜商，字子夏。孔子继（3.3）之后，进一步讲仁与礼的关系，强调仁义道德的重要性，是贯彻执行礼乐制度的基础。

编号：3.9

古 文	今 文
子曰："夏礼，吾能言之，杞（qǐ）不足征也；殷礼，吾能言之，宋不足征也。文献不足故也。足，则吾能征之矣。"	孔子说："夏礼，我能讲，但证据不足，夏的后代杞国不足以证明；殷礼，我也能讲，证据还是不足，殷的后代宋国也不足以证明。原因是文献不足。如果文献充足，我就能够进行考证。"

笔者的理解：

孔子说："夏的后裔杞国和殷的后裔宋国，现在实行的是周礼。由于年代久远，文献不足，我虽然能讲一些夏礼和殷礼，但证据不足，无法考证。"

编号：3.10

古 文	今 文
子曰："禘自既灌而往者，吾不欲观之矣。"	孔子说："禘祭从献酒以后，我就不想看了。"

笔者的理解：

　　谛本来只有天子才能举行的祭祀典礼，天子周成王为了感谢周公辅政，特许周公死后，其后代可在封地鲁国用谛礼祭祀。尽管周公是孔子做梦都崇拜的偶像（7.5），但孔子仍然认为这是违反周礼的僭越行为，所以谛祭一开始就不想看。足见孔子反对社会变革的顽固立场，只要有违反周礼奴隶制的行为，连酒杯变个形状，"八佾舞于庭"孔子都会跳起来叫嚷："觚不觚，觚哉！觚哉！""是可忍，孰不可忍！"

编号：3.11

古　文	今　文
或问谛之说。子曰："不知也！知其说者之于天下也，其如示诸斯乎！"指其掌。	有人请教谛礼的道理。孔子说："不知道啊！懂得其中道理的人治理天下，就像这样。"指其手掌。

笔者的理解：

　　有人请教谛礼，孔子故意说不知道。其实，孔子认为：懂得以礼治天下，则易如反掌。

编号：3.12

古　文	今　文
祭如在，祭神如神在。子曰："吾不与祭，如不祭。"	祭祖如祖在，祭神如神在。孔子说："如果我没有亲自参与祭祀，就如同不祭祀一样。"

笔者的理解：

　　马克思说："宗教是人民的鸦片。"宗教认为："灵魂不灭，死后为鬼。"周礼规定："事死如事生，隆礼厚葬。"孔子遵从周礼，迷信鬼神，重视祭祀典礼。祭祖、祭天、祭鬼神，不管祭什么，孔子表示一定要亲自参加。

编号：3.13

古　文	今　文
王孙贾问曰："与其媚于奥，宁媚于灶，何谓也？"子曰："不然，获罪于天，无所祷也。"	王孙贾问："俗话说：'与其讨好奥神，不如讨好灶王爷。'什么意思？"孔子说："不对，如果得罪于天，连祈祷的地方都没了，媚谁都没用。"

笔者的理解：

　　王孙贾是卫灵公掌实权的大夫；奥是主管居室的神；灶是灶王爷，有实权，但地位比奥低。王孙贾明知故问，意思是说：卫灵公虽然贵为一国之君，但无实权；我虽为大夫，但有实权。你不要只讨好卫灵公，不来讨好我。哪知孔子并不买账，一心投靠卫灵公。

编号：3.14

古　文	今　文
子曰："周监于二代，郁郁乎文哉！吾从周。"	孔子说："周礼是借鉴夏商二代礼制而制定的，内容丰富，我遵从周礼。"

笔者的理解：

　　孔子认为：周礼继承、发展了夏商礼制，历史源远流长，内容比夏商二代更加丰富、完善，表达了遵从周礼的决心。夏商礼制就是奴隶制。

编号：3.15

古　文	今　文
子入太庙，每事问。或曰："孰谓鄹（zōu）人之子知礼乎？入太庙，每事问。"子闻之，曰："是礼也。"	孔子进周公庙，每件事都要问。有人说："谁说孔子懂礼？懂了还需要问吗？"孔子听到后说："不懂就问，这正是礼啊！"

笔者的理解：

鄹是曲阜附近一个地名，孔子父亲叔梁纥在那里当过官，故鄹人之子指孔子，表明孔子学礼很用功。

编号：3.16

古　文	今　文
子曰："射不主皮，为力不同科，古之道也。"	孔子说："射艺，主要看是否射中，而非是否射穿靶子，因为每个人的力气大小不同，自古以来就是这个道理。"

笔者的理解：

射是礼、乐、射、御、书、数六艺之一。孔子主要不是讲射箭比赛的规则。而是以此为例，强调每个人本领大小虽然不同，但只要抓住"礼"这一要点，就算是有本事。

编号：3.17

古　文	今　文
子贡欲去告朔之饩（xì）羊。子曰："赐也！尔爱其羊，我爱其礼。"	子贡想省去每月初一祭祀祖先的那只羊。孔子说："赐呀！你爱其羊，我爱其礼。"

笔者的理解：

所谓"告朔之饩羊"，是周礼的一项规定：每年年底，周天子把第二年历书颁给诸侯。诸侯把历书藏于祖庙，每月初一，便杀只羊祭祀，这叫"告朔"。随着周朝衰弱，诸侯都不再"告朔"。子贡也认为，不必留此形式。那知道，要"克己复礼"的孔子，大为生气，不许子贡对周礼有丝毫变革，足见孔子维护周礼奴隶制的顽固立场。

编号：3.18

古　文	今　文
子曰："事君尽礼，人以为谄也。"	孔子说："我主张尽礼事君，别人却以为我在谄媚讨好。"

笔者的理解：

反映出孔子矛盾心理：想献媚取宠，当官发财，又怕别人说。

编号：3.19

古　文	今　文
定公问："君使臣，臣事君，如之何？"孔子对曰："君使臣以礼，臣事君以忠。"	鲁定公问："君使臣，臣事君，应如何做？"孔子答："君以礼使臣，臣以忠事君。"

笔者的理解：

鲁定公在位时，孔子当过司寇和代理宰相。鲁定公之父鲁昭公曾被季氏赶出鲁国，因此，定公向孔子咨询：如何处理好君臣关系，以保君位。孔子说："君主应该按照周礼来使用臣子；臣子要安分守己，忠于君主。"

编号：3.20

古　文	今　文
子曰："《关雎（jū）》乐而不淫，哀而不伤。"	孔子说："《关雎》这首诗，快乐而不淫荡，悲哀而不伤身。"

笔者的理解：

《关雎》本是诗经描写爱情的一篇诗歌，忠于爱情，快乐而不淫荡，并没有悲哀的情绪。（2.2）孔子认为：《诗经》的爱情诗中心思想是"思无邪"，思想健康，没有邪念，不要七想八想，想歪了。并把思无邪推广应用到政治上：忠于爱情成为忠君，思无邪成了不违周礼，不犯上作乱。后来，儒者把《关雎》说成"三纲之首"，"王道教化之始"，"皇后妃子符合周礼之美德"，把爱情政治化，越说越不靠谱。

编号：3.21

古　文	今　文
哀公问社于宰我，宰我对曰："夏后氏以松，殷人以柏，周人以栗，曰：使民战栗。"子闻之，曰："成事不说，遂事不谏，既往不咎。"	鲁哀公问宰我："土地庙的牌位应该用什么木料？"宰我答："夏用松，殷用柏，周用栗，说是要让民众害怕而战栗。"孔子听后，警告说："已成事实，不要再说；做完的事，不要再谏，既往不咎。"

笔者的理解：

　　宰我是孔子最有革新精神的学生，他认为：夏商周的统治者立神灵牌位，是用来吓唬老百姓的。孔子听到这种犯上作乱，大逆不道的言论后，警告宰我："不要再说了，这次就算了，既往不咎。"

编号：3.22

古　文	今　文
子曰："管仲之器⁽¹⁾小哉！"或曰："管仲俭乎？"曰："管氏有三归⁽²⁾，官事不摄⁽³⁾，焉得俭？""然则管仲知礼乎？"曰："邦君树塞门⁽⁴⁾，管氏亦树塞门。邦君为两君之好，有反坫⁽⁵⁾（diàn），管氏亦有反坫。管氏而知礼，殊不知礼？"	孔子说："管仲小器！"有人问："管仲节俭吗？"孔子说："管氏只管自己收租，不管公事，能说节俭吗？"又问："管仲懂礼吗？"孔子说："国君立影壁，管氏亦立。国君有反坫，管氏亦有。如果说管氏懂礼，谁不懂礼？"

查词典：

（1）器：气量，气度。

（2）三归：有人注为金库；有人注为租税，按收成的十分之三收租。

（3）摄：掌管，管辖。官事不摄，意为不管公事，只管私事。

（4）树塞门：在大门口立萧墙（又称影壁、照壁）作遮蔽，使外面的人看不见大门里面的情况。

（5）反坫：厅堂中供祭祀、宴会放置礼器、酒具的土台叫坫。低一点的土台，供诸侯相会饮酒后放空杯，叫反坫。周礼规定：只有天子、诸侯才有资格"树塞门"，"有反坫"。

笔者的理解：

管仲是主张变革周礼奴隶制的政治家，任齐相长达四十年。他采取一系列改革措施，解放生产力。如欲取之，必先予之，给农民土地；废井田制，变奴隶为自耕农。使齐国成为春秋时期第一个称霸中原的强国。《史记》曰："管仲任政相齐，知与之为取，改之宝也。以区区之齐在海滨，通货积财，富国强兵。桓公以霸，九合诸侯，一匡天下，管仲之谋也。世所谓贤臣，然孔子小之。"

孔子说管仲器量小，只管"三归"（私田），不管官事（公田）；"树塞门"，"有反坫"，他只是个大夫，竟敢与天子、诸侯平起平坐，完全不懂礼。表明了孔子反对社会变革的顽固立场。

编号：3.23

古　文	今　文
子语鲁大师乐，曰："乐其可知也：始作，翕(1)（xī）如也(2)；从之，纯如也，皦(3)（jiǎo）如也，绎(4)，如也，以成。"	孔子和鲁国音乐大师讨论乐理时说："乐理其实可知，没那么玄乎：开始合奏齐一；接下来，只要做到纯正无杂音，节奏明快，演绎清晰，一首曲子便大功告成。"

查字典：

（1）翕：合，收，和谐安定。

（2）如也：像……样子。

（3）皦：明亮清晰。

（4）绎：连续不断，演绎推理，由一般原理，推断具体事实。

笔者的理解：

孔子对礼乐好像很有研究，主张墨守成规，死守定格，丝毫不变，便可大功告成。其实，按照这种保守死板的思想，不可能创新名曲。

《老子》15 章曰："夫唯不盈，故能蔽而新成。"只有不保守自满，才能推陈出新。

编号：3.24

古　文	今　文
仪[1]封人请见，曰："君子之圣至于斯也，吾未尝不得见也。"从者[2]见之。出曰："二三子[3]何患于丧[4]乎？天下之无道也，久矣，天将以夫子为木铎[5]（duó）。"	仪地官员求见孔子时说："君子圣人到我的地盘，我未尝不得见？"孔子随从连忙引见。出来后，封人说："各位，何必发愁丧失官位？天下无道久矣，上天将以孔子为木铃铛。你们还是有当官机会。"

查字典：

（1）仪：卫国一个邑的地名，今兰考县境内。封人：此邑地方长官。孔子周游列国，到过陈蔡一带，故与仪地官员见面。

（2）从者：指孔子的随从弟子。

（3）二三子：各位先生之意。

（4）丧：孔子原为鲁国司寇，因"堕三都"失败，丢失官位，逃到卫国，开始 14 年流亡生活。

（5）木铎：木舌铜铃，官府发布政令时，摇铃以招听众。此处以木铎比喻上天将以孔子作为发布号令的代言人。

笔者的理解：

孔子在鲁国当官时，为复辟奴隶制，"堕三都"打击改革势力。失败后，被迫流亡。孔子不知悔改，仍顽固宣扬"君君臣臣"那套君臣之义，坚持"克己复礼"，妄图复辟周礼奴隶制。主张改革周礼，以封建制代替奴隶制的各国诸侯，当然不会重用孔子等人。为了打气，把希望寄托于上天。假借仪封人之口，把孔子吹捧为上天的发言人。把天当作有意识的主宰，这是儒家唯心主义的世界观。

编号：3.25

古　文	今　文
子谓《韶》[1]："尽美矣，又尽善也。"谓《武》[2]："尽美矣，未尽善也。"	孔子称赞《韶》这支乐曲，真是尽善尽美啊！说到《武》曲，只尽美，未尽善。

查资料：

（1）《韶》：舜时乐曲，歌颂了尧舜禅让帝位崇高道德，故尽善尽美。

（2）《武》：周时乐曲，歌颂了武王伐纣的武功。纣王是君，武王是臣，武王伐纣，虽是除暴，但不是禅位礼让，而是武力夺权，不符合君臣之义。故孔子曰："尽美，未尽善。"

笔者的理解：

本节表达了孔子"礼让为国"，反对犯上作乱，维护旧统治秩序的思想。

编号：3.26

古　文	今　文
子曰："居上不宽，为礼不敬，临丧不哀，吾何以观之哉？"	孔子说："身居上位不宽厚；举行礼仪不恭敬；参加丧礼不哀悼。这种行为，叫我怎么看得下去？"

笔者的理解：

孔子对不遵守礼制表示极大愤慨，俨然是周礼奴隶制的卫道士。

第四章　里仁篇

编号：4.1

古　文	今　文
子曰："里⁽¹⁾仁为美。择不处仁，焉得知？"	孔子说："和有爱心的人相处是最美好的。不选择与仁人相处，明智吗？"

查字典：

（1）里：里面、内部，内心仁慈为美德；另解为邻里，与仁相邻为美。

笔者的理解：

孔子此说法表面很正确，问题是爱谁恨谁。孔子多次表示：吾从周，我爱其礼，痛恨违反周礼的人；爱颜回，讨厌宰我；爱天子、国君、君子、大人物、贵人，鄙视妇女、小人物、野人、庶人、贱人。《老子》曰："圣人不仁，以百姓为刍狗。""以百姓心为心，爱民治国。""不烹小鲜，鱼肉百姓。"可见孔子和老子都爱憎分明，但对象不同。

编号：4.2

古　文	今　文
子曰："不仁者不可以久处约⁽¹⁾，不可以长处乐。仁者安仁，知者利仁。"	孔子说："没有仁德的人，不可能长久受约束，过着贫困的生活；也不可能长期处于安乐之中。仁者安分，聪明的人，行为要有利于仁义道德。"

查字典：

（1）约：约束，束缚；节约，贫困，困境。

笔者的理解：

孔子认为：不仁者，不讲仁义道德的人，不管贫困或者安乐，他们都不安分守己，老想犯上作乱。只有仁者才安贫乐道；只有聪明的人，行为有利于仁义道德。

许多人都以为只有孔子讲仁义道德。其实不然，老子也讲忠孝仁慈，19 章主张民复孝慈，但反对假仁假义。67 章把慈作为人生三宝之第一宝。反对圣人不仁，以百姓为刍狗。

编号：4.3

古 文	今 文
子曰："唯仁者能好人，能恶人。"	孔子说："只有仁者才懂得爱什么人，恨什么人。"

笔者的理解：

孔子喜欢颜回，厌恶宰我：崇拜周公，厌恶违反周礼、犯上作乱的人。并不是（1.6）所说的"泛爱众"。

编号：4.4

古 文	今 文
子曰："苟志于仁矣，无恶也。"	孔子说："如果立志于仁，就不要做坏事。"

笔者的理解：

如果一个人有良心、有爱心，的确不会去做坏事。但关键在什么是好事，什么是坏事。改革周礼，变奴隶制为封建制是好事，孔子却认为是坏事。

编号：4.5

古 文	今 文
子曰："富与贵，是人之所欲也，不以其道得之，不处也；贫与贱，是人之所恶也，不以其道得之，不去也。君子去仁，恶乎成名？君子无终食之间违仁，造次必于是，颠沛必于是。"	孔子说："发财与升官，是人人想要的，不用正当的方法去获得，我不要；贫穷和低贱，是人人所厌恶的，不用正当的方法抛弃，我不去做。君子去仁，怎么成名？君子不会在一顿饭之间而违仁，反正是这样，颠沛流离还是这样。"

笔者的理解：

这是孔子惯用手段：说起话来很漂亮，很高调，头头是道，却言行不一。不采取不正当的方法去升官发财，获得富贵。谁也不能指责他说错了，关键在于他是不是这样做。

（13.18）叶公对孔子说："我家乡有个正直的人，其父偷羊，他去告发。"孔子答："我家乡正直的人和你说的不一样，而是父为子隐，子为父隐，直在其中。"（7.19）叶公觉得孔子这样回答，人品有问题，就问子路，孔子这个人怎样？子路不作声，这可把孔子惹急了，本指望叶公提拔，自己面试没通过，却埋怨子路："你为什么不说：他为人发愤忘食，乐以忘忧，不知老之将至。"这就是孔子所谓"不以其道得之，不处也。"从《乡党篇》可以看到，孔子如何谄上压下，获得巨大财富，过着豪华奢侈的生活。

编号：4.6

古 文	今 文
子曰："我未见好仁者，恶不仁者。好仁者，无以尚之；恶不仁者，其为仁矣，不使不仁者加乎其身。有能一日用其力于仁矣乎！我未见力不足者，盖有之矣，我未之见也。"	孔子说："存在思想上尚未树立爱好仁德、厌恶不仁的人。爱好仁者，无以崇尚仁；厌恶不仁的人，在他为仁时，是不会让不仁的人影响自己的。他们是每日致力于仁的人啊！思想上不努力的人，总是有的，主要是仁德思想还没真正树立起来。"

笔者的理解：

第一句话权威注解是："我没见过爱好仁德的人，也没见过厌恶仁的人。"孔子自称好仁而恶不仁，怎么会说没见过这种人？解释不通嘛，至今还没有哪位儒学大师把这个

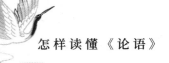
问题说清楚。

在古文中，虽然吾与我都指自己，但有区别。吾指实体的自己，我指精神、思想上的自我。如《老子》70章："吾言甚易知，甚易行。知我者希，则我者贵。"《论语》："吾从周。""我爱其礼。"《庄子·齐物论》子綦曰："今者吾丧我。"孟子：我善养吾浩然之气。我以吾仁，我以我义。韩非曰："人以我为神君也。"荀子曰："是我而当者，吾友也。"都说明吾与我有实体与精神的区别，否则很难理解吾丧我是什么意思。故"我未见"是指思想上尚未见到，还没有树立。孔子在此强调：要真正从思想上树立仁德。

编号4.7

古　文	今　文
子曰："人之过也，各于其党[1]。观过，斯知仁矣。"	孔子说："人的过错，有各种不同类型。观其过错，就可知他是否有仁德。"

查字典：

（1）党：古代五家为邻，五邻为里，四里为族，五族为党。党有同派、同族、同伙、同类之义。

笔者的理解：

孔子这话说得没错，关键是从什么角度和立场去观察"过"和"仁"。立场不同，结论不同。从统治者立场看：要求均贫富，等贵贱，是犯上作乱、没有爱心，是大逆不道的"过"；从老百姓立场看：减轻税收劳役，让老百姓活下去，是"仁德"，不是"过错"。

编号：4.8

古　文	今　文
子曰："朝闻道，夕死可矣。"	孔子说："早上听到真理，晚上就是死了也值。"

笔者的理解：

这是一句名言，许多人都称赞孔子追求真理的决心。（14.38）说他是"知其不可而为之者"。明知山有虎，偏向虎山行，具有为民除害的献身精神，事实并非如此。

首先，孔子反对社会变革，追求"克己复礼"，复辟周礼奴隶制，并非真理。其次，他的追求并不执着。（8.13）："危邦不入，乱邦不居。天下有道则见，无道则隐。"（15.7）："邦有道则仕，邦无道则可卷而怀之。"当追求无法实现时，孔子灰心丧气。（6.17）子曰："谁能出不由户，何莫由斯道也？"（5.7）子曰："道不行，乘桴浮于海。"（7.5）："甚矣吾衰也！久矣吾不复梦见周公！"（9.9）："凤鸟不至，河不出图，吾已矣夫！"（9.17）：子在川上曰："逝者如斯夫，不舍昼夜。"第三，孔子"堕三都"镇压改革失败，所谓"周游列国"是为了逃命，并不是追求理想、为民除害的英雄壮举。

编号：4.9

古　文	今　文
子曰："士志于道，而耻恶衣恶食者，未足与议也。"	孔子说："读书人立志求道，却以恶衣恶食为耻，这种人不值得和他议论什么志气。"

笔者的理解：

孔子又犯老毛病：说得很好，做得很差。《乡党篇》孔子讲吃讲穿，豪华奢侈。

编号：4.10

古　文	今　文
子曰："君子之于天下也，无适⁽¹⁾也，无莫⁽²⁾也，义之与比。"	孔子说："君子对于天下人与事，无论亲疏厚薄，都要用君臣之义比照。"

查字典：

（1）适：适应，满足。
（2）莫：冷漠。

笔者的理解:

墨家讲兼爱，爱所有的人，包括劳力者，是无差等的爱；孔子讲仁爱是有差别的，无论亲疏厚薄，都要用君臣之义来比照，爱臣当然比不上爱君。

编号：4.11

古　文	今　文
子曰："君子怀德，小人怀土；君子怀刑，小人怀惠。"	孔子说："君子关怀道德，小人关怀土地；君子关怀刑法，小人关怀实惠。"

笔者的理解:

孔子认为：君子是有文化、有道德、道貌岸然的上层人物，他们关心的是道德、刑法等天下大事；而小人是没文化，不讲道德，生活在社底层的小人物。他们只关心种地、实惠等小事。可见，孔子所谓"君子""小人"和我们所敬重的君子，厌恶的"无耻小人"，概念完全不同，不可混淆。"小人"更不是妇女和小孩，而是种地的老百姓，因为"无耻小人"是不会关心种地的。孔子如此鄙视怀土的"小人物"，根本不会站在小人物立场，替老百姓说话。

编号：4.12

古　文	今　文
子曰："放于利而行，多怨。"	孔子说："把心思都放在私利的行为，会招来许多怨恨。"

笔者的理解:

孔子这么一说，使许多人误以为孔子道德高尚，不追求私利。但从《乡党篇》和周游列国可以看出：孔子一直在追求私利，最终酿成信任危机，孔子只好对天发誓。（6.28）子见南子，子路不高兴。夫子矢之曰："予所否者，天厌之！天厌之！"（7.24）子曰："二三子以我为隐乎？吾无隐乎尔！吾无行而不与二三子者，是丘也。"

编号：4.13

古　文	今　文
子曰："能以礼让为国乎？何有？不能以礼让为国，如礼何？"	孔子说："能礼让为国吗？如果不能礼让为国，如何落实周礼？"

笔者的理解：

　　孔子提出"礼让为国。"鲁迅说："中国又原是礼让为国的，既有礼，就必能让。签订不平等条约，割地相让，卖国贼以礼让国。而帝国主义也要求礼让出他们所要占领的一切主权。"

编号：4.14

古　文	今　文
子曰："不患无位，患所以立；不患莫己知，求为可知也。"	孔子说："不怕没有官当，就怕没有立足的本事；不怕别人不了解自己，只怕自己没什么本事可让别人了解的。"

笔者的理解：

　　（16.13）："不学礼，无以立。"（20.3）："不知礼，无以立。"

　　（19.13）："学而优则仕"不学周礼，不懂周礼，就站不住脚，无法立足于社会。学好了，就可以当官。这是孔子教学生升官发财的诀窍。

　　"只要有本事，不怕没官当。"这话说的好像很有道理，孔子应该算很有本事的人，但孔子比谁都怕没有官当。

　　孔子一辈子只当了五年官，因策划"堕三都"失败而丢了官，被迫"周游列国"，成了丧家之犬。《乡党篇》描写的奢侈生活，享受不到了。所以，孔子比谁都急着要当官。（6.28）孔子不顾子路反对，找南子走后门。（7.12）子曰："富而可求也，虽执鞭之士，吾亦为之"只要能升官发财，什么鄙事都干。（7.19）楚地叶公想聘用孔子，便问子路："孔子这人怎样？"子路不答。这下把孔子惹急了，说："你为何不说：其为人也，发愤忘食，乐而忘忧，不知老之将至云尔。"（9.13）子贡曰："有美玉于斯，韫椟而藏诸？求善贾而沽诸？"子曰：

"沽之哉！沽之哉！我待贾者也。"那种急切的心情跃然纸上。

编号：4.15

古　文	今　文
子曰："参乎！吾道一以贯之。"曾子曰："唯。"子出，门人问曰："何谓也？"曾子曰："夫子之道，忠恕而已矣。"	孔子说："曾参啊！我的道是有一个根本宗旨贯穿始终的。"曾参说："是的。"孔子出去后，学生问曾参："夫子此话什么意思？"曾参说："夫子之道，忠恕而已。"

笔者的理解：

　　曾参认为：孔子的一贯主张，只是忠君而已。孔子的一贯道，是以礼事君的欺人之道、吃人之道、维护奴隶制之道。

编号：4.16

古　文	今　文
子曰："君子喻于义，小人喻于利。"	孔子说："君子重义轻利；小人重利轻义。"

笔者的理解：

　　孔子所说的义，是君臣之义，是维护奴隶主利益之义。对老百姓而言，却是大不义。孔子说老百姓只知道"恭喜发财，招财进宝，一本万利"是小人，不是君子。孔子站在哪一边，替谁说话，很清楚。

编号：4.17

古　文	今　文
子曰："见贤思齐焉，见不贤而内省也。"	孔子说："见到贤人，就应该想到要看齐。见到不贤的人，就应该从内心自我反省。"

笔者的理解：

"见贤思齐。"这话没错，问题是孔子认为维护周礼奴隶制的人是贤人；主张改革周礼，变奴隶制为封建制的人，是犯上作乱、大逆不道的不贤之人。

编号：4.18

古　文	今　文
子曰："事父母几谏，见志不从，又敬不违，劳而不怨。"	孔子说："侍奉父母，几次劝说，见父母仍不听从，就应该敬而不违，劳而不怨。不要强求父母听自己的。"

笔者的理解：

"敬而不违，劳而不怨，不强求父母听自己的。"这话没错，但是，（2.20）："孝则忠。"（2.21）："孝乎惟孝，施于有政。"问题在于孔子真正目的不是要孝敬父母，而是要把孝应用到政治上。要老百姓像孝敬父母一样，效忠天子。

编号：4.19

古　文	今　文
子曰："父母在，不远游，游必有方。"	孔子说："父母在世，不远离家乡，非要离家不可，也必定要告诉父母去了何方。"

笔者的理解：

父母在世，在家多陪陪父母。非要离家不可，也常回家看看。孔子关于孝敬父母的说法都很对，很有道理。问题是，孔子自己并没做到。据《史记》记载：孔母去世，孔子不在家守丧，却跑去赴宴。《礼记》也揭发：孔子的老婆死了，孔子竟不许儿子孔鲤哭自己的妈！

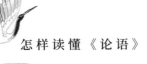

编号：4.20

古　文	今　文
子曰："三年无改于父之道，可谓孝矣。"	孔子说："三年不改父之道，可以说就是孝。"

笔者的理解：

（4.20）与（1.11）重复。不改周礼奴隶制，不改先王之道，就是忠，就是孝。

编号：4.21

古　文	今　文
子曰："父母之年，不可不知也。一则以喜，一则以惧。"	孔子说："父母的年龄，不可以不知道。一方面为他们长寿而欢喜，一方面又为他们的衰老而担忧。"

笔者的理解：

人之常情，说得好！

编号：4.22

古　文	今　文
子曰："古者言之不出，耻躬之不逮也。"	孔子说："古人不轻易言语，以言行不一为耻。"

笔者的理解：

躬：自身。逮：及，做到。躬之不逮：自己做不到，言行不一。

《论语》记录孔子言行不一的事太多。（13.20）孔子说："言必信，行必果，硁硁然小人哉！"《孟子·离娄下》也说："大人者，言不必信，行不必果，惟义所在。"如果言行不一，有何道义可言？

编号：4.23

古　文	今　文
子曰："以约失之者鲜矣。"	孔子说："约之以礼，过失者少。"

笔者的理解：

许多人注解为："以礼约束自己，过失就少。"其实，孔子不是在讲自我修养，而是讲"以礼制民"。（8.10）孔子认为：天下大乱的根源是人而不仁，好勇疾贫，犯上作乱，不安分守己。（6.27）12.15）："约之以礼，亦可以弗畔矣夫！"（14.41）："上好礼，则民易使也。"（13.4）："上好礼，则民莫敢不敬，焉用稼？"

编号：4.24

古　文	今　文
子曰："君子欲讷于言而敏于行。"	孔子说："君子谨慎寡言，行动敏捷。"

笔者的理解：

与（1.14）："敏于事而慎于言"少说话，多做实事意思相同，说得很好。但孔子认为："君子"才有这种美德，"小人物"没有。

编号：4.25

古　文	今　文
子曰："德不孤，必有邻。"	孔子说："有仁义道德的人是不会孤立的，必定有志同道合的人。"

笔者的理解：

话虽这么说，孔子却时常感到孤立。（6.17）子曰："谁能出不由户，何莫由斯道也？"

（5.7）子曰："道不行，乘桴浮于海。"

编号：4.26

古 文	今 文
子游曰："事君数，斯辱矣；朋友数，斯疏矣。"	子游说："谏君次数过多，会招来羞辱；规劝朋友次数过多，就会被疏远。"

笔者的理解：

此乃事君之道。

第五章　公冶长篇

编号：5.1

古　文	今　文
子谓公冶长⁽¹⁾："可妻也，虽在缧（léi）绁⁽²⁾（xiè）之中，非其罪也。"以其子妻之。	孔子谈到公冶长时说："可以帮他找个妻子，他虽然坐过牢，但不是他有罪。"于是，把自己的女儿嫁给了公冶长。

查资料：

（1）公冶长：何许人，不详。看来，孔子喜欢公冶长超过了颜回、南容等人，故招为女婿。据孔子说：公冶长是因为天下无道而坐牢，不是因为他有罪。根据（16.2）孔子定义："天下有道，则礼乐征伐自天子出；天下无道，则礼乐征伐自诸侯出，自大夫出，陪臣执国命。"说明公冶长因克己复礼，反对变革而坐牢，获孔子青睐。

（2）缧绁：捆绑犯人的绳子，喻指监狱。

编号：5.2

古　文	今　文
子谓南容⁽¹⁾："邦有道，不废；邦无道，免于刑戮。"以其兄之子妻之。	孔子谈到南容时说："形势好，出来做官；形势不好，懂得避免刑戮。"于是，把哥哥的女儿嫁给了南容。

查资料：

（1）南容：孔子的学生。鲁国掌实权的"三桓"之一，孟僖子之子，孟懿子之弟。因居南宫，故姓南宫，名适（kuò），谥号敬叔，又称南宫敬叔。孔子认为他是个有能耐的不倒翁，极力巴结，以其兄之子妻之。南容曾与孔子一起向老子问礼。据《史记》曰："鲁南宫敬叔言鲁君曰：'请与孔子适周。'鲁君与之一乘车，两马，一竖子俱，适周问礼，盖见老子云。"

编号：5.3

古　文	今　文
子谓子贱⁽¹⁾："君子哉若人！鲁无君子者，斯焉取斯？"	孔子谈到子贱时说："子贱是个君子！如果说鲁国没有君子，子贱能从哪里学到周礼而成为君子呢？"

查资料：

（1）子贱：孔子学生，姓宓（fú），名不齐，字子贱。曾任山东单县宰，著有《宓子》16篇。

笔者的理解：

孔子言下之意是：子贱之所以成为君子，是从"我"这里学的。他是君子，"我"更是君子。抬高子贱，实际抬高自己。

编号：5.4

古　文	今　文
子贡⁽¹⁾问："赐也何如？"子曰："女，器也。"曰："何器也？"曰："瑚琏⁽²⁾也。"	子贡问："我怎么样？"孔子说："你只是个器具。"子贡又问："什么器具？"孔子答："瑚琏。"

查资料：

（1）子贡：孔子的学生，姓端木，名赐，字子贡。子贡是个聪明人，懂外交，会做生意，有钱资助孔子。但孔子却看不起商人，多次劝子贡不要做生意。是孔子离不开，又评价不高的学生。在这里，子贡本想让孔子夸奖自己几句，不料孔子说他只是个"瑚琏"。

（2）瑚琏：古代祭祀盛粮食的礼器。孔子用来比喻子贡虽是有用之才，但和管仲一样器量太小，未达到（2.12）："君子不器"的标准。

编号：5.5

古　文	今　文
或曰："雍也仁而不佞[1]。"子曰："焉用佞？御[2]人以口给[3]（jǐ），屡憎于人。不知其仁，焉用佞？"	有人说："雍也是个有仁德而不善言辞的人。"孔子说："是的，何必能说会道？凭一张利嘴，老顶撞别人，常让人憎恶。你难道不知仁德，是用不着能说会道？"

查字典：

（1）佞：察言观色，能说会道，能言善辩，花言巧语，阿谀奉承，投其所好，取悦于人。佞人，有口才而不正派的人。

（2）御：抵御，阻止，驾驭。

（3）给：在古语中，"给"表示供给、充足或口齿伶俐，不表示给予。若要表示给什么东西，则用与、予。

笔者的理解：

雍也，姓冉名雍，字仲弓，是孔子非常看重的学生。（11.3）：认为雍也品德优秀，（6.1）：可当大官。标准是：要有仁德，而不是能说会道。

编号：5.6

古　文	今　文
子使漆雕开仕，对曰："吾斯之未能信。"子说。	孔子推荐漆雕开去当官，漆雕开说："我对当官还没信心，先学好礼再说。"孔子听了很高兴。

笔者的理解：

说：通"悦"，喜悦、高兴。

漆雕开：孔子学生，姓漆雕，名开，字子开。因为子开遵循"学而优则仕"，所以孔子听了很高兴。

编号：5.7

古　文	今　文
子曰："道不行，乘桴（fú）浮于海。从我者，其由与！"子路闻之喜。子曰："由也好勇过我，无所取材。"	孔子说："路走不通，我就乘木筏漂浮于海上，跟随我的只有仲由！"子路听了沾沾自喜。孔子却说："仲由除了好勇超过我之外，没有别的可取之才。"

笔者的理解：

孔子以为：道不行，只有子路会跟从到底，其实不然。（18.7）子路曰："道之不行，已知之矣。"孔子那套君臣之义行不通，我早就知道。说明孔子早就产生了信任危机，连死党子路也不相信他。

编号：5.8

古　文	今　文
孟武伯问："子路仁乎？"子曰："不知也。"又问，子曰："由也，千乘之国，可使治其赋也，不知其仁也。" "求也何如？"子曰："求也，千室之邑，百乘之家，可使为之宰也，不知其仁也。" "赤也何如？"子曰："赤也，束带立于朝，可使与宾客言也，不知其仁也。"	孟武伯问："子路仁吗？"孔子说："不知道。"又问，孔子答："仲由啊，可以让他掌管千乘之国的兵权，但不知他仁不仁。" "冉求怎么样？"孔子说："冉求啊，可以让他当千室之邑、百乘之家的行政长官，但不知他仁不仁。" "公西赤怎么样？"孔子说："公西赤啊，可以让他身穿礼服，站在朝廷，接待宾客，但不知他仁不仁。"

笔者的理解：

（11.3）谁的德行如何，言语如何，政事如何，孔子对学生应该是很了解的。可是，在这里却说："不知其仁也。"孔子主张"学而优则仕"，一贯极力推荐学生当官。如（6.3）哀公问："弟子孰为好学？"孔子立刻回答："有颜回者好学，不迁怒，不贰过。"（6.1）子曰："雍也可使南面。"可是，在这里却不积极，确实令人费解。

笔者认为原因有三：一是孔子向保守的奴隶主，如鲁哀公推荐人才积极；向主张改革周礼的新兴势力，如"三桓"之一的孟氏家族推荐人才则不积极。二是孔子对孟武伯只想让学生当官，不想让自己当官有意见。三是我的学生人才很多，军事、行政、外交都有，但他们对你孟武伯能不能做到仁至义尽，不知道。

编号：5.9

古　文	今　文
子谓子贡曰"女与回也孰愈？"对曰："赐也何敢望回？回也闻一以知十，赐也闻一以知二。"子曰："弗如也，吾与女弗如也。"	孔子问子贡："你和颜回谁更强些？"子贡答："我哪敢和颜回比？颜回能闻一知十，我只能闻一知二。"孔子说："是不如，我和你都不如啊！"

笔者的理解：

（2.9）子曰："吾与回言终日，不违。"（6.7）子曰："回也，不违仁。"（9.20）子曰："语之而不惰者，其回也与！"（11.4）子曰："回也于吾言无所不说。"（12.1）孔子提出克己复礼，颜渊曰"回虽不敏，请事斯语矣。"我虽笨，但一定按您说的做。颜回不但对孔子唯命是从，而且崇拜得五体投地。（9.11）颜渊喟然叹曰："孔子学问是仰之弥高，钻之弥坚。"而子贡不听孔子的劝阻，执意要去做生意，（11.19）子曰："赐不受命，而货殖焉。"还说孔子的文章有欠缺。（5.13）子贡曰："夫子之文章，可得而闻也；夫子之言性与天道，不可得而闻也。"所以，孔子说子贡不如颜回。子贡是个聪明人，立马知道孔子的意思：孔子抬举颜回，实则抬高自己。

编号：5.10

古　文	今　文
宰予昼寝。子曰："朽木不可雕也，粪土之墙不可圬（wū）也，于予与何诛？"子曰："始吾于人也，听其言而信其行；今吾于人也，听其言而观其行。于予与改是。"	宰予白天睡大觉。孔子说："朽木不可雕，粪土之墙不可刷，对这种人还有什么可说的？"孔子又说："起先我看人是听其言而信其行；现在我是听其言而观其行。宰予改变了我看人的方法。"

笔者的理解：

宰予，字子我，是孔子的学生。曾白天睡大觉，不听孔子讲那些腐朽的仁义道德，并公开表示质疑。被孔子骂成粪土朽木，不堪造就。（3.21）宰予对鲁哀公说："夏商周统治

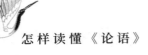

者立神灵牌位，是用来吓唬老百姓的，"孔子立即制止这种"大逆不道"的言论。（6.26）宰予故意问孔子："有人落井，仁者也跟着跳下去吗？"对仁者爱人，杀身成仁提出质疑。孔子却为见死不救找借口。（7.21）宰予反对厚葬久丧，孔子骂他不仁不义，不忠不孝。据《史记》记载：宰予后来参加革新活动被杀害。像宰予这样主张变革的学生还有冉求、公伯寮等，都受到攻击和辱骂，甚至要杀害后暴尸示众。

编号：5.11

古　文	今　文
子曰："吾未见刚者。"或对曰："申枨[1]。"子曰："枨也欲，焉得刚？"	孔子说："我没见过刚正不阿的人。"有人对答："申枨就是这样的人。"孔子说："申枨欲望太多，怎能刚正不阿？"

查资料：

（1）申枨（chéng）：字周，孔子学生。有人认为申枨是申棠，或《史记》中的申党。

编号：5.12

古　文	今　文
子贡曰："我不欲人之加诸我也，吾亦欲无加诸人。"子曰："赐也，非尔所及也。"	子贡说："我不想别人强加于我，我也不想强加于别人。"孔子说："赐啊，这不是你所能做到的。"

笔者的理解：

子贡说："我不强迫别人，别人也别想强迫我。"（12.2）（15.24）子曰："己所不欲，勿施于人。"这是孔子一句名言，话听起来好像很有道理，很替别人着想。其实，不但子贡做不到，孔子也做不到。不平等礼制，"其上食税之多"，都是老百姓不想要的，孔子伙同统治者却要强加在老百姓头上。只要稍有反抗，立即招来杀身之祸，株连九族。另一方面孔子以此为挡箭牌，说"犯上作乱"，统治者不想要，不要强加在统治者头上。"己所不欲，勿施于人。"话虽然相同，立场不同，意思却截然不同。

编号：5.13

古　文	今　文
子贡曰："夫子之文章，可得而闻也；夫子之言性与天道，不可得而闻也。"	子贡说："孔夫子的文章，只讲忠孝礼乐，仁义道德；不讲人性与天道。"

笔者的理解：

（7.1）子曰："述而不作，信而好古。"孔子没有著作传世，论语是孔子的语录，是弟子们对孔子言行的追记。德国哲学家黑格尔认为：论语只讲些伦理常识，没有多少思辨的东西，这和子贡的看法一致。所以，后来一些名儒，都极力为儒学造道，弥补孔子这一欠缺。如孟子从心字；公孙龙从异字；董仲舒从天字；朱熹从理字，把孔子的忠孝礼乐，仁义道德提高到哲学层面加以论述。

编号：5.14

古　文	今　文
子路有闻，未之能行，唯恐有闻。	子路听到孔子许多教诲，皆未行得通，很怕再听到什么。

笔者的理解：

此节应与（18.6）（18.7）合起来理解。说的是孔子周游列国，到处碰壁，找不到出路，派子路向正在耕地的"辟世之士"问路。隐士说："孔丘不是圣人吗？他应该知道出路在哪里。翻江倒海，犯上作乱，掀起滔滔大浪的人天下皆是，谁能改变？"此时，子路意识到孔子那套仁义道德，君臣之义，逆历史潮流，已经行不通了。

编号：5.15

古　文	今　文
子贡问曰："孔文子[1]何以谓之文也？"子曰："敏而好学，不耻下问，是以谓之文也。"	子贡问："孔文子的谥（shì）号为什么是文？"孔子说："因为他聪敏好学，不耻下问，所以谥号为文。"

查资料：

（1）孔文子：姓孔名圉（yǔ），字仲叔，卫国大夫。是蒯聩外甥，孔悝之父，是维护周礼奴隶制的贵族，故孔子称赞他。古代帝王贵族死后，根据他的品德事迹，赐予褒贬的称号叫谥号。

编号：5.16

古　文	今　文
子谓子产[1]："有君子之道四焉：其行己也恭，其事上也敬，其养民也惠，其使民也义。"	孔子评论子产时说："他具有四项君子之道：行为恭谦；事君恭敬；养民实惠；使民合义。"

查资料：

（1）子产，姓公孙，名侨，字子产。是郑穆公的孙子，担任郑简公、郑定公的宰相长达22年，死于公元前522年。在位时，曾采取一系列措施，极力挽救行将灭亡的奴隶制，使郑国在晋楚两强夹缝中得以暂时生存，孔子为此而称赞。

编号：5.17

古　文	今　文
子曰："晏平仲[1]善与人交，久而敬之。"	孔子说："晏婴善于和人交往，久而人敬之。"

查资料：

（1）晏平仲：姓晏，名婴，字仲。历任齐灵公、庄公、景公三朝宰相，死于公元前500年，谥号平，故称晏平仲。是管仲之后，齐国又一名相。晏子春秋一书，系战国时期，后人收集晏婴的言行编辑而成。

编号：5.18

古　文	今　文
子曰："臧文仲[(1)]居蔡[(2)]，山节藻棁[(3)]，何如其知也？"	孔子说："臧文仲把大乌龟壳藏在雕梁画栋的豪宅里，怎么能说明智呢？"

查资料：

（1）臧文仲：鲁国大夫臧孙辰，协助季氏改革周礼，被孔子指责"不仁不智"。

（2）居蔡：淮南子曰："大蔡神龟，出于沟壑。"蔡国出产大乌龟，居蔡喻指用豪宅收藏乌龟壳，以备占卜吉凶。周礼规定：只有天子才有资格"居蔡"。 臧文仲这样做和季氏八佾舞于庭一样，是不可容忍的越礼行为。

（3）山节藻棁：雕梁画栋之意。

编号：5.19

古　文	今　文
子张问曰："令尹[(1)]子文三仕为令尹，无喜色；三已之，无愠色。旧令尹之政，必以告新令尹。何如？"子曰："忠矣。"曰："仁矣乎？"曰："未知。焉得仁？" "崔子[(2)]弑齐君，陈文子有马十乘，弃而违之。至于他邦，则曰：犹吾大夫崔子也。违之。之一邦，则又曰：犹吾大夫崔子也。违之，何如？"子曰："清[(3)]矣。"曰："仁矣乎？"曰："未知，焉得仁？"	子张问："子文三次当宰相，面无喜色；三次被罢官，亦无愠色，而且能和新宰相做好交接，此人如何？"孔子说："忠！"问："仁吗？"孔子说："不知道。这怎么够得上仁呢？" "崔子弑齐君，大夫陈文子放弃马车十乘的待遇，逃至他邦。发现此邦情况和崔子一样，于是离开此邦至另一邦，情况还是一样，又离开。这样做怎样？"孔子说："清！"问："仁吗？"孔子说："不知道。这能算得上仁吗？"

查资料：

（1）令尹：楚国官名，相当于宰相，子文是楚国名相。

（2）崔子：齐国大夫崔杼（zhù），为改革周礼而杀了齐庄公。齐国大夫陈文子发现各邦"犹吾大夫崔子也。"说明各诸侯国都发生了变奴隶制为封建制的社会变革，而孔子和子张持反对立场。

（3）清：许多人注解为清白、清高，笔者认为应注为清醒、立场清楚。

笔者的理解：

孔子认为：虽然，楚相子文忠于职守；齐国大夫陈文子立场鲜明。但都没做到（1.7）事君，能致其身。（19.1）见危致命。（13.20）不辱君命。（15.9）杀身成仁。因此，还够不上仁。

编号：5.20

古　文	今　文
季文子三思而后行。子闻之，曰："再，斯可矣。"	季文子做事，总要三思而后行。孔子听说后，曰："何必三思，二思就可以了。"

笔者的理解：

（14.3）子曰："邦有道，危言危行；邦无道，危行言孙。"（15.12）子曰："人无远虑，必有近忧。"（15.27）子曰："小不忍则乱大谋。"（2.18）子张学干禄，子曰："慎言慎行。"一贯主张慎言慎行的孔子，为何反对三思而后行？实在令人费解！

其实，是孔子在挖苦季氏，八佾舞于庭，篡权夺位，改革周礼，为什么不三思而后行？

编号：5.21

古　文	今　文
子曰："宁武子，邦有道，则知；邦无道，则愚。其知可及也，其愚不可及也。"	孔子说："宁武子很聪明，形势好，就出来干一场；大势不好，就装傻。他那种聪明，容易做到；装傻，可就难以做到。"

笔者的理解：

宁武子，卫国人，庄公之子，文公、成公时任大夫。姓宁名俞，武是他死后谥号。宁武子是个善于投机取巧的人。形势有利，就出来干一场；形势不利，就装傻。

都说老子是无为的隐士，孔子是有为的勇士。恰恰相反，老子书中没有一句表示隐居之意，而且都是大有作为的言论。老子敢说："朝甚除，田甚芜，仓甚虚，服文彩，带利剑，厌饮食，财货有余，是谓盗夸。""民之饥，以其上食税之多。民不畏死，奈何以死惧之。若使民常畏死，而为奇者，吾得执而杀之，孰敢？""以百姓心为心，爱民治国。"这些话，孔子敢说吗？不敢说，而且论语多处主张消极遁世。(5.7)："道不行，乘桴浮于海。"(5.21)："邦有道，则知；邦无道，则愚。"(7.11)："用之则行，舍之则藏。"(8.13)："危邦不入，乱邦不居。天下有道则见，无道则隐。"(15.7)："邦有道，则仕；邦无道，则可卷而怀之。"(6.26)宰我问："井有仁焉，其从之也？"子曰："何为其然也？君子可逝，不可陷也。"不想法施救，起码要帮忙呼救，孔子却见死不救，逃避现实。虽然，"堕三都"反革新政变失败后，孔子没有隐居山林，而选择"周游列国"，但同样是逃避现实，无所作为之举，并非英雄壮举。

编号：5.22

古　文	今　文
子在陈曰："归与！归与！吾党之小子狂简，斐然成章，不知所以裁之。"	孔子在陈国说："回去吧，回去吧！我家弟子狂妄而简单，能出口成章，洋洋万言，却不知如何剪裁。"

笔者的理解：

孔子周游列国，道不行，不得志，心情非常郁闷。当孔子带着学生逃亡到陈国时，刚上台掌权的季康子招聘冉求回鲁国协助，却不聘请孔子。孔子心情酸甜苦辣，五味杂陈，无奈地叹道："回去吧，回去吧！我的弟子虽然都很能干，但还不懂以周礼来裁断是非。"言下之意是还不如我这个老师。据史记说：子贡交代冉求回鲁后，设法把老师和同学也弄回鲁国。冉求相鲁后，在抗击强齐中取得一些胜利，季氏高兴地问："你的本事从哪里学来的？"冉求乘机说："从老师那里学的。"于是，季氏让孔子结束了 14 年流亡生活，回到了鲁国。孔子回国后，不但不感谢，反而处处指责冉有。(3.6)季氏旅于泰山。子谓冉有曰："女弗能救与？"对曰："不能。"(16.1)孔子要冉求、子路阻止季氏讨伐颛臾。冉求说："是季氏要这么做的，我们两个都不同意"(13.14)冉有从季府回来，孔子问："为何这么晚回来？"冉有说："有事。"孔子生气地说："虽然我没当官，不要以为我什么都不知道！"(6.12)冉求委屈地辩解说："不是我不听您的，而是我的力量不足啊！"(11.17)季氏富比周公，而求也为之聚敛而附益之。子曰："非吾徒也。小子鸣鼓而攻之，可也。"孔子和冉求根本分歧，在于冉求拥护季氏，改革井田奴隶制为田赋封建制。

编号：5.23

古 文	今 文
子曰："伯夷、叔齐⁽¹⁾不念旧恶，怨是用⁽²⁾希。"	孔子说："伯夷、叔齐不记旧仇，怨恨他们的人因此而稀少。"

查资料：

（1）伯夷、叔齐是殷朝下面一个小国孤竹君的两个儿子。孤竹君死后，兄弟互相礼让君位。并认为武王伐纣，是不忠不孝，大逆不道的行为，曾冒死阻拦。武王灭殷后，两人耻食周粟，饿死于首阳山。从而被孔子树立为忠孝礼让的先进典型。不料，这种典型与武王伐纣是互相矛盾的，这使得儒家无法自圆其说。

（2）"是用"意为因此。

编号：5.24

古 文	今 文
子曰："孰谓微生高⁽¹⁾直？或乞醯（xī）焉，乞诸其邻而与之。"	孔子说："谁说微生高这个人直？有人向他讨点醋，他不直说没有，却找邻居讨了点醋给人家。"

查资料：

（1）微生高是个人的名字，庄子盗跖篇和战国策叫他"尾生高"，以守信，不会拐弯而著称。传说他与一女子相约在桥下见面，那女子没来。此时，河水暴涨，微生高为守信，抱住桥柱不肯离去，最终被洪水淹死。后人以此情节，编了一出动人戏曲叫"兰桥会"。

笔者的理解：

令人费解的是，一向标榜守信的孔子，竟然小题大做，以醋为由，攻击微生高为人不直。静心而言，来讨醋的人，不认识邻居，微高自己没醋，找邻居讨点醋有何不可？凭这点小事就上纲上线，说微生高人品不直，喜欢弯弯绕。(13.18) 孔子曰："其父攘羊，父为子隐，子为父隐，直在其中矣。"把别人的羊占为己有，父子互相隐瞒，这是小偷逻辑，孔子却认为是正直。简直颠倒黑白、是非曲直！相比之下，是微子高人品不直还是孔子不直，儒家如何自圆其说？

编号：5.25

古　文	今　文
子曰："巧言、令色、足恭，左丘明[1]耻之，丘亦耻之。匿怨而友其人，左丘明耻之，丘亦耻之。"	孔子说："花言巧语，满脸堆笑，十足恭维，左丘明认为可耻，我亦认为可耻。把怨恨隐藏在心里，表面却装出极其友好的样子，左丘明认为可耻，我也认为可耻。"

查资料：

（1）左丘明：鲁国史官，与孔子同时或早于孔子。相传左丘明是国语作者，并为史书《春秋》作传，故称《左传》。也有学者认为：左传、国语非左丘明所作，起码非左丘明一人所作。

笔者的理解：

看来，左丘明在当时比孔子出名，孔子对左丘明相当尊重。孔子向左丘明看齐，以表示自己也是"正人君子"。遗憾的是《论语》记载了孔子不少巧言令色，口是心非的"事迹"。

编号：5.26

古　文	今　文
颜渊、季路侍。子曰："盍（hé）各言尔志？"子路曰："愿车马衣轻裘与朋友共，蔽之而无憾。"颜渊曰："愿无伐善，无施劳。"子路曰："愿闻子之志。"子曰："老者安之，朋友信之，少者怀之。"	颜渊和子路在一旁侍立。孔子说："你们何不说说自己的志向？"子路说："我愿拿出车马、皮衣与朋友共享，用坏穿破了也无遗憾。"颜渊说："我愿不自夸，不表功。"子路说："愿听先生的志向。"孔子说："愿老者安康，朋友信任，少年得到关怀。"

笔者的理解：

孔子一向鄙视庶人、贱人、野人、鄙人、下愚、小人、妇女，也不会和这些人交朋友。

因此，他所说的老的、少的、朋友不包括这些人。孔子的志向是"克己复礼"，恢复奴隶制，要让奴隶主老的、少的重新过上好日子。

编号：5.27

古　文	今　文
子曰："已矣乎，吾未见能见其过而内自讼者也。"	孔子说："算了吧，我还没见过看到自己过错而自责的人。"

笔者的理解：

（1.4）曾子曰："吾日三省吾身。"看到自己过错而自责的人多了去，其中包括曾子，不知孔子为何要睁眼说瞎话。

编号：5.28

古　文	今　文
子曰："十室之邑，必有忠信如丘者焉，不如丘之好学也。"	孔子说："即使只有十户人家的小地方，也必有像我这样忠信的人，只是不如我好学啊。"

笔者的理解：

意思说：像我这样忠信的人很多，但都不如我好学。孔子强调知耻且格。（14.27）子曰："君子耻其言而过其行。"说得很好，不过，那是教训别人的。（7.16）吹嘘自己艰苦朴素，视富贵如浮云，实际是《乡党篇》所描写的生活奢侈豪华。（7.19）吹嘘自己发愤忘食，乐以忘忧，不知老之将至。（13.10）吹嘘如有用我者，一年初见成效，三年大见成效。如此的圣人圣言，有多少可信之处？

第六章 雍也篇

编号：6.1

古　文	今　文
子曰："雍也可使南面。"	孔子说："可以让雍也管理国家。"

笔者的理解：

孔子很看重雍也，（11.3）把他和颜回、闵子骞、冉伯牛等弟子，列为具备克己复礼"德行"的一等人才，认为雍也可以当高官。

编号：6.2

古　文	今　文
仲弓问子桑伯子。子曰："可也简。"仲弓曰："居敬而行简，以临其民，不亦可乎？居简而行简，无乃大简乎？"子曰："雍之言然。"	雍也问：如何评价子桑伯子这个人。孔子说："这个人还可以，办事很简练。"雍也说："思想上敬重，方法简便易行，以此来统治民众，不也可以吗？如果头脑简单，办法也简单，岂不是太简单化了吗？"孔子说："雍也的话是对的。"

笔者的理解：

子桑伯子是什么人，史料查无此人。有人认为是鲁国大夫；还有人认为是庄子所说的"子桑户"。

雍也认为：统治民众，要居敬行简，不要居简行简，简便易行不是简单化。雍也看法确实有一套，难怪孔子说他可以当大官。

编号：6.3

古　文	今　文
哀公问："弟子孰为好学？"孔子对曰："有颜回者好学，不迁怒，不贰过。不幸短命死矣，今也则亡，未闻好学者也。"	鲁哀公问："你的弟子谁好学？"孔子答："颜回好学，他从不迁怒于别人，不重犯同样的过错。不幸短命死了，今后再也没有这样的人了，再没听到有比他更好学的人了。"

笔者的理解：

孔子最欣赏的学生颜回短命死了，纵观所谓三千弟子，有几个是历史上杰出人物？算有些业绩的冉有、子贡、宰我、樊迟等人都是变革者。只能说明孔子的教育和他克己复礼的主张一样，一定程度上是失败的。

编号：6.4

古　文	今　文
子华使于齐，冉子为其母请粟。子曰："与之釜(1)。"请益。曰："与之庾(2)。"冉子与之粟五秉(3)。子曰："赤之适齐也，乘肥马，衣轻裘。吾闻之也：君子周急不继富。"	子华出使齐国，冉有替子华母亲申请粮食补贴。孔子说："给他六斗四升。"冉有请求增加一些。孔子说："再给二斗四升。"冉有却认为应该给八百斗。孔子说："子华出使齐国，骑肥马，穿皮裘。我听说：君子应该救济急需的人，而不应该使富人更富。"

查资料：

（1）釜：一釜合六斗四升，约一个人一个月的口粮。当时的斗小，相当现在二升。

（2）庾：一庾合二斗四升。

（3）秉：一秉合十六斛，一斛十斗，五秉就是八百斗。

笔者的理解：

子华，孔子学生。姓公西，名赤，字子华。(5.8) 孔子说他适合搞外交。冉子，姓冉名求，字子有，孔子学生，后任季氏家臣，积极帮助季氏改革周礼，受到孔子攻击。许多人把"冉子与之粟五秉"注解成："孔子只同意再给2斗4升，冉子却给了800斗。"这样注解不合情理，冉子抱不平，可能会提建议，但不可能有这么大权力，真的给800斗。看来孔子的学生不但要交学费，提供赞助。还要替孔子办事、赶车、当保镖。尽管孔子很抠门，但还是给学生一定报酬。可见，孔子并非有教无类的穷教师，而是一个有钱之人。

编号：6.5

古 文	今 文
原思⁽¹⁾为之宰，与之粟九百⁽²⁾，辞。子曰："毋！以与尔邻里乡党⁽³⁾乎！"	原思在孔子家当总管，孔子给他小米九百，原思推辞不要。孔子说："别推辞了！如果吃不完，就给你的乡亲吧！"

查资料：

（1）原思：姓原名宪，字子思，孔子学生兼管家。

（2）与之粟九百：无计量单位，许多人注为九百斗，没有根据。（6.4）用釜、庾、秉，不用斗，此处九百不见得是斗。

（3）邻里乡党：古时5家为邻，25家为里，500家为党，12500家为乡。这里泛指乡亲。

笔者的理解：

孔子对子华抠门，对子思如此大方，说明孔子并非"泛爱众"一视同仁，平等待人。

编号：6.6

古 文	今 文
子谓仲弓，曰："犁牛之子骍且角，虽欲勿用，山川其舍诸？"	孔子谈到雍也时说："耕牛之子，毛红角直，适合作为祭祀牺牲品，虽然暂时不用，但是，山川之神会舍其不用吗？"

笔者的理解：

周代崇尚红色，祭祀用的牛，必须选用专门饲养的赤毛长角牛犊，不能用普通耕牛代替。"犁牛之子"比喻雍也出身低贱。但德行很好，是个人才。虽然暂时不被重用，最终

不会被舍弃的。孔子在安慰尚未当官的学生不要着急，将来会有机会的。

编号：6.7

古　文	今　文
子曰："回也，其心三月不违仁，其余则日月至焉而已矣。"	孔子说："颜回啊，他的心可以长期不违仁，其余弟子只是偶尔想起而已。"

笔者的理解：

　　三月泛指长期，日月泛指短时。孔子非常赞赏颜回，说他仁义。

编号：6.8

古　文	今　文
季康子问："仲由可使从政也与？"子曰："由也果，于从政乎何有？"曰："赐也可使从政也与？"曰："赐也达，于从政乎何有？"曰："求也可使从政也与？"曰："求也艺，于从政乎何有？"	季康子问："可让子路从政吗？"孔子答："子路办事果断，从政有何困难？"问："可让子贡从政吗？"答："子贡通达事理，从政有何困难？"问："可让冉求从政吗？"答："冉求多才多艺，从政有何困难？"

笔者的理解：

　　季康子在公元前 492 年继其父季桓子掌握鲁国实权，尽管孔子极力吹嘘自己的弟子都可以当官从政。但季康子还是很有眼力的，他只挑选了能协助他改革周礼的冉求，而不是保守的子路和子贡。

编号：6.9

古　文	今　文
季氏使闵子骞[(1)] 为费宰[(2)]。闵子骞曰："善为我辞焉！如有复我者，则吾[(3)] 必在汶[(4)] 上矣。"	季氏派人请闵子骞出任费宰。闵子骞说："请好好为我辞掉吧！如果再来找我，那我必在汶上。"

查资料：

（1）闵子骞：姓闵名损，字子骞。孔子学生，（11.14）闵子骞反对变革，（6.9）坚决不当季氏改革周礼的官，很受孔子赞赏。（11.5）孔子说：闵子骞是个大孝子，（11.3）德行与颜回并列。

（2）费宰：费是季氏的封邑，宰相当于县长。

（3）我与吾：在古时是有区别的。"我"指精神上的自我；"吾"指实体的自己。

（4）汶：今山东省大汶河，当时是齐国和鲁国的界河。汶上，指汶河以北的齐国。意思说："如果季氏再派人来要我当什么费宰，那我就逃到汶上去跳河。"表达了不当季氏改革周礼之官的决心。朱熹四书集注评曰："处乱世，遇恶人当政。刚则必取祸，柔则必取辱。走到他处，以保自我，做法可取。"

笔者的理解：

由此可见：孔子的立场是很鲜明的，闵子骞反对改革周礼奴隶制，他就赞赏、支持；冉求协助季氏改革周礼，他就攻击。

编号：6.10

古　文	今　文
伯牛有疾，子问之，自牖（yǒu）执其手，曰："亡之，命矣夫！斯人也而有斯疾也！斯人也而有斯疾也！"	伯牛有病，孔子去慰问，从窗外握住伯牛的手说："看样子要永别了，这是命啊！这样好的人竟得这样的病啊！这样好的人竟得这样的病啊！"

笔者的理解：

伯牛姓冉名耕，字伯牛，孔子学生。孔子任司寇时，伯牛任中都宰。（11.3）伯牛的德行与颜回、闵子骞、雍也齐名。传说他得了麻风病，当时是不治之症，这使孔子非常痛心，相信这是天命。

编号：6.11

古 文	今 文
子曰："贤哉，回也！一箪（dān）食，一瓢饮，在陋巷，人不堪其忧，回也不改其乐。贤哉，回也！"	孔子说："贤人啊，颜回！一筒饭，一瓢水，住陋巷，别人忍受不了这种困苦忧愁，颜回却不改其快乐。贤人啊，颜回！"

笔者的理解：

这是孔子的名言，小孩都会背。(15.39)说孔子有教无类，其实孔子只招男生不招女生，而且都是贵族子弟。颜回也是奴隶主贵族后代，虽然没落了，但家里尚有几十亩良田，才供得起父子俩一起当孔子的学生。要知道，孔子不搞义务教育，(7.7) 学费最少是十条肉干，真正穷人还是交不起。在孔子眼里，颜回生活很穷很苦。但在穷人眼里，颜回穷不到哪里去。

编号：6.12

古 文	今 文
冉求曰："非不说子之道，力不足也。"子曰："力不足者，中道而废，今女画。"	冉求辩解说："不是我不喜欢您的主张，而是我的能力不足。"孔子说："真正能力不足的人，是努力走了一半，实在走不动了，才中途而废的。你根本就不想走，而是画地为牢，故步自封。"

笔者的理解：

冉求以能力不足为由，不执行孔子克己复礼的主张，反而协助季氏改革周礼，受到孔子的指责和鸣鼓而攻之。

编号：6.13

古 文	今 文
子谓子夏⁽¹⁾曰："女为君子儒，无为⁽²⁾小人儒⁽³⁾。"	孔子对子夏说："你要当君子儒，不要当小人儒。"

查资料：

（1）子夏：姓卜名商，字子夏，孔子忠实门徒。（11.3）孔子说他有文学才能。孔子死后，儒家分裂为八派，子夏为其中一派首领，在魏国宣传孔子主张。从（19.3）（19.12）可看出子夏、子张、子游之间有矛盾。

（2）无为：不为、不做、不当，而不是无所作为，什么事都不做。

（3）儒：是古代为人办理婚丧嫁娶礼节仪式的一种职业。孔子当过吹鼓手，干过这种职业，故熟知礼节仪式，这是儒家称号的由来。字典曰："儒家是我国古时代代表剥削者利益的一种思想流派。"

（4）君子与小人：论语中讲君子与小人，多达六七十处。无非是说君子是通晓周礼、道德高尚、有知识、有文化、有社会地位的好人。反之是愚蠢无知、不讲道德、只知利、不知义的卑鄙无耻小人。

不过，孔孟有关君子与小人的概念，不完全如此。《孟子·滕文公》上曰："无君子莫治野人，无野人莫养君子。"在孟子眼里：没有君子不统治野人的，没有野人不供养君子的。（14.6）子曰："君子而不仁者有矣夫。"此话自相矛盾，不仁者，不讲仁义道德的人还是君子吗？可见，孔孟的君子与小人的概念，不只是以仁义道德为标准。君子是泛指上层社会大人物，读书人，知识分子的劳心者；小人泛指老百姓、社会底层的小人物、劳力者，不是煨心灵鸡汤所说的小孩。因此，孔子告诫子夏："要当上流社会的知识分子，不要当乡巴佬儿的秀才。"这与孔明的概念也有所不同，《三国演义》中，孔明舌战群儒。汝南程德枢大声曰："公好为大言，未必真有实学，恐适为儒者所笑耳！"孔明答："儒有君子小人之别，君子儒忠君爱国，小人儒唯务雕虫，专工翰墨。青春作赋，皓首穷经。笔下虽有千言，胸中实无一策。"

编号：6.14

古　文	今　文
子游⁽¹⁾为武城宰。子曰："女得人焉耳乎？"曰："有澹（tán）台灭明⁽²⁾者，行不由径，非公事，未尝至于偃之室也。"	子游任武城县宰。孔子问："你得到什么人才没有？"答："有个叫澹台灭明的人，不开后门，不走歪门邪道。不是公事，从不到我家来。"

查资料：

（1）子游：姓言名偃，字子游，孔子学生。

（2）澹台灭明：姓澹台，名灭明，字子羽。据《史记》记载：子羽状貌矮丑，孔子

拒收为徒。子羽发愤图强，自学成才，闻名于世。孔子扼腕叹道:"吾以貌取人，失之子羽。"

编号：6.15

古　文	今　文
子曰："孟子反不伐，奔而殿，将入门，策其马，曰：非敢后也，马不进也。"	孔子说："孟子反从不自夸，败退时，逃在最后，快进城门，他鞭策其马说：不是我敢于殿后，而是马跑不快。"

笔者的理解：

孟子反，姓孟名侧，字之反，鲁国大夫，是掌握实权，主张改革周礼的"三桓"孟氏之一。孔子表面称赞孟子反不自夸，实际是挖苦孟子反。

编号：6.16

古　文	今　文
子曰："不有祝鮀⁽¹⁾之佞，而有宋朝⁽²⁾之美，难乎免于今之世矣。"	孔子说："没有祝鮀的口才，只有宋公子朝的美貌，当今之世，难免倒霉。"

查资料：

（1）祝鮀：姓祝名鮀，字子鱼，卫国大夫。因擅长外交辞令，能言善辩，阿谀逢迎，受到卫灵公重用。

（2）宋朝：宋国的公子朝，以貌美闻名于世。据《左传》记载：公子朝曾与襄公夫人宣姜私通，并参与祸乱。逃到卫国后，又与卫灵公夫人南子私通。故孔子说他徒有其表，难免倒霉。

编号：6.17

古　文	今　文
子曰："谁能出不由户，何莫由斯道也？"	孔子说："谁能进出不经过房门，为何没人走我这条道呢？"

笔者的理解：

周朝腐败，奴隶制崩溃。各诸侯国纷纷改革周礼，化周朝"公田"为私田，变奴隶为佃农，变奴隶制为封建制。孔子却倒行逆施，主张克己复礼，复辟周礼奴隶制，当然没人走这条路。这里是孔子对自己不得人心，众叛亲离，孤立无援的哀叹。不说冉求、宰予，（18.7）就连忠心耿耿的子路也说："君臣之义，道之不行，已知之矣。"

编号：6.18

古　文	今　文
子曰："质⁽¹⁾胜文⁽²⁾则野，文胜质则史⁽³⁾。文质彬彬⁽⁴⁾，然后君子。"	孔子说："实质内容超过外在形式则显得直白粗野；外在形式超过实质内容则空洞虚浮。形式与内容兼备，才是君子。"

查字典：

（1）质：与文相对应，是内在的本质、实质，但缺乏文采。

（2）文：与质相对应，是外在的形式、文采，但缺之内函。

（3）史：本义是朝廷史官。这里贬义为像史官那样写史，辞藻华丽，空洞无物。

（4）彬：文质兼备，既有文采又有内涵。文质彬彬成了儒雅、儒商、儒将，君子气质、绅士风度的代名词。

笔者的理解：

如果说办事，既要办实事，又要注意方式方法；写文章既要有文采，又要有内容。这话本身没错！但孔子原意并非如此。孔子认为：对周礼奴隶制，既要有深厚的思想感情，又要用一定形式表达出来，文质彬彬，彬彬有礼，那才是君子的风度。毛泽东同志在《湖南农民运动考察报告》中说："革命不是请客吃饭，不是做文章，不是绘画绣花，不能那样雅致，那样从容不迫，文质彬彬，那样温良恭俭让。""这种理论，阻碍农民运动的兴起，其结果破坏了革命。"

编号：6.19

古 文	今 文
子曰："人之生也直⁽¹⁾，罔⁽²⁾之生也幸而免。"	孔子说："人能在社会上生存，靠的是正直。不正直的人也能生存，不过是侥幸免灾而己。"

查字典：

（1）直：直而不弯，无私曲；直截了当，不弯弯绕。
（2）罔：同"枉"，曲，不正直。

笔者的理解：

"为人要直。"孔子这话本身没错，问题在什么是直（13.18），父亲偷羊，儿子不告发，互相隐瞒，叫直。《老子》63 章主张报怨以德，冤冤相报，何时了；（14.34）孔子却反对以德报怨，主张以直报怨，对老百姓的怨恨，不能让步妥协，要以牙还牙，以眼还眼，直接报复，决不宽恕，这就是孔子主张的直。

编号：6.20

古 文	今 文
子曰："知之者不如好之者，好之者不如乐之者。"	孔子说："知之不如好之，好之不如乐之。"

笔者的理解：

知之、好之、乐之的之，不是指学问和事业，而是指周礼。孔子要人们对周礼奴隶制不但要知之、好之，而且以行之为乐。

编号：6.21

古 文	今 文
子曰："中人以上，可以语上也；中人以下，不可以语上也。"	孔子说："对中等以上智商的人，可以讲高深的学问；对智商低下的人不可以讲。讲了也白讲，对牛弹琴。"

笔者的理解：

孔子向来主张上智下愚，看不起普通群众。（17.3）子曰："唯上知与下愚不移。"毛泽东说："卑贱者最聪明，高贵者最愚蠢！"立场不同，说话就不一样。

编号：6.22

古　文	今　文
樊迟问知，子曰："务民之义，敬鬼神而远之，可谓知矣。"问仁，曰："仁者先难而后获，可谓仁矣。"	樊迟问怎样做才算明智，孔子说："致力于民众之仁义道德，敬鬼神而远之，这样做可谓明智。"又问怎样做才算仁，孔子说："有仁义道德的人，总是先付出，后获得。"

笔者的理解：

孔子认为：仁义道德比敬鬼神更重要，但不等于孔子不信鬼神，只不过是敬而远之。

编号：6.23

古　文	今　文
子曰："知者乐水，仁者乐山；知者动，仁者静；知者乐，仁者寿。"	孔子说："智者爱水，仁者爱山；智者爱动，仁者爱静；智者追求常乐，仁者追求长久。"

笔者的理解：

知者指老子为代表的道家；仁者指孔子为代表的儒家。孔子在此形象地指出儒道两种不同的哲学。道家主张像水一样流动变化的哲学，应用到政治上则是变革周礼；儒家主张像山一样静止不动的哲学，应用到政治上则是君君臣臣不变，周礼奴隶制不变。

编号：6.24

古　文	今　文
子曰："齐一变，至于鲁；鲁一变，至于道。"	孔子说："齐国一变，回到鲁国原先的样子；鲁国一变，回到先王仁义之道。"

怎样读懂《论语》

笔者的理解：

孔子曰："周礼尽在鲁矣。"齐鲁要变也可以，齐一变，回到周公时期鲁国的样子；鲁一变，回到先王之道。一句话：克己复礼，要变就变回去，反对变革周礼奴隶制。

编号：6.25

古　文	今　文
子曰："觚（gū）不觚，觚哉！觚哉！"	孔子说："觚不像觚，这是觚吗？这是觚吗？"

笔者的理解：

觚是古代木质酒具，可盛酒大约二升。上圆下方，有四条棱角。后来，为了制造和使用方便，改成圆筒形，取消了四条棱角。这一革新改制，本是合情合理的，却使思想保守的孔子气急败坏，连改变一下酒具的形状都要反对。

孔子借题发挥，"觚不觚"实际是说"君不君，臣不臣，父不父，子不子。"天下大乱，名不符实，有名无实，必须"正名"，"克己复礼"。君是君，臣是臣，就像父父子子的关系不能变，逆历史潮流，反对推翻周礼奴隶制的社会变革。

编号：6.26

古　文	今　文
宰我问曰："仁者，虽告之曰：井有仁焉。其从之也？"子曰："何为其然也？君子可逝也，不可陷也；可欺也，不可罔也。"	宰我问："对于有爱心有仁义道德的人，虽然告诉他：有人掉井里啦！他会跟下去救人吗？"孔子说："为什么要这样做？是他自己掉下去，不是我推下去的，我又没有落井下石。因此，君子可以扯个理由躲开，不可犯糊涂，干傻事，陷入两难境地。"

笔者的理解：

在孔子弟子中，宰我最具有独立思想的人。他白天睡大觉，不听。他反对三年久丧，说统治者设神灵牌位是吓唬老百姓的。现在，他又对孔子的"仁者爱人，泛爱众，见义勇为，见危致命，杀身成仁。"所谓仁义道德提出质疑。不说设法施救，起码可以帮忙呼救。孔子却主张可逝不可陷，扯个理由躲开，极力为"君子"见死不救找借口，连孟子都认为此说不妥。孟子曰："孺子落井，人皆有恻隐之心。"人人皆有不忍之心，话说的没错，但孟子也只说说而已，不见采取什么具体行动救人。

编号：6.27

古 文	今 文
子曰："君子博学于文，约之以礼，亦可以弗畔矣夫！"	孔子说："君子要博学周礼，以礼约束民众，即可制止叛乱！"

笔者的理解：

许多注家都把"博学于文"注解为："广泛学习文化典籍或文献。"把"约之以礼"注解为："用礼来约束自己。"把"可以弗畔"注解为："不离经叛道，或不违背君子之道。"

笔者认为：这样注解违背了孔子本意。首先，把文说成文化典籍也太泛泛而言了，（3.14）：孔子本义，文指周礼。其次，孔子从来没说过要用礼来约束自己，而是用来节制老百姓的，使老百姓"有耻且格""弗畔""不犯上作乱"。（1.12）：不以礼节之，亦不可行也。（2.3）：道之以德，齐之以礼，可使民众有羞耻心，行为不出格。（8.2）：无礼则乱。（8.9）：民可使由之，不可使知之。（12.15）：约之以礼，可以弗畔。（13.4）：上好礼，则民莫敢不敬。（14.41）上好礼则民易使也。这都是约束老百姓的，哪一句是约束自己？正人君子是正别人的，不是正自己的。

编号：6.28

古 文	今 文
子见南子，子路不说。夫子矢之曰："予所否者，天厌之！天厌之！"	孔子拜见南子，子路不高兴。孔子发誓说："我要是做了什么见不得人的事，让上天讨厌我！让上天讨厌我！"

笔者的理解：

南子是宋国美女，卫灵公夫人。据说，因淫乱而名声不好。当时，卫灵公年老昏庸，

任由南子掌控卫国实权。孔子为了得到重用，走后门，卑躬屈膝，拜倒在南子石榴裙下。没有证据证明，这是一次绯闻事件，但子路还是很不高兴。孔子有如跳进黄河洗不清，只好指天发誓。孔子因发生信任危机而赌咒的事情，不止一次。例如（7.24）：由于孔子对学生厚此薄彼，不一视同仁，产生信任危机。孔子只好发誓："我要是有一点隐瞒，我就是丘八！"

编号：6.29

古　文	今　文
子曰："中庸之为德也，其至矣乎！民鲜久矣。"	孔子说："中庸作为一种道德，是至高无上的！老百姓缺少这种道德（缺德），已经很久了。"

笔者的理解：

中庸之道，是孔子推崇的最高道德标准。所谓中庸，就是以周礼（奴隶制）为标准，一切言行要符合周礼，不偏不倚，过犹不及，守常不变。

鲁迅《华盖集》曰："倘有权力，看见别人奈何他不得，或者有多数作他护符的时候，多是凶残横恣，宛然一个暴君，做事并不中庸；待到满口中庸时，乃是势力已失，早非中庸不可的时候了。"孔子说："民鲜久矣。"正说明民众敢于冲破中庸思想束缚，起来推翻周礼奴隶制，出现天下大乱。所以孔子说老百姓"缺德"久矣。

编号：6.30

古　文	今　文
子贡曰："如有博施于民而能济众，何如？可谓仁乎？"子曰："何事于仁，必也圣乎！尧舜其犹病诸。夫仁者，己欲立而立人，己欲达而达人。能近取譬，可谓仁之方也已。"	子贡问："如果有人能广济民众，可称其为仁吗？"孔子说："何止是仁，必定是圣人！连尧舜都难以做到。作为仁者，自己想立足，也要帮别人立足；自己想发达，也要帮别人发达。推己及人，可以说是仁者的方法。"

笔者的理解：

（11.19）孔子说："子贡很会做生意。"因此，子贡财大气粗，向孔子试探："如果出钱广济民众，能否得到仁者美名？"即做慈善、献爱心，能否称为爱心人士？孔子何等聪明，立即回应："何止仁者，那必定是圣人！连尧舜都难以做到。"给子贡戴的帽子够高了。但是，孔子又说："仁者可不是白当的，你立足了，也要帮人立足；你发达了，也要帮人发达。"要子贡为他献爱心，子贡心领神会，从此不断给孔子以经济赞助，却无子贡广济民众的记载。孔子对自己最喜爱的穷学生颜回非常抠门，从不救济献爱心，更不会广济民众。

　　在这里，子贡想得名，孔子欲得利，互利互惠。

第七章　述而篇

编号：7.1

古　文	今　文
子曰："述而不作，信而好古，窃比于我老彭。"	孔子说："我只讲述旧的，不创作新的。相信而且爱好古代的东西（周礼奴隶制），我偷偷把自己比作老彭。"

笔者的理解：

孔子的确只讲旧的东西，没有著作传世。《论语》是弟子们回忆孔子言行的记录，不是孔子亲自写的作品。

孔子只相信旧事物，不喜欢新事物，主张法先王之道、周公之礼。而道家和法家则不法其古、不循其礼。

老彭指彭祖，是殷商大夫。传说他善于养生，是个好述古事的长寿老人。还有人认为：老彭是老子和彭祖两个人，这种说法儒家一直是否认的。

编号：7.2

古　文	今　文
子曰："默而识之，学而不厌，诲人不倦，何有于我哉？"	孔子说："默而识之，学而不厌，诲人不倦，谁有我这种精神？"

笔者的理解：

朱熹《集注》："识，记也。默识，谓不言而存诸心也；一说，知也，不言而心解也。何有于我，言何者能有于我也。"古时，"我"与吾、予、余是有区别的，"我"是精神性的自我，吾是实体的"我"。如《庄子·齐物论》子綦曰："今者吾丧我，汝知之乎？"今天，我丧失了精神自我。如果没有区别，这句话就不好理解。故此处应注解为孔子自吹自擂曰：

"谁有我这种精神？"而非孔子严格要求自己的谦虚之言："这些事我做到了哪些呢？"

其实，孔子并非"诲人不倦"。（13.4）樊迟请学稼。孔子骂他："小人哉，樊须也！"（14.43）原壤夷俟。子曰："幼而不孙弟，长而无述焉，老而不死，是为贼。"以杖叩其胫。不但骂人，还打人。（17.20）孺悲欲见孔子，孔子辞以疾。将命者出户，取瑟而歌，使之闻之。（5.10）宰予昼寝，孔子骂他朽木不可雕，粪土之墙不可圬。（17.21）宰我反对三年久丧，孔子骂他不仁不孝。（11.17）冉求协助季氏改革周礼奴隶制，子曰："非吾徒也，小子鸣鼓而攻之可也。"这难道是诲人不倦？

编号：7.3

古　文	今　文
子曰："德之不修，学之不讲，闻义不能徙，不善不能改，是吾忧也。"	孔子说："道德不修养，学问不讲求，闻义不实行，有错不能改，这些都是我所忧虑的呀！"

笔者的理解：

孔子真正忧虑的是，无法实现克己复礼。

编号：7.4

古　文	今　文
子之燕居，申申如也，夭夭如也。	孔子居家时，轻松舒畅，悠闲自在，很斯文儒雅的样子。

笔者的理解：

燕居：就像燕子闲适安居在屋檐之下；申申如也：就像伸伸懒腰一样舒畅；夭夭如也：神色举止很斯文儒雅的样子。这与当时老百姓，牛马不如的苦难生活，可谓两重天！

编号：7.5

古　文	今　文
子曰："甚矣吾衰也，久矣吾不复梦见周公！"	孔子说："我太老了，很久不再梦见周公！"

笔者的理解：

周公名旦，周文王的儿子，周武王的弟弟，周成王的叔叔，分封于鲁国。武王死后，成王年幼，周公旦辅助成王，平息叛乱，制定了一套完善的周礼奴隶制。在周公治理下，西周有过一段兴盛的历史。是孔子理想的社会，（8.20）称西周为至德之世，周公也就成为孔子崇拜的圣人。（3.14）吾从周。（17.5）吾为东周。（3.17）我爱其礼。做梦都想"克己复礼"。尽管孔子逆历史潮流，"周游列国"，可是到处碰壁。连孔子都承认，自己有如丧家之犬。这使得孔子没了先前的雄心壮志，豪言壮语。变得灰心丧气，哀叹自己老了，不再做复辟周公奴隶制的梦。

编号：7.6

古　文	今　文
子曰："志于道，据于德，依于仁，游于艺。"	孔子说："立志于道德，依据于仁义，畅游于六艺之中。"

笔者的理解：

这是孔子原先的雄心壮志，豪言壮语之一。所谓艺，指礼、乐、射、御、书、数等六艺。相当于政治、文艺、军事、驾驶、语文、数学六门课。其中，最重要的是仁义道德。

编号：7.7

古　文	今　文
子曰："自行束脩以上，吾未尝无诲焉。"	孔子说："自行交干肉十条以上，我未尝不教？"

笔者的理解：

"只要交学费，我就教。"不交不教，哪里是有教无类的全民教育家。有人说，孔子收的学费太低了，只要十条干肉。但对食不果腹的老百姓来说，不说十条，一条也交不起！孔子的学生，大都是贵族子弟。其中，数颜回最穷。如果颜回家没有十几亩良田，也供不起父子俩都在孔子学院脱产学习。再说，孔子只招男生，不招女生，能说是有教无类的全民教育家？

编号：7.8

古　文	今　文
子曰："不愤不启，不悱不发。举一隅不以三隅反，则不复也。"	孔子说："不发愤图强的，不启发。不到他想说却表达不出来时，也不去启发他。不能举一反三，触类旁通的人，则不再教。"

笔者的理解：

不愤不启，不悱不发，不能举一反三的学生不教，就是说不用功、不聪明的学生不教。这哪里是有教无类，一视同仁的全民教育，明显歧视"差生"，（17.3）是唯上智下愚不移的思想体现。有教无类应该是一个不少，一个都不放弃！

编号：7.9

古　文	今　文
子食于有丧者之侧，未尝饱也。	孔子在有丧事的人旁边吃饭，从没吃饱过。

笔者的理解：

吹捧孔子的人以没吃饱为例，想证明孔子富有同情心。别人办丧事，他食欲不振，吃饭无味，难过得吃不下。不料，适得其反，却证明了孔子不讲礼，人家在办丧事，伤心欲绝，孔子就不应该在旁边吃饭。据墨家揭发：孔子当过吹鼓手，原先就是替人家办丧事的，总可以大吃一顿，怎么会吃不饱？要不就是吃得太慢，吃不过人家。《史记》记载：孔母去世，孔子听说季氏请士人吃饭，不在家守丧，却跑去赴宴，结果被赶了出来，这样的人会吃不饱？

编号：7.10

古　文	今　文
子于是日哭，则不歌。	孔子于是整天哭，不唱歌。

笔者的理解：

别人办丧事，他不唱歌，不娱乐，这是对的。可是整天哭，我总觉得孔子有点儿像蹩脚演员，表演太过了。

编号：7.11

古　文	今　文
子谓颜渊曰："用之则行，舍之则藏，惟我与尔有是夫！" 子路曰："子行三军，则谁与？"子曰："暴虎冯河，死而无悔者，吾不与也。必也临事而惧，好谋而成者也。"	孔子对颜渊说："用则干，不用则隐藏，只有我和你有此功夫！" 子路问："你若统帅三军，则与谁共事？"孔子说："空手与虎搏斗，无船硬要过河，死都不后悔的人，我是不会和他共事的。我要共事的，必须临事谨慎，善谋而成者。"

笔者的理解：

子路听到孔子在夸颜渊，很不服气，故意问："老师要是带兵打仗，和谁去？"意思说：只有我子路、颜渊会打仗吗？哪知孔子说："我才不和有勇无谋的人共事！"可见孔子之偏心，他讨厌子路，却又需要忠心耿耿的子路当保镖，替他跑腿。

都说孔子入世，老子出世。其实不然，孔子主张消极避世："用则干，不用则藏。"（5.7）浮海云游，而且有"周游列国"的实际行动；相反，《老子》不主张消极无为，主张积极有为。没有一点儿消极避世的言论，更没有隐居山林的实际行动。（14.38）吹捧孔子的人说："知其不可而为之。"周游列国是明知山有虎，偏向虎山行的英雄壮举。殊不知拍马屁拍到了马腿，孔子曰："暴虎冯河，死而无悔者，吾不与也！"偏向虎山行的事我不干！

编号：7.12

古　文	今　文
子曰："富而可求也，虽执鞭之士，吾亦为之。如不可求，从吾所好。"	孔子说："只要富贵可求，哪怕是看门赶车我也干。如果富不可求，我还是干自己喜欢的事情。"

笔者的理解：

所谓"执鞭之士"，两种注解：一是执鞭替人赶车；二是执鞭替达官贵人看门、开路的仆人。不管什么人，都是孔子看不起的下等人。在这里，孔子袒露了追求富贵的心态：只要能升官发财，什么下贱鄙事都干！

编号：7.13

古　文	今　文
子之所慎：齐、战、疾。	孔子所慎重的事情是：斋戒、战争、疾病。

笔者的理解：

齐同斋，指祭祀前的斋戒，不唱酒，不吃荤，不与妻妾同房，沐浴净身，以示虔诚。

国之大事祀与戎。战争关系到国家民族的存亡；疾病关系到每个人的生死。孔子认为：祭祀是头等大事，战与疾事再大，也没有祭祀的事大，必须排在第一位。

编号：7.14

古　文	今　文
子在齐闻《韶》，三月不知肉味，曰："不图为乐之至于斯也。"	孔子在齐国听到《韶》曲，三个月吃肉都觉得无味。孔子说："没想到这支乐曲竟让人达到如痴如醉的程度"

笔者的理解：

《韶》是歌颂尧舜禅让君位的乐曲，孔子对这支乐曲的痴迷，实际是对先王之道的痴迷。吃肉没味，周礼奴隶制才有"味"。

编号：7.15

古　文	今　文
冉有曰："夫子为卫君乎？"子贡曰："诺，吾将问之。" 入，曰："伯夷、叔齐何人也？"曰："古之贤人也。"曰："怨乎？"曰："求仁而得仁，又何怨？"出，曰："夫子不为也。"	冉有问："孔子会为卫君做事吗？"子贡说："嗯，我去问问他。" 于是子贡进去问："伯夷、叔齐何许人也？"孔子说："是古代贤人。"问："他们后悔吗？"孔子说："追求仁而得仁，又有什么好后悔的？"子贡出来，对冉有说："孔子不会替卫君做事。"

笔者的理解：

（5.22）孔子带弟子们到处逃亡，正当走投无路，刚上台的季康子招冉有回鲁国协助。此时，卫国也发生重大变故：太子蒯聩得罪南子逃到晋国。卫灵公去世后，南子立蒯聩的儿子卫出公辄。蒯聩在晋国支持下回国想夺回君位，遭到儿子辄奋力抵抗。子路在卫君父子互相残杀之中，被砸成肉酱身亡。因此，子贡要冉有回鲁国后，设法把老师和同学们也弄回国。冉有与孔子关系不好，冉有就要子贡去摸一摸孔子的态度：到底想回鲁国，还是想留在卫国？故有此对话。

编号：7.16

古　文	今　文
子曰："饭疏食，饮水，曲肱（gōng）而枕之，乐亦在其中矣。不义而富且贵，于我如浮云。"	孔子说："吃粗粮，喝白水，弯曲胳膊当枕头，乐在其中。对于我来说，不义富贵，视如浮云！"

笔者的理解：

这是孔子名言，说得何等好，何等有骨气，感动了多少人！但做得怎样？请看（7.12）（7.19）（9.13），孔子是如何追求富贵的。再看乡党篇，孔子是如何享受富贵奢侈生活的。

编号：7.17

古　文	今　文
子曰："加我数年，五十以学《易》，可以无大过矣。"	孔子说："让我多活几年，五十岁学易经，便可以不犯大的过错。"

笔者的理解：

说《易传》是孔子作品，这是给孔子贴金。首先，（7.1）孔子自己说："述而不作。"没有作品。其次，孔子在这里说：我还没学《易》，哪来的《易传》？第三，易经主张变易，而孔子和儒家主张静止不变，哲学观点对立，故《易传》不可能是孔子或儒家作品。《易经》有丰富的辩证法，孔子认识到学《易》可无大过，这点是对的。

编号：7.18

古　文	今　文
子所雅言，《诗》《书》、执礼，皆雅言也。	孔子所讲的雅言，在诵《诗》、读《书》、主持礼仪时，都是用这种规范的雅言。

笔者的理解：

雅是正的意思，雅言是官方规定的语言。西周的政治中心在陕西，周王朝规定以陕西话为官话，就像现在规定北京话为全国通用的普通话。孔子平时讲鲁国方言，正式场合用雅言，表示"吾从周，我爱其礼"。

编号：7.19

古　文	今　文
叶公问孔子于子路，子路不对。子曰："女奚不曰，其为人也，发愤忘食，乐以忘忧，不知老之将至云尔。"	叶公问子路孔子为人怎样，子路不答。孔子说："你为什么不说，他的为人啊，发愤忘食，乐以忘忧，不知老之将至，就这么说。"

笔者的理解：

孔子一辈子当了五年官，从 50 岁开始，当过三年中都宰和司空。在担任二年司寇和代理三个月宰相期间，企图镇压改革周礼、推翻奴隶制的革命。首先杀害了主张革新的大夫少正卯，接着"堕三都"，实施克己复礼的复辟阴谋。

三桓是鲁国掌握实权，主张改革周礼的三个大夫。《左传》曰："季氏出其君，而人民服焉，诸侯与之。"季氏是新兴封建势力代表，赶跑鲁君，改革周礼，三分公室，实行田赋制，把奴隶变成佃农，提高生产积极性，得到人民拥护，各国诸侯的支持。

孔子和鲁定公以周礼规定为由："家无藏甲（大夫家中不许藏有甲兵），邑无百雉之城（一雉三丈，大夫封邑城堡不得超过三百丈）"。派子路带兵拆毁三垣封邑城堡，解除地方武装，企图消灭改革势力。在拆毁二座城堡后，遭到三桓武力抵抗。"堕三都"失败，孔子带弟子仓皇出逃，开始所谓周游列国的壮举。

什么周游列国，那是吹的，实际只有两国，宋蔡晋楚只是路过或短暂停留。孔子在卫国待了十年，陈国三年。经过匡地时，被人拘囚，孔子扯谎，才得以脱身。（9.5）事后孔子得意地说："匡人能把我怎样？"经过宋国时，宋国司马桓魋（xiāo）要杀他，孔子落荒而逃。《孟子·万章上》曰："孔子遭宋桓司马，将要而杀之，微服而过宋。"孔子化装后，才逃离宋国。据《史记·孔子世家》记载：孔子自己都说，这种走投无路的狼狈相，有如丧家之狗。（7.23）孔子又大言不惭地说："天生德于予，桓魋其如予何？"孔子想去晋国，走到河边，听说晋是改革派当权，有两个反对变革的人被杀，孔子吓得不敢去。陈是个小国，吴侵占陈，楚则派兵救陈。吴楚在此争霸，战祸不断，使得孔子待不下去，只好逃离。不料在陈蔡边界，被人围困七天七夜，差点儿饿死。好不容易逃到楚国大夫叶公的封邑叶城（今河南叶县）。（13.18）叶公对孔子说："我家乡的人都很正直，父亲偷羊，儿子告发。"孔子说："我家乡正直的人不同，父子互相隐瞒，正直就体现在其中。"叶公觉得孔子如此回答，人品有问题，就问子路孔子的为人，子路不好回答。这把孔子惹急了，埋怨子路为什么不美言几句，从而错过被叶公任用的机会。从这里，也可以看出孔子的为人。

编号：7.20

古　文	今　文
子曰："我非生而知之者，好古，敏以求之也。"	孔子说："我不是天生就有知识的人，只是爱好古代文化，努力求知而已。"

笔者的理解：

孔子一会儿说：(7.23) 天生德于予。(16.9) 生而知之者，上也。(17.3) 唯上智下愚不移。一会儿又说：我非生而知之者。说话前后矛盾，没个准头。说："我非生而知之者。"是为了表示谦虚，并非真心话。孔子的真心话是"好古"，克己复礼，敏而求之也。

编号：7.21

古　文	今　文
子不语：怪、力、乱、神。	孔子不谈论怪异、暴力、淫乱、鬼神之类的事情。

笔者的理解：

孔子的确很少谈论怪力乱神，但不等于不谈，不等于不信。孔子还是很迷信的。《史记·孔子世家》曰：孔子在陈国就大谈怪力乱神，从而取得陈君信任，让他在陈待了三年。孔子对祭鬼神也很敬畏虔诚，(3.12) 祭神如神在。(3.13) 获罪于天神，无所祷也。(8.21) 致孝乎鬼神。(7.35) 孔子生病，子路要替他求天神地祇，孔子说：我已经求了很久。可见，孔子很迷信，(6.22) 只是敬鬼神而远之。

编号：7.22

古　文	今　文
子曰："三人行，必有我师焉；择其善者而从之，其不善者而改之。"	孔子说："三人行，必有我师；选择其中好的而师从之，其中不好的可作为自己改进的借鉴。"

笔者的理解：

"三人行必有我师。"是孔子的一句名言，许多人以此称赞孔子谦虚好学的精神。(6.13) 子谓子夏曰："女为君子儒，无为小人儒！"刘禹锡曰："谈笑有鸿儒，往来无白丁。"可见，孔子所谓的三人行，只有君子鸿儒的"善人"，而无小人白丁的"不善"之人。而孔子所谓善与不善；有道与无道，是以周礼为标准的。(16.2) 天下有道，则礼乐征伐自天子出，就是善；天下无道，则礼乐征伐自诸侯、大夫出，陪臣执国命。改革周礼，推翻奴隶制则不善，是天下无道。

编号：7.23

古　文	今　文
子曰："天生德于予，桓魋其如予何？"	孔子说："天生德于我，桓魋能把我怎么样？"

笔者的理解

公元前 492 年，卫灵公去世，卫国发生父子争夺君位内乱。孔子待不下去，决定到陈国去，路过宋国。宋国司马桓魋因改革周礼，受到过孔子攻击，听到消息后，便带兵要抓孔子。孟子说：孔子是化了装才逃离宋国的。孔子自己也承认：其狼狈相有如丧家之狗。脱险后，孔子却大言不惭地说："天生德于我，桓魋能把我怎样。"也反映出孔子的天命思想。

编号：7.24

古　文	今　文
子曰："二三子以我为隐乎？吾无隐乎尔。吾无行而不与二三子者，是丘也。"	孔子说："诸位弟子以为我有什么隐瞒吗？我没有隐瞒啊。我要是做了什么不让诸位知道的事，我就是丘八！"

笔者的理解：

由于孔子为人虚伪，对弟子不一视同仁，产生了信任危机。孔子不得不指天发誓。在（6.28）也是天厌之，天厌之！不断地诅咒。

编号：7.25

古　文	今　文
子以四教：文、行、忠、信。	孔子主要从四个方面教育学生：周礼、德行、忠君、诚信。

笔者的理解：

（15.1）孔子对卫灵公说，他只会俎豆之事，不会军旅之事，因此不教军事。（13.4）

樊迟请学稼。（18.7）因为孔子"四体不勤，五谷不分。"孔子曰："小人哉樊须也！上好礼则民莫敢不敬，焉用稼？"故不教农事。（11.19）赐不受命，而货殖焉。子贡不听孔子劝阻，跑去经商。孔子看不起经商，故不教生意经。（9.6）子曰："吾少也贱，故多能鄙事。"孔子看不起贱人鄙事，因此也不教。（5.13）子贡曰："夫子之文章，可得而闻也；夫子之言性与天道，不可得而闻也。"就是说孔子不教人性与天道等哲学课程。

　　这不教，那不教，教什么呢？只教文行忠信四个字。（4.15）子曰："吾道一以贯之。"曾子曰："夫子之道，忠恕而已矣。"（19.13）学而优则仕。（15.32）学也，禄在其中矣。可见，主要教学就是忠孝礼乐，仁义道德。一句话：只教怎么当官，其余不教。只招男生，不招女生。不交学费不教，最少交十条干肉。教学成果是：孔子喜欢的好学生，如颜回、伯牛、孔鲤都短命而无所作为；不喜欢的学生，如宰我、冉有、子贡、樊迟却有所作为。孔子培养了三千弟子七十二圣贤，那么多人才，却不能使条件比齐国好的鲁国强大起来。

编号：7.26

古　文	今　文
子曰："圣人，吾不得而见之矣；得见君子者，斯可矣。" 子曰；"善人，吾不得而见之矣；得见有恒者，斯可矣。亡而为有，虚而为盈，约而为泰，难乎有恒矣。"	孔子说："圣人，我是见不到了，能见到君子，就可以了。" 孔子又说："善人，我是见不到了，能见到有恒心的人，就可以了。没有知识和本事却假装有；空虚却假装充实；贫困却假装富裕。这种人难有长久啊。"

笔者的理解：

　　此话似乎难以理解：孔子不是推崇拜圣人和善人吗？怎么说吾不得而见呢？原来，孔子认为：天下大乱，分崩离析，祸起萧墙，礼坏乐崩，道德沦丧，一年不如一年，一代不如一代，今不如昔。所以孔子说：我见不到圣人、好人，能见到君子和有恒心坚持周礼奴隶制的人就不错了。孔子的话从另一角度反映出周礼崩溃，奴隶解放，向封建社会过渡的现实情况。

　　孔子不理解老子哲学，把老子的无与有；虚与实；约与泰的辩证观点，理解成亡而为有，虚而为盈，约而为泰。老子并不是说：亡就是有；虚就是实；约就是泰。而是说：有无相对相生，在一定条件下会互相转化；天空看起来是虚的，实际充满了像气一样的物质；《老子》第67章说：懂得勤俭节约，去甚去奢，日子就可以过得安泰。

编号：7.27

古　文	今　文
子钓而不纲⁽¹⁾，弋⁽²⁾（yì）不射宿。	孔子只钓鱼不网鱼，只射飞鸟不射归巢宿睡的鸟。

查字典：

（1）纲：渔网上的总绳，撒网时，总绳一松，纲举目张。
（2）弋：带绳子的箭，射后可收回，重复使用。

笔者的理解：

儒者美化孔子，说孔子仁慈，很有善心。只用钓，一次钓一条鱼；而不用网，不忍心一网打尽。弋不射宿，更是富有人情味，孟子曰："君子远庖厨。"鲁迅《且介亭杂文·病后杂谈》说："君子非吃牛肉不可，然而他慈悲，不忍见牛临死的觳（hú）觫（sù）（害怕、可怜、无助的样子），于是走开。等到烧成牛排，然后慢慢地来咀嚼。"揭露孔子想吃鱼和鸟，又想得一个仁义道德美名的虚伪性。

编号：7.28

古　文	今　文
子曰："盖有不知而作之者，我无是也。多闻，择其善者而从之；多见而识之，知之次也。"	孔子说："总有一些不懂却又做作的人，我不是这样的人。多听，然后选择其中好的而师从；多看，多长见识，就能知道哪些是次的。"

笔者的理解：

不要不懂装懂，要多听多看，多长见识，才能知道哪些是善的，哪些是次的。孔子讲的这些道理，当然是对的。问题在于什么是善的，什么是次的？利益不同，立场不同，看法就不同。孔子认为：周礼奴隶制是好的，可谓至德，必须克己复礼；《老子》38章却认为：夫礼者，乱之首，攘臂而扔之！

编号：7.29

古　文	今　文
互乡难与言，童子见，门人惑。子曰："与其进也，不与其退也，唯何甚？人洁己以进，与其洁也，不保其往也。"	大家认为：很难与互乡这个地方的人交谈，孔子却会见互乡的儿童，弟子们都疑惑不解。孔子说："进总比退好，何必做得太过分？人家清洁自己，以求进步。就要肯定他现在的洁净，既往不咎，不纠缠他过往的事情。"

笔者的理解：

孔子说的不是没道理。但是，什么是进，什么是退？孔子认为：改革周礼，天下大乱，道德沦丧是退，克己复礼是进。但唯物史观认为：克己复礼，复辟奴隶制，开历史倒车，是退。改革周礼，推翻奴隶制是进。

编号：7.30

古　文	今　文
子曰："仁远乎哉？我欲仁，斯仁至矣。"	孔子说："仁离我们很远吗？我想仁，仁就来了"

笔者的理解：

仁就是仁慈、爱心。孔子说："仁离我们很远吗？不远，就在我们心里。我只要想仁，仁就来了。"孔子认为：仁爱是人心固有的东西，想它就有，不想它就没有。这种说法看似有道理，其实是典型的唯心论。毛泽东说：认识是固有的吗？是从天上掉下来的吗？都不是，人的认识来源于实践。世上没有无缘无故的爱，也没有无缘无故的恨。爱来自对一个人，对一个事物的认识。鲁迅说：林黛玉是不会爱上五大三粗的仆人焦大。

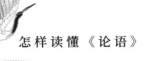

编号：7.31

古　文	今　文
陈司败问："昭公知礼乎？"孔子曰："知礼。"孔子退，揖巫马期而进之，曰："吾闻君子不党，君子亦党乎？君取于吴，为同姓，谓之吴孟子。君而知礼，孰不知礼？"巫马期以告，子曰："丘也幸，苟有过，人必知之。"	陈司败问："鲁昭公懂礼吗？"孔子说："懂礼。"孔子出，巫马期作揖而进。陈司败对巫说："我听说君子是不偏心的，难道君子也偏心吗？鲁君娶了一个同姓的吴国女子，称她为吴孟子。如果说鲁君懂礼，谁不懂礼？"巫马期把这话告诉孔子，孔子说："我真幸运，如果有错，人家必然知道。"

笔者的理解：

巫马期，孔子学生，姓巫马，名施，字子期。陈司败，陈国司寇。因陈国老受到称霸中原的吴国欺侮，对鲁亲吴有意见，明知故问。孔子说鲁昭公懂礼，表达了孔子的忠君思想。

吴国是周文王伯父泰伯的封地，鲁国是周文王儿子周公旦的封地，都姓姬。按周礼规定，同姓不能通婚。鲁昭公违背周礼，娶吴女为妻，为掩人耳目，称她为吴孟子，而不称吴姬。陈司败抓住这点，大发议论。表面说鲁昭公不懂礼，实际是斥责孔子不懂礼。孔子寄人篱下，只好认错。还拍马屁说：能得到陈司寇的指点，是我孔丘的幸运。

编号：7.32

古　文	今　文
子与人歌而善，必使反之，而后和之。	孔子和别人一起唱歌，如果别人唱得好，必定请人家再唱一遍，而后自己跟着学唱。

笔者的理解：

礼乐是周礼的重要组成部分，有严格的等级制度。（3.1）周礼规定：只有天子才能享受八佾，诸侯六佾，大夫四佾，士二佾，不许僭越。就像后来规定皇帝才能穿龙袍，如果有人不知羞耻，胆敢穿龙袍，那是杀头之罪。因此，孔子不但重视礼，也重视乐，唱起歌来比谁都认真。

编号：7.33

古　文	今　文
子曰："文，莫吾犹人也。躬行君子，则吾未之有得。"	孔子说："武的不行，文的方面，没有我不如人的。至于身体力行做一个君子，我尚未做到。"

笔者的理解：

（15．1）孔子对卫灵公说："俎豆之事，则尝闻之矣；军旅之事，未之学也。"所以孔子拍胸说："武的不行，文的方面，没有我不如人的。"有人赞叹："圣人谦虚。"可是，有人提出疑问：万世师表，道德楷模，正人君子，怎么谦虚到连个君子都没做到？

编号：7.34

古　文	今　文
子曰："若圣与仁，则吾岂敢？抑为之不厌，诲人不倦，则可谓云尔已矣。"公西华曰："正唯弟子不能学也。"	孔子说："若说我圣与仁，岂敢，岂敢！说我做事教人，从不厌倦，倒是可以这样说的。"公西赤说："这正是弟子学不到的啊。"

笔者的理解：

"如果说我圣与仁，我哪里敢当？"孔圣人又开始谦虚了。其实，孔子一点也不谦虚，经常大言不惭地说自己是天生的圣人。（7.23）："天生德于予，桓魋其如予何！。"（9.5）："文王既没，文不在兹乎？天之未丧斯文也，匡人其如予何！"（13.10）孔子吹嘘："苟有用我者，期月而已可也，三年有成。"（7.2）："学而不厌，诲人不倦，何有于我哉？。"谁有我这种精神？孔子很会说话，说话很有道理，甚至很感人。但孔圣人在诲人时，经常不是打（14.43原壤）就是骂（宰我、冉求、樊迟），（17.20）甚至还会戏弄人（孺悲）。

编号：7.35

古 文	今 文
子疾病，子路请祷。子曰："有诸？"子路对曰："有之。《诔》（lěi）曰：祷尔于上下神祇（qí）。"子曰："丘之祷久矣。"	孔子生病，子路请求祈祷。孔子问："有什么内容（祈祷什么）？"子路答："有的，《诔》书上说：为您向天神地祇祈祷。"孔子说："我已经祈祷很久了。"

笔者的理解：

对"丘之祷久矣。"这句话有两种不同的理解：一种认为：孔子相信鬼神；另一种认为：孔子不相信向鬼神祈祷能治好病。所以，当子路请祷时，子曰："丘之祷久矣。"言下之意：我已经祈祷很久，你不必再祈祷了，婉言谢绝子路的请求。

孔子信不信鬼神呢？（7.21）子不语怪力乱神。不语不等于不信，只是（6.22）："敬鬼神而远之。"孔子对祭鬼神还是很虔诚的。（2.24）子曰："非其鬼而祭之，谄也。"（3.12）："祭神如神在。"（8.21）主张："菲饮食而致孝乎鬼神。"（11.12）："未能事人，焉能事鬼。"说明孔子相信鬼神的存在。

孔子还相信天神地祇能主宰人的命运。（2.4）五十而知天命。（3.13）获罪于天，无所祷也。（6.28）天厌之！（7.23）天生德于予。（8.19）唯天为大。（9.5）天之未丧斯文也，匡人其如予何。（9.9）凤鸟不至，河不出土，吾已矣夫！（9.12）吾欺谁，欺天乎？（11.9）天丧予！（12.5）死生有命，富贵在天。（14.35）知我者其天乎！（14.36）道之将行也与，命也；道之将废也与，命也。（16.8）："君子有三畏：畏天命，畏大人，畏圣人之言。小人不知天命而不畏也。"（20.3）不知命，无以为君子也。所有这些，都反映出孔子唯心主义世界观。

编号：7.36

古 文	今 文
子曰："奢则不孙，俭则固。与其不孙也，宁固。"	孔子说："奢侈则不逊，节俭则牢靠。与其不逊，宁愿牢靠。"

笔者的理解：

这话说的很有道理，但说归说，做归做。从《乡党篇》可看出，孔子的生活还是很奢侈的，一点儿也不节俭。

编号：7.37

古　文	今　文
子曰："君子坦荡荡，小人长戚戚。"	孔子说："君子心胸宽广，小人经常悲悲戚戚。"

笔者的理解：

君子生活好，心宽体胖；小人物生活贫困，多灾多难，心情当然悲戚。孔子本意可能是说小人心胸狭窄，且不说对不对，起码"戚戚"的用词不当。

编号：7.38

古　文	今　文
子温而厉，威而不猛，恭而安。	孔子温和又严厉，威严而不凶猛，谦恭而安详。

笔者的理解：

孔子很会"变脸"，对不同的人有不同的面孔。《乡党篇》(10.2)：孔子和下大夫说话，侃侃而谈；和上大夫说话和颜悦色；国君面前唯唯诺诺。(10.4)"屏气似不息者。"大气都不敢出，一副奴才相。(20.2) 在老百姓面前，则"君子正其衣冠，尊其瞻视，俨然人望而畏之，斯不亦威而不猛乎？"(19.9) 子夏曰："君子三变（经常变脸）：望之俨然，即之也温，听其言也厉。"孔子道貌岸然，让人望而生畏。

第八章　泰伯篇

编号：8.1

古 文	今 文
子曰："泰伯，其可谓至德也已矣。三以天下让，民无得而称焉。"	孔子说："泰伯可以称得上道德最高尚的人了，三让天下，民众不知该如何称赞他。"

笔者的理解：

孔子把泰伯美化成"至德人士"，为克己复礼提供依据。据说周的祖先古公亶（dǎn）父有三个儿子：泰伯、仲雍、季历。季历的儿子叫姬昌（就是周文王）。古公亶父预见到孙子姬昌日后可成大业，为了给姬昌创造条件，便想把君位传给小儿子季历。这样做，本不符合周礼。但是，泰伯和仲雍是很有孝心的人，为了实现父亲的愿望，二人三让天下，出走勾吴蛮荒之地，断发文身，成为吴国始祖。稍微了解历史的人都知道：为了争权夺位，兄弟互相残杀，根本不存在禅让。真实情况应是，老三季历用武力把老大泰伯、老二仲雍赶到了蛮荒吴地。

编号：8.2

古 文	今 文
子曰："恭而无礼则劳，慎而无礼则葸[1]（xǐ），勇而无礼则乱，直而无礼则绞[2]。君子笃[3]于亲，则民兴于仁；故旧不遗，则民不偷[4]。"	孔子说："谦恭而无礼则徒劳无功，谨慎而无礼则懦弱，勇而无礼则乱，耿直而无礼则急躁。君子重亲情，则仁兴于民；不遗弃故旧，则民老实厚道。"

查字典：

（1）葸：畏葸不前，胆小怕事，懦弱。

（2）绞：心直口快则急躁刻薄。

（3）笃：忠诚厚道，坚定深重。

（4）偷：春秋战国时期的"偷"不作为偷窃讲。意思是刻薄，不厚道；苟且，得过且过。"不偷"指老实厚道。

笔者的理解：

孔子重点讲礼的重要性，无礼则乱。礼不是文明礼貌，而是周礼奴隶制，要人们克己复礼，不要遗弃故旧（周礼奴隶制）。

编号：8.3

古 文	今 文
曾子有疾，召门弟子曰："启予足！启予手！《诗》云：战战兢兢，如临深渊，如履薄冰。而今而后，吾知免夫，小子！"	曾子病危，召集弟子说："掀开被子，看看我的脚和手。《诗经》说：战战兢兢，如临深渊，如履薄冰。从此以后，我才懂得：我之所以手脚能保持完好无损，是因为我一生谨言慎行，尽忠尽孝，才免于手足被砍之灾，知道吗？小子们！"

笔者的理解：

这是曾子临终遗言之一：他嘱咐弟子要谨言慎行，忠于周礼奴隶制，才能免灾。

编号：8.4

古 文	今 文
曾子有疾，孟敬子问之。曾子言曰："鸟之将死，其鸣也哀；人之将死，其言也善。君子所贵乎道者三：动容貌，斯远暴慢矣；正颜色，斯近信矣；出辞气，斯远鄙倍矣。笾（biān）豆之事，则有司存。"	曾子病危，孟敬子探望他。曾子说："鸟之将死，其鸣也哀；人之将死，其言也善。君子所看重的道德有三点：礼仪容貌要远离粗暴怠慢；保持正统本色，则近于诚信；言辞语气要远离庸俗悖理。至于祭祀礼仪具体事务，则有司仪去办，用不着多操心。"

笔者的理解：

公元前562年，三桓在鲁国改革周礼井田制，第一次"三分公室"，瓜分鲁君公田，采用了不同剥削制度。季氏采用封建征税制，叔氏保留奴隶制，孟氏二者兼用。故季氏实力

最强，孟氏次之，叔氏最弱。孟敬子虽主张变革，但尚未彻底放弃周礼奴隶制。所以曾参临死前，还不忘记劝说孟敬子克己复礼。曾参说：我是个快死的人，我说的话完全为你好。你不要忙于具体事务，关键要保持周礼奴隶制不变。

编号：8.5

古　文	今　文
曾子曰："以能问于不能，以多问于寡；有若无，实若虚，犯而不校。昔者吾友尝从事于斯矣。"	曾子说："不要以为能，也要问一问能不能。不要以为多，也要问一问少了怎么办；有好像无，实好像虚，被人冒犯也不计较。从前，我一位朋友曾尝试这样做。"

笔者的理解：

曾子认为：看问题要全面，既要看正面，也要看到反面；既看到能，也要看到不能；既看到多，也要看到寡。有若无，实若虚，犯而不校，报怨以德。说明曾子具备辩证观点。

编号：8.6

古　文	今　文
曾子曰："可以托六尺之孤[1]，可以寄百里之命，临大节而不可夺也。君子人与？君子人也。"	曾子说："可以托孤，可以把国家命运寄托予，临大节而不可夺志的人。是君子吗？是君子啊！"

查资料：

（1）六尺之孤：因丧父而登基的年幼君主。古代尺短，一尺合现在六寸九分，六尺相当138厘米。"孤"指死去父亲的小孩。

笔者的理解：

武王伐纣，建立周朝，两年后去世。武王生前把年幼的周成王托孤给弟弟周公旦。周公"制礼作乐"，制定了一套完整的规章制度，并东征西战，平定内乱，使西周进入一个兴盛时期。周成王成年后，周公还政，回封地鲁国。曾参显然是在歌颂周公是个践行周礼的君子。

编号：8.7

古　文	今　文
曾子曰："士不可以不弘毅，任重而道远，仁以为己任，不亦重乎？死而后已，不亦远乎？"	曾子说："读书人不可以不弘扬坚定毅力。以仁为己任，任重道远，死而后已，不亦很远大吗？"

笔者的理解：

曾参的确是孔子忠实门徒，决心以仁为己任，死而后已。

编号：8.8

古　文	今　文
子曰："兴于诗，立于礼，成于乐。"	孔子说："励志于诗，立足于礼，成功于乐。"

笔者的理解：

孔子认为：诗歌可以励志；周礼是基础，是立足点；到了鼓乐庆典，歌舞升平，便大功告成。

编号：8.9

古　文	今　文
子曰："民可使由之，不可使知之。"	孔子说："可以使民众由着掌权者指的道路走，不可以使他们知道为什么要这么走。"

笔者的理解：

这是孔子的愚民政策："普天之下，莫非王土；率土之滨，莫非王臣。""礼乐征伐自天子出，庶人不议。""刑不上大夫，礼不下庶人。"孔子要使老百姓认为这是天经地义的，都要照此办理，不要问为什么，更不许犯上作乱。

而老子认为：有物混成，先天地生。天下是老百姓构成的，原本是老百姓的天下，不是天子一个人的天下，在帝王将相产生之先，就已经是这样。"民之饥，以其上食税之多。"老子以他的宇宙论，启发民众，夺回天下，争取解放。老子不愚民，却主张"愚官"。他认为当官的太聪明，以智治国，想出很多智谋盘剥百姓。应该"愚"一点儿，像愚公那样，为老百姓办实事。有人不谴责孔子搞愚民政策，反而冤枉老子。是可忍，孰不可忍！

编号：8.10

古　文	今　文
子曰："好勇疾贫，乱也。人而不仁，疾之已甚，乱也。"	孔子说："天下大乱，是人而不仁，好勇疾贫，疾之已甚造成的。"

笔者的理解：

孔子认为：天下大乱，是人而不仁，好勇疾贫造成的。就是说，乱的根源是礼崩乐坏，道德沦丧。下面的老百姓缺乏仁义道德，不安贫乐道，不安分守己，犯上作乱。故治乱先治民，道之以德，齐之以礼。不以礼节之，亦不可行也。

老子38章认为：礼是乱的根源。"夫礼者，乱之首。"天下大乱，不是下面的老百姓犯上作乱，而是上面的人犯下作乱。75章：民之饥，以其上食税之多。53章：天下大乱，是那些"朝甚除，田甚芜，仓甚虚，服文采，带利剑，厌饮食，财货有余"的强盗们，烹小鲜，鱼肉百姓造成的。57章：故治乱必先治官，官治好了，民将自化、自正、自富、自朴。

编号：8.11

古　文	今　文
子曰："如有周公之才之美，使骄且吝，其余不足观也已。"	孔子说："一个人如果有周公那样的才能和美德，假使他骄傲而且吝啬，其余再好，也不值一看。"

笔者的理解：

孔子很崇拜周公。不过，一个人既然具有周公的才能和美德，他就不会骄傲和吝啬。

反之，一个人既骄傲又吝啬，能说他具备周公的才能和美德吗？可见，圣人圣言，看似有理，却经不起反问。

编号：8.12

古　文	今　文
子曰："三年学，不至于谷，不易得也。"	孔子说："在我这里学了三年，不至于去种谷子，难得啊！"

笔者的理解：

有的注家认为：谷是俸禄。于是注解为："孔子说：学三年，没有当官求俸禄的念头，很难得。"把孔子原意解反了：想当官，不是不想当官。（13.4）樊迟请学稼，子曰："小人哉，樊须也！上好礼，则民莫敢不敬，焉用稼？"（15.32）耕也，馁在其中矣；学也，禄在其中矣。（19.13）学而优则仕。所以孔子说："在我这里学了三年，学好了可以当官发财，不至于去种地，既辛苦又饿肚子。学习机会难得啊，你们要好好珍惜！"这才是孔子的一贯思想。

编号：8.13

古　文	今　文
子曰："笃信好学，守死善道。危邦不入，乱邦不居。天下有道则见，无道则隐。邦有道，贫且贱焉，耻也；邦无道，富且贵焉，耻也。"	孔子说："坚定信念，努力学习，死守善道。危险的地方不去，动乱的国家不住。天下有道，就出来从政；天下无道，就隐居。邦有道，你却无所作为而贫贱，是耻辱；邦无道，你却升官发财而富贵，也可耻啊。"

笔者的理解：

《老子》书中没有一句消极避世的话，相反，都是积极入世，大有作为的主张，没证据证明老子隐居，却说他是无所作为的隐士。孔子虽然没有隐居，却"周游列国"，无所作为，消极逃亡。在《论语》中多处宣扬消极隐居思想，却没人说他是隐士。

正因为是危邦、乱邦，才需要有人才去救危治乱。孔子却主张："危邦不入，乱邦不居。天下有道则见，无道则隐。"狡猾逃避，投机取巧，这哪是坚定信念？毫无政治诚信可言！

什么是善道？（4.15）"吾道一以贯之，忠恕而已矣。"什么是邦有道，天下有道；邦

无道，天下无道？（16.2）孔子曰："天下有道，则礼乐征伐自天子出；天下无道，则礼乐征伐自诸侯出。"邦有道，你却贫贱，说明你没有富贵，没有升官发财，是个无所作为的废物，这是孔子的逻辑。

编号：8.14

古　文	今　文
子曰："不在其位，不谋其政。"	孔子说："不在那个位置，就不要谋求那个位置的政事。"

笔者的理解：

　　这又是孔子一句名言。意思是不要越位，不是你的事，手不要伸得太长。孔子要求别人安分守己，自己并不本分。周游列国，跑官要官，却到处碰壁。回国后，仍不死心，虽然没当官，却想通过当官的弟子，企图谋政。为什么孔子如此执着？因为位置决定待遇。

　　周礼规定了每个人的位置：君是君，臣是臣，民是民，永远如此。位置不同，享受的待遇（礼遇）就不同。不能变，一变就乱套。季氏不讲仁义道德，没有羞耻心，行为出格。不知羞耻，竟敢八佾舞于庭，是可忍，孰不可忍！这是孔子等级思想的具体体现。

编号：8.15

古　文	今　文
子曰："师挚之始(1)，《关雎》之乱(2)，洋洋乎盈耳哉！"	孔子说："从乐师开始演奏到结束，《关雎》那美妙动听的旋律，充盈我的耳朵啊！"

查字典：

（1）之始：演奏开始。
（2）之乱：演奏结束，非指乱弹琴。

笔者的理解：

　　说明孔子对不平等礼乐制度的重视和欣赏。

编号：8.16

古　文	今　文
子曰："狂而不直，侗而不愿⁽¹⁾，悾悾⁽²⁾而不信，吾不知之矣。"	孔子说："狂妄而不正直，幼稚却不老实，表面诚恳，实际不讲信用，我真不知道这种人怎么会这样。"

查字典：

（1）侗而不愿：侗：幼稚无知。愿：此处指老实，非指心愿、愿望。
（2）悾悾：诚恳的样子。

笔者的理解：

如何为人处世，孔子说起来头头是道，实际却经常耍心眼使坏。不正直、不老实、不讲信用，说的正是他自己。(17.20)鲁哀公派孺悲向孔子学礼，孔子竟辞以疾。将命者出户，取瑟而歌，使之闻之。孔子推托有病，不想见也就算了，不料自称懂礼的孔子却弹琴唱歌，使之闻之，我没病，就是不见你！这不是明着要弄人吗？

编号：8.17

古　文	今　文
子曰："学如不及，犹恐失之。"	孔子说："学到的知识如果不及时复习，恐怕会忘记。"

笔者的理解：

这话是对的，不能说孔子的言论都是错的。

编号：8.18

古　文	今　文
子曰："巍巍乎，舜、禹之有天下也，而不与焉！"	孔子说："多么崇高啊，舜、禹之所以有天下，不是抢来的，而是礼让得来的。"

笔者的理解：

这是孔子为了克己复礼，而编造的"礼让"历史。

编号：8.19

古　文	今　文
子曰："大哉！尧之为君也。巍巍乎！唯天为大，唯尧则之。荡荡乎！民无能名焉。巍巍乎！其有成功也。焕乎！其有文章。"	孔子说："伟大啊！尧作为君主。崇高啊！只有天最大，只有尧像天。君恩浩荡啊！民众不知道怎样来称赞他。崇高啊！他有成功的业绩。光辉啊！他有经典文章。"

笔者的理解：

孔子极力推崇尧舜禹，目的是为"正名"和"克己复礼"寻找历史依据。老子虽然不提尧舜禹，但"民之饥，以其上食税之多。"的"其上"应包括尧舜禹。庄子则公开颠覆尧舜禹圣人形象。

编号：8.20

古　文	今　文
舜有臣五人而天下治。武王曰："予有乱臣十人。"孔子曰："才难，不其然乎？唐虞之际，于斯为盛。有妇人焉，九人而已。三分天下有其二，以服事殷。周之德，其可谓至德也已矣。"	舜有贤臣五人就能治理天下。武王说："我有治乱能臣十人。"孔子说："人才难得，难道不是这样吗？唐尧虞舜时期，就是依靠人才而兴盛的。武王的十个能臣中有妇女，九人而已。文王创立三分天下有其二的基业，仍向殷纣王俯首称臣，周文王的道德，可以说达到了最高境界！"

笔者的理解：

孔子对周文王和周公旦评价很高，但对周武王却评价不高。（3.25）说武王尽美不尽善。原因是武王伐纣，犯上作乱，不合君臣之义。此外，武王重用妇女，也不符合男尊女卑之道。孔子歧视妇女，把妇女不算人，办学不招女生，还把妇女当小人。

编号：8.21

古　文	今　文
子曰："禹，吾无间然矣。菲饮食而致孝乎鬼神，恶衣服而美乎黻（fú）冕，卑宫室而尽力乎沟洫（xù）。禹，吾无间然矣。"	孔子说："对禹，我无可批评。他饮食菲薄却致力于孝敬鬼神，平时穿着很差，祭祀时却衣冠华美，宫室简陋而尽力兴修水利。对禹，我无可批评。"

笔者的理解：

（6.25）觚的形状被稍作改变，孔子都要跳起来大叫：觚哉！觚哉！孔子是竭力推崇禅让制的，按说禹改禅让制为世袭制，理应受到孔子批评。然而，孔子却闭口不谈，何也？原来，（12.11）孔子主张君君臣臣，父父子子就是世袭制。这一矛盾，孔子无法自圆其说，只好"无间然"闭口不言。

第九章　子罕篇

编号：9.1

古　文	今　文
子罕言利与命与仁。	孔子很少谈到名利与命运、仁德的关系。

笔者的理解：

对此有三种注解：

一认为："与"是连词"和"。即孔子重义轻利，很少谈利和命、仁。这一解释出现矛盾：其实，孔子很重视利和命、仁，可是没少谈。据不完全统计：《论语》中，利字出现 9 次，命字出现 21 次，仁字出现 109 次。当然，重视程度不能光看出现的次数。孔子谈得最多，最重视的是礼，礼和利是密不可分的，故孔子重利，非轻利而罕言。如果说罕言，那也是掩人耳目，把自己打扮成重义轻利的圣人。

二认为："与"是赞同、赞许。即孔子很少谈到利（名利地位、功名利禄、私利、利益、财利等），但赞同天命，赞许仁德。

三是把"与"作为"从"解。《新编中国哲学史》注解："子罕言利，从命，从仁。"说孔子认为利从属于命和仁，是从属关系。

笔者认为：（7.16）孔子虽说："富贵于我如浮云。"其实他比谁都重视功名利禄和为官之道。（7.12）富而可求也，虽执鞭之士，吾亦为之。（9.13）沽之哉！沽之哉！我待贾者也。孔子追求富贵那种急切心情跃然纸上，在《论语》中没少谈利禄。如（2.18）子张学干禄。孔子说："为官只要多闻多见，慎言慎行，禄在其中矣。"（4.16）君子喻于义，小人喻于利。（6.4）作为君子的孔子，却为公西赤出差粮食补贴而斤斤计较，忘了公西赤也要孝敬老母之大义。（11.10）颜渊死，子哭之恸，门人欲厚葬之。孔子一毛不拔，也是斤斤计较，喻利而忘义。（15.32）耕也，馁在其中矣；学也，禄在其中矣。（15.38）事君，敬其事而后其食。（13.3）为政必先正名。（12.11）君君臣臣，父父子子。可见，孔子非常重视名利地位。

在《论语》中，孔子还谈及利与命、仁三者的关系。如（12.5）生死有命，富贵在天。（4.5）君子去仁，恶乎成名？（6.26）有人落井，当爱心与私利，仁与利之间发生矛盾时。孔子不是设法施救，而是选择逃离，见死不救，连孟子也认为孔子说法不妥。可见，利与命、仁，三者关系不好说，故"子罕言"。

编号：9.2

古　文	今　文
达巷党人曰："大哉孔子！博学而无所成名。"子闻之，谓门弟子曰："吾何执？执御乎？执射乎？吾执御矣。"	达巷乡里的人说："大人物孔子，虽然博学，却无一技之长可使他成名。"孔子听到后，对弟子说："我干什么好呢？赶车吗？当射手吗？我还是去赶车吧！"

笔者的理解：

　　达巷是什么地方，尚不清楚。不过这不重要，重要的是达巷党人说这话什么意思？是歌颂孔子伟大博学而又谦虚？还是说他名高实秕糠？看来是后者，因为孔子听后很不服气。当射手吗？孔子不懂军事。赶车吗？是孔子看不起的贱人鄙事。说要去赶车，不是心里话。

编号：9.3

古　文	今　文
子曰："麻冕，礼也；今也纯，俭，吾从众。拜下，礼也；今拜乎上，泰也。虽违众，吾从下。"	孔子说："过去用麻做礼帽，符合周礼；现在用丝巾一扎，节省一些，我赞成大家的做法。过去臣见君，先在堂下跪拜，上堂后再拜，是符合周礼的。现在，只上拜，下不拜，这是对君主怠慢的表现。虽然违背大家的意愿，我还是主张上下都拜。"

笔者的理解：

　　古文的纯为丝，按常理丝比麻贵，为什么孔子说用丝比麻做帽子还节省？笔者的理解是：用丝巾扎比戴麻帽子节省。当时实情如何，谁也没见过。但不管什么情况，孔子认为官帽的式样可以改，对君主跪拜的礼节不能改。表达了孔子不惜违背众人改革意愿的忠君思想。

编号：9.4

古　文	今　文
子绝四：毋意，毋必，毋固，毋我。	孔子绝对没有四种毛病：不任性随意，不片面武断，不固执己见，不自以为是。

笔者的理解：

孔子绝对没有这四种毛病吗？我看比谁都严重。春秋末期，人们都积极参与社会变革，推翻周礼奴隶制。孔子却固执己见，要克己复礼，开历史倒车。

编号：9.5

古 文	今 文
子畏于匡，曰："文王既没，文不在兹乎？天之将丧斯文也，后死者不得与于斯文也；天之未丧斯文也，匡人其如予何！"	孔子被围困于匡地时说："周文王死后，周礼文化遗产不都在我这里吗？如果上天要毁灭这种文化，我也不可能继承这种文化；上天不毁掉这种文化，匡人能把我怎样！"

笔者的理解：

公元前 496 年，孔子从卫国去陈国，经过匡地时，被误认为是经常侵犯匡地的季氏家臣阳货又来了，把孔子当阳货拘禁了五天，直到弄清真相，才放了他。为了给弟子们壮胆，孔子说自己是周礼的继承人，有上天保佑，匡人能把我怎样！

编号：9.6

古 文	今 文
太宰问于子贡曰："夫子圣者与？何其多能也？"子贡曰："固天纵之将圣，又多能也。"子闻之，曰："太宰知我乎？吾少也贱，故多能鄙事。君子多乎哉？不多也。"	太宰问子贡："孔夫子是圣人吗？为什么有那么多才能？"子贡说："是上天让他成为圣人又多能的。"孔子听到后，说："太宰了解我吗？我小时候也很贫贱，所以会很多鄙事。像我这样的君子多吗？不多也。"

笔者的理解：

太宰是什么官说法不一，有的说是掌管宫廷事务的官员；有的说相当于宰相；还有的说：是公元前 488 年，子贡作为鲁国使节，出使吴国时，与吴国太宰的对话。对我们来说，重要的不是要搞清楚太宰是什么官。而是要搞清，上天既然让孔子成了具备很多才能的圣人，这么有本事的圣人，为何不见孔子像管仲治齐，使鲁国强大起来？孔子却很自傲，看不起贱人鄙事，（3.22）还说："管仲之器小哉！"。

编号：9.7

古 文	今 文
牢曰：子云："吾不试，故艺。"	子牢说：孔子说过："我年轻时没当过官，所以会很多技艺。"

笔者的理解：

孔子看不起"贱人鄙事"的技艺，只看重当官。只有当官才有出路，才有作为、才有出息。孔子一辈子都在追求当官发财，荣华富贵。他也是这样为而不厌，诲人不倦地教育学生的。

编号：9.8

古 文	今 文
子曰："吾有知乎哉？无知也。有鄙夫问于我，空空如也，我叩其两端而竭焉。"	孔子说："我有知识吗？无知啊！有个鄙夫问我一些问题，我脑子空空如也，一无所知。后来，我采取折中的办法，很快就有了答案。"

笔者的理解：

孔子表面很谦虚，说自己无知。实际是在说别人无知，连乡下大老粗提的问题都回答不了，还是我有知识、有办法。办法就是"叩其两端而竭"，宣扬中庸之道、折中主义。

这个办法好像很有道理，其实毫无道理。折中退让，调和矛盾，矛盾还是存在，并未解决。这与不左不右，不偏不倚，公平公正，有区别。真要解决问题，化解矛盾，还是用老子的办法："冲气以为和"。

编号：9.9

古　文	今　文
子曰："凤鸟不至，河不出图，吾已矣夫！"	孔子说："凤凰不来，黄河也不显现八卦图，我这一辈子算是完了，没指望了！"

笔者的理解：

美丽的凤凰是古代传说中吉祥的神鸟，是百鸟之王。凤凰一出现，象征着圣王降世，天下太平。相传远古伏羲时期，黄河出现过背驮八卦图的龙马，象征着圣人受天命而王。但现在却是礼坏乐崩，天下大乱，（16.1）分崩离析，祸起萧墙。凤鸟不至，河不出图。（18.6）滔滔者天下皆是也，而谁以易之，谁能改变？周礼奴隶制崩溃，使得做梦都想克己复礼的孔子彻底绝望，完全没了当年的雄心壮志和豪言壮语。（9.17）子在川上曰："逝者如斯夫，不舍昼夜！"无可奈何花落去，恰似一江春水向东流。（5.7）道不行，乘桴浮于海。（7.5）甚矣吾衰也，久矣吾不复梦见周公，表示不再做复辟梦。"吾已矣夫！"表达了孔子彻底绝望的悲观情绪。

编号：9.10

古　文	今　文
子见齐衰⁽¹⁾者，冕衣裳者⁽²⁾与瞽（gǔ）者，见之，虽少，必作⁽³⁾；过之，必趋⁽⁴⁾。	孔子见到穿丧服的人，衣冠楚楚的官员和盲人，相遇时，虽然对方年少，孔子必定要站起来；经过时，必定快走几步。

查资料：

（1）齐衰：麻布丧服。
（2）冕衣裳者：指当官的人，冕是官帽，古人将上衣称为衣，下服称为裳。
（3）作：站起来，表示同情和敬意。
（4）趋：快步趋前，表示谦让。

笔者的理解：

孔子很讲礼貌，可是，对卫灵公、齐景公、季氏、孺悲、庶人、鄙人、小人、女子可不是这个态度。

编号：9.11

古　文	今　文
颜渊喟然叹曰："仰之弥高，钻之弥坚；瞻之在前，忽焉在后。夫子循循然善诱人，博我以文，约我以礼，欲罢不能。既竭吾才，如有所立卓尔，虽欲从之，末由也已。"	颜渊叹息说："夫子学问，抬头仰望，越望越觉得高不可攀；越钻研越觉得坚硬，难以钻进去；看着好像在前面，忽然又像在后面，难以捉摸。夫子循循善诱，授我以广博知识，以礼约束我的行为。使我欲罢不能，即使竭尽我的才力，有如一位卓越高人站在你面前，虽想跟随，却无法做到啊。"

笔者的理解：

许多人认为：颜渊在为孔子唱赞歌。可我总觉得：颜渊拍马屁拍在了马腿上。颜渊是学习最好，孔子最欣赏的弟子。如果颜渊也觉得孔子的理论，高不可攀，难以钻研，难以捉摸。孔子就像一堵高墙，阻挡在前进的路上，难以超越。颜渊如此，别人更不用说了。不说是要把孔子架空了，起码使人对孔子的理论失去了信心。

失去信心不只颜渊，子路、冉求、宰我也没信心。（18.7）子路曰：君臣之义，道之不行，我早就知道。（6.12）冉求曰：非不说子之道，力不足也。（5.10）宰予昼寝，不听孔子讲课。最终连孔子自己也失去信心。（6.17）子曰："谁能出不由户，何莫由斯道也？"（9.9）吾已矣夫！最终，连孔子自己也没信心了。

编号：9.12

古　文	今　文
子疾病，子路使门人为臣。病间，曰："久矣哉，由之行诈也！无臣而为有臣。吾谁欺？欺天乎！且予与其死于臣之手也，毋宁死于二三子之手乎！且予纵不得大葬，予死于道路乎？"	孔子病危，子路指使门徒担任家臣，以便料理后事。后来，孔子病好些，便说："很久了啊，仲由净干这种骗人的事！我明明没有家臣，却装有家臣，我骗谁，想欺骗上天吗？我与其死在家臣之手，不如死在弟子之手！即使我得不到大夫级别的葬礼，我会死在路上吗？"

笔者的理解：

周礼对不同等级的人，享受不同的葬礼，有着严格规定的。僭越等级，就是大逆不道。因此，孔子对子路弄虚作假很生气，差一点毁了他遵守周礼楷模的名声。

编号：9.13

古 文	今 文
子贡曰："有美玉于斯，韫（yùn）椟（dú）而藏诸？求善贾（gǔ）而沽诸？"子曰："沽之哉！沽之哉！我待贾者也。"	子贡问："有块美玉给您，是放在匣子里藏起来，还是找个识货的商人卖掉呢？"孔子说："卖掉！卖掉！我正待价而沽。"

笔者的理解：

孔子周游列国，到处碰壁。那种出卖自己的急切心情溢于言表。

编号：9.14

古 文	今 文
子欲居九夷。或曰："陋，如之何？"子曰："君子居之，何陋之有？"	孔子想到九夷居住。有人说："那个地方很落后，怎么能住？"孔子说："君子去住，还怕落后？"

笔者的理解：

九夷在什么地方，众说不一。但是，那个地方很贫穷落后，倒是一致的看法。孔子只是说想去居住，并未真去，借此表明自己是个不怕贫穷落后的君子。（7.33）："躬行君子，则吾未之有得。"（7.34）："若圣与仁，则吾岂敢？"孔子谦虚地说，当个君子，自己还不够格，更不敢说圣与仁。这里却标榜自己是个君子。

编号：9.15

古　文	今　文
子曰："吾自卫反鲁，然后乐正，《雅》《颂》各得其所。"	孔子说："我从卫国返回鲁国后，对乐曲进行了整理订正，使《雅》《颂》恢复了原貌。"

笔者的理解：

公元前 484 年，卫国发生内乱。此时，鲁国也发生一些变化，刚上台掌权的季康子召冉求协助，冉求在击退强齐入侵中立功。季康子很高兴，问冉求：你的本事从哪里学来的？冉求乘机说从孔子那里学的。在冉求协调下，孔子得以结束 14 年流浪生活，返鲁当顾问，级别是退休大夫待遇。使得孔子有时间整理订正礼乐诗书，为传承中华文化作出了贡献。

编号：9.16

古　文	今　文
子曰："出则事公卿，入则事父兄，丧事不敢不勉，不为酒困，何有于我哉？"	孔子说："在外事奉公卿，在家事奉父兄。丧事不敢不尽力去办，不为喝酒而误事。哪一件我没做到？"

笔者的理解：

的确，凡是符合周礼奴隶制的事，孔子都尽心尽力去办。

编号：9.17

古　文	今　文
子在川上曰："逝者如斯夫，不舍昼夜。"	孔子站在河川上叹息："时光如流水，日夜不停地流逝！"

笔者的理解：

毛泽东诗词《水调歌头·游泳》曾引用孔子此言。但两人诗的意境全然不同。起宏图，

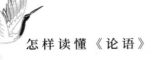
变通途，高峡出平湖，当惊世界殊。毛泽东同志激情颂今，振奋人心。而孔子怀古伤感，哀叹礼坏乐崩，周礼衰弱，奴隶制崩溃，往日花天酒地，富贵生活一去不复返。无可奈何花落去，恰似一江春水向东流。表达了对奴隶制的崩溃，既惋惜留恋，又无可奈何的悲伤情绪。

编号：9.18

古　文	今　文
子曰："吾未见好德如好色者也。"	孔子说："我还没见过爱好道德像爱好女色的人啊！"

笔者的理解：

对此，我也很不理解。伦理专家、道德楷模孔子向来认为：百善孝为先，万恶淫为首，爱好和追求女色是道德败坏。拿什么比喻都可以，为什么非要把道德和女色扯在一起，要人家像爱好追求女色那样爱好和追求道德？

《史记·孔子世家》曰："孔子居卫月余，灵公与夫人南子同车，宦者雍渠参乘出，使孔子为次乘，招摇市过之。"应该说，卫灵公待孔子不薄，不但收留孔子，而且给孔子在鲁国同样六万斗的待遇。但是，卫灵公对孔子留有戒心，只当顾问，并未授权。孔子为此，找南子走后门。但没达到目的，反而被子路数落一顿，只好指天发誓：天厌之，天厌之！这次乘车出门，卫灵公叫孔子像宠物一样在后面跟着，招摇过市，地位还不如一个太监。孔子大失所望，背后说起卫灵公坏话："没见过这种好色不好德的人！"

编号：9.19

古　文	今　文
子曰："譬如为山，未成一篑（kuì），止，吾止也。譬如平地，虽覆一篑，进，吾往也。"	孔子说："比如用土堆山，只要再加一筐土，便可大功告成。如果停止不加，那是自己半途而废的。又比如用土平地，虽然再倒进一筐，就可以前进，那是自己不往里倒的。"

笔者的理解：

篑：装土用的竹筐。孔子以堆山平地为例，主张坚持不懈。如果半途而废，功亏一篑，责任在自己，不在别人。此言应当点赞。

毛泽东同志说："胜利往往就在坚持一下之中。"两人都主张坚持，坚持什么？两人主张却不同。孔子主张坚持周礼奴隶制、君臣之义不变；毛泽东同志则主张坚持革命斗争，决心不变。

编号：9.20

古 文	今 文
子曰："语之而不惰者，其回也与！"	孔子说："听话而不偷懒的人，只有颜回！"

笔者的理解：

孔子要求学生要像颜回那样听话而不偷懒，应该说没错。孔子许多话听起来很有道理，仔细一想，却是歪理。（3.6）季氏旅于泰山。子谓冉有曰："女弗能救与？"对曰："不能。"这叫不听话。（12.1）子曰："克己复礼，非礼勿视，非礼勿听，非礼勿言，非礼勿动。"颜渊曰："回虽不敏，请事斯语矣。"这叫听话。

颜回真的不偷懒吗？（11.19）子曰："回也其庶乎，屡空。赐不受命，而货殖焉，亿则屡中。"颜回读书很勤奋，做生意却很懒，所以很穷；子贡不听话，做生意却很勤快，所以发财。（11.23）子畏于匡，颜渊后。孔子被匡人围困，急得跳脚，颜渊却不知在哪里偷懒，姗姗来迟。一见面孔子就说："我还以为你死了。"颜回油嘴滑舌地答："您还活着，我哪里敢死？"可见，听话与偷懒，不能一概而论。

编号：9.21

古 文	今 文
子谓颜渊，曰："惜乎！吾见其进也，未见其止也。"	孔子谈到颜渊时说："可惜死早了！我只见他不断进步，从未见他止步。"

笔者的理解：

颜渊是孔子得意门生，可惜死得太早，孔子十分痛惜。

编号：9.22

古　文	今　文
子曰："苗而不秀者有矣夫！秀而不实者有矣夫！"	孔子说："长苗不开花的情况是有的，开花不结果的情况也有啊！"

笔者的理解：

孔子借此痛惜颜回死得太早，未能发挥才能。同时，哀叹自己怀才不遇，只长苗不开花，只开花不结果。

编号：9.23

古　文	今　文
子曰："后生可畏，焉知来者之不如今也？四十、五十而无闻焉，斯亦不足畏也已。"	孔子说："后生可畏，怎么知道将来的人不如当今的人？一个人如果到了四五十岁还默默无闻，此后生也就不足畏了。"

笔者的理解：

许多人认为"后生可畏"是孔子励志名言。可是，"四十、五十而无闻，斯亦不足畏。"的说法，却很丧志。难怪（9.9）孔子哀叹："吾已矣夫！"而老子则认为：大器晚成，不必自暴自弃。

编号：9.24

古　文	今　文
子曰："法语之言，能无从乎？改之为贵。巽（xùn）与之言，能无说乎？绎之为贵。说而不绎，从而不改，吾末如之何也已矣。"	孔子说："符合周礼的话，能不听从吗？按周礼改正才是可贵的。听到称赞的好话，能不高兴吗？懂得分析是非才是可贵的。爱听而不分析，盲从而不改正，对此，我实在无可奈何。"

笔者的理解：

"周游列国"，处处碰壁，没人听他的"法语之言"，进行克己复礼。孔子对此表示无可奈何，毫无办法。

编号：9.25

古　文	今　文
子曰："主忠信，毋友不如己者，过则勿惮改。"	孔子说："做人主要是忠君守信，不要和不如自己的人交朋友，有过错则不怕放正。"

笔者的理解：

（9.25）与（1.8）内容重复。孔子说不和不如自己的人交朋友，什么人不如自己呢？孔子看得起"上智"，看不起"下愚"。下愚就是没有文化的老百姓。

编号：9.26

古　文	今　文
子曰："三军可夺帅也，匹夫不可夺志也。"	孔子说："可以剥夺三军统帅，但剥夺不了一个人的志向。"

笔者的理解：

这是孔子一句名言。不同年龄段，孔子说话口气有很大不同。"三军可夺帅，匹夫不可夺志。"这是孔子青壮年时的豪言壮语。到了"周游列国"时就说些沽之哉！沽之哉！以及无可奈何的话。到了晚年，没了雄心壮志，豪言壮语，只说些（7.5）"甚矣吾衰也，久矣吾不复梦见周公"（9.9）"吾已矣夫"的丧气话。

编号：9.27

古　文	今　文
子曰："衣敝缊（yùn）袍，与衣狐貉（hé）者立而不耻者，其由也与？'不忮（zhì）不求，何用不臧？'"子路终身诵之。子曰："是道也，何足以臧？"	孔子说："穿着破袄子，与穿着狐貉皮袍的人站在一起，而不觉得羞耻的人，恐怕只有仲由吧？《诗经》曰：不嫉妒，不贪求，有何不好？"子路听了，终身背诵这句诗。孔子说："只做到这一点，何足以自夸？"

笔者的理解：

孔子认为：穿着好坏，仅是表面，何足以臧（自夸）？（12.1）克己复礼，非礼勿视，非礼勿听，非礼勿言，非礼勿动，才足够好。

编号：9.28

古　文	今　文
子曰："岁寒，然后知松柏之后凋也。"	孔子说："到了天寒地冻，才知道松柏是最后凋零的。"

笔者的理解：

"岁寒知松柏，路遥知马力""烈火见真金，国乱识忠臣，士穷显仁义"等都是很励志的格言。孔子很会说此类豪言壮语，说得很好，很形象，很感人。不过，这都是励别人的志，自己却很丧志。

编号：9.29

古　文	今　文
子曰："知者不惑，仁者不忧，勇者不惧。"	孔子说："有知识的人不会被迷惑，有爱心的人不会忧郁，勇敢的人无所畏惧。"

笔者的理解：

智、仁、勇是孔子和老子都提倡的三种传统美德，但是立场不同，说法不同。

孔子主张：（17.3）唯上智与下愚不移。（8.9）民可使由之，不可使知之的愚民政策；主张（12.22）仁者，爱人。爱什么人？（2.20）孝慈则忠。要像爱父母一样爱"父母官"，爱天子，不犯上作乱；主张（1.7）事君，要像事父母，能竭其力，致其身，不辱君命，勇于杀身成仁。

老子主张：65章不以智治国，不要把聪明才智都用在如何剥削老百姓上面，而要爱民治国，愚官不愚民，以道启发民智；67章，我有三宝，仁慈是第一宝，不是忠君而是爱民，以百姓心为心；勇不是打打杀杀，作无谓的牺牲。而是民不畏死，奈何以死惧之。民不畏威，则大威至，才是真正的勇。

编号：9.30

古　文	今　文
子曰："可与共学，未可与适道；可与适道，未可与立；可与立，未可与权。"	孔子说："能与之共同学道，不一定能与之同归于道；能与之同归于道，不一定能与之立足于道；能与之立足于道，不一定要与之权力。"

笔者的理解：

朱熹《集注》曰："未能立而言权，犹人未能立而欲行，鲜不仆矣。"不能立而谈权，就像人不能站而想走，少有不扑倒的。意思说：要立足先王之道，才能与之权力，否则会垮台。

编号：9.31

古　文	今　文
"唐棣之华，偏其反尔。岂不尔思？室是远而。"子曰："未之思也，夫何远之有？"	古诗曰："棠棣之花，随风摇曳。怎么会不想你呢？实在是太远了。"孔子说："根本不想，说远只是由头。"

笔者的理解：

古诗说："这么好看的花，怎么会不想呢？只是太远了。"孔子说："根本不想，说远只

是由头。"这和（6.12）所说的意思差不多。冉求曰："非不说子之道，力不足也。"子曰："力不足者，中道而废，今女画。"孔子说：力不足只是由头，你是画地为牢，故步自封，根本不想走我这条道。

第十章　乡党篇

编号：10.1

古　文	今　文
孔子于乡党，恂恂如也，似不能言者；其在宗庙、朝廷，便便言，唯谨尔。	孔子在家乡，少言寡语，好像不善言谈；但在宗庙、朝廷，却能言善辩，只是比较谨慎一点而已。

笔者的理解：

　　孔子和老百姓无共同语言，无话可说，好像不善言谈。但在宗庙和官场，孔子好像换了个人，异常活跃。

编号：10.2

古　文	今　文
朝，与下大夫言，侃侃如也；与上大夫言，訚（yín）訚如也。君在，踧（cù）踖（jí）如也，与与如也。	在朝廷，孔子和下大夫说话，侃侃而谈；和上大夫说话，低声细语。君主在场，孔子则局促而啜嚅，手脚都不知道该往哪里放。

笔者的理解：

　　在周礼等级制度中，大夫也分等级。最高一级称卿，即上大夫，其余称下大夫。孔子当过司空、司寇，属下大夫。在官场中，对不同等级的人物，孔子有不同表现。对同级官员是夸夸其谈，对上级官员是低声下气；对君王是不知所措，可谓是见什么人说什么话。

编号：10.3

古　文	今　文
君召使摈，色勃如也，足躩（jué）如也。揖所立，左右手，衣前后，襜（chān）如也。趋进，翼如也。宾退，必复命曰："宾不顾矣。"	鲁君派孔子接待宾客，孔子立刻来精神（神色勃发），走路也加快了。立正作揖，左右拱手，衣袖前后，整齐摆动。快步趋前，就像长了翅膀。宾客告退，孔子必定向鲁君复命，说："宾客不再回头，走了。"

笔者的理解：

表明孔子非常熟悉官场礼仪，老百姓哪里懂。

编号：10.4

古　文	今　文
入公门，鞠躬如也，如不容。立不中门，行不履阈（yù）。过位，色勃如也，足躩如也，其言似不足者。摄齐升堂，鞠躬如也，屏气似不息者。出，降一等，逞颜色，怡怡如也；没阶，趋进，翼如也；复其位，椒蜡如也。	孔子进宫殿，低头哈腰，好像那里容不下他直腰进门。孔子从不站在门中间，走路不踩门槛。经过鲁君空着的座位时，神色立刻庄重起来，脚步亦加快了，说话好像气不足。鲁君驾到，孔子与众人提起官服下摆升堂，鞠躬跪拜，屏住气好像停止了呼吸。出来后，走下一级台阶，脸上才呈现出颜色，显出怡然自得的样子。下完台阶，快步趋前，就像长了翅膀。回到自己的位置，又局促不安起来。

笔者的理解：

我真想问孔子：这样活着，累不累？

编号：10.5

古　文	今　文
执圭，鞠躬如也，如不胜。上如揖，下如授。勃如战色，足蹜（sù）蹜如有循。享礼，有容色。私觌（dí），愉愉如也。	孔子举着玉圭，低头躬腰，好像举不动。向上举，好像在作揖，举下一点，又像要递给别人。神色勃发就像要去战斗，行走急促而有步骤。享受礼遇，显出有笑容的脸色。私下会见，轻松愉快。

笔者的理解：

齐晋是正在争霸的两个强国，鲁国是夹在中间的弱国。公元前 500 年，齐景公为了防止鲁倒向晋，邀鲁定公在夹谷会盟。孔子以相礼的身份参加了这次会见。这里，形象生动地描写了孔子参加外事活动的表现。

编号：10.6

古　文	今　文
君子不以绀（gàn）緅（zōu）饰，红紫不以为亵服。当暑，袗（zhěn）絺（chī）绤（xì），必表而出之。缁（zī）衣羔裘，素衣麑（ní）裘，黄衣狐裘。亵裘长，短右袂。必有寝衣，长一身有半。狐貉之厚以居。去丧，无所不佩。非帷裳，必杀之。羔裘玄冠不以吊。吉月，必朝服而朝。	君子不用青里带红或黑中透红的布作装饰，不用红色或紫色的布做居家便服。在夏天，穿细麻布或粗麻布做的单衣，出门时一定要穿上外套。羊羔皮袍要配黑色罩衣；小鹿皮袍要配素色罩衣；狐裘大衣要配黄色罩衣。居家穿的皮袍要做得长一些，右边袖子要短一些，便于做事。必须要有睡衣，大约一身半长，用狐貉的厚皮毛做垫子。脱去丧服，什么饰品都可以佩戴。不是礼服，一定要裁短一些。不要穿羊羔皮袍、戴黑帽子去吊丧。每月初一，一定要穿朝服去朝拜君王。

笔者的理解：

什么季节，什么场合，穿什么，孔子都非常讲究，仅名贵皮裘就好几种。不说老百姓，一般官员也穿戴不起。(20.2)："君子正其衣冠，尊其瞻观，俨然人望而畏之。"穿戴豪华，道貌岸然，可以吓唬老百姓。

编号：10.7

古　文	今　文
齐，必有明衣，布。齐必变食，居必迁坐。	斋戒，必有布的浴衣；必定改变饮食，吃素不吃荤；必定迁出卧室，不与妻妾同房。

笔者的理解：

说明孔子对祭祀斋戒的重视与虔诚。

编号：10.8

古　文	今　文
食不厌精，脍（kuài）不厌细。食饐（yì）而餲（ài），鱼馁而肉败，不食；色恶，不食；臭（xiù）恶，不食；失饪，不食；不时，不食；割不正，不食；不得其酱，不食。肉虽多，不使胜食气。惟酒无量，不及乱。沽酒市脯不食。不撤姜食，不多食。祭于公，不宿肉。祭肉不出三日，出三日不食之矣。食不语，寝不言。虽疏食菜羹，必祭，必齐如也。	孔子对饭菜的要求是越精细越好。粮食陈旧变味，鱼肉不新鲜，不吃；颜色难看，不吃；气味难闻，不吃；烹调不当，不吃；不合时令，不吃；肉割不正，不吃；不放酱料调味，不食。酒席上肉虽多，吃量不超过米面主食。唯有酒不限量，但不喝醉。从市面上买的酒和熟食，不食；姜可以吃一点，但不多吃。参加公祭所分的肉，不要放过夜。自家祭肉不超过三天，超过三天，不吃。吃饭、睡觉不要说话。虽是粗食菜汤，也必定要先祭祖先，要像斋戒那样虔诚。

笔者的理解：

　　有些东西不食，情有可原。可是孔子够刁的，这不吃那不吃。"不时，不食；割不正，不食；不得其酱，不食；沽酒市脯，不食。"并不是（7.16）子曰："饭疏食，饮水，曲肱而枕之，乐亦在其中矣。不义而富且贵，于我如浮云。"

编号：10.9

古　文	今　文
席不正，不坐。	席不端正，不就坐。

笔者的理解：

　　"割不正，不食。""席不正，不坐。"想借此说明孔子是个"正人君子"，走的是正道，不是歪门邪道。不论做什么事，都追求规规矩矩，方方正正，符合周礼奴隶制。

编号：10.10

古　文	今　文
乡人饮酒，杖者出，斯出矣。乡人傩（nuó），朝服而立于阼（zuò）阶。	和家乡人喝完酒，要等柱仗老人先走，自己再走。乡里举行驱鬼迎神仪式时，孔子总是穿着朝服，站在东面主席台上。

笔者的理解：

　　说孔子尊重老人。（14.43）孔子却对原壤老人是边打边骂："你这个老不死的。"

编号：10.11

古　文	今　文
问人于他邦，再拜而送之。康子馈药，拜而受之。曰："丘未达，不敢尝。"	孔子托人问候他邦朋友时，总是再三拜托而送行。可是，季康子送药，孔子虽然拜受，却说："我对药性还不了解，不敢尝。"

笔者的理解：

　　说明孔子讲礼的虚伪性：托人办事，再三拜托而送行，很客气，很礼貌；可是，季康子送药，孔子表面拜受，实际心怀鬼胎，生怕季康子把他毒死。这与（10.13）："君赐食，必正席先尝之。"态度完全不同。

编号：10.12

古　文	今　文
厩（jiù）焚，子退朝，曰："伤人乎？"不问马。	马厩失火焚毁，孔子从朝廷回来，问："伤人吗？"不问马。

笔者的理解：

　　此时，孔子已是朝廷命官，人马都是他的私产，当然重人不重马，有什么值得夸耀？

编号：10.13

古　文	今　文
君赐食，必正席先尝之；君赐腥，必熟而荐之；君赐生，必畜之。侍食于君，君祭，先饭。疾，君视之，东首，加朝服，拖绅。君命召，不俟驾行矣。	国君赐给的食品，孔子必定正席先尝；国君赐给鱼肉，必定煮熟了先供祖先；国君赐给活物，必定畜养起来。陪同国君吃饭，饭前国君要祭祀，必先替国君尝一尝。生病时，国君探视，孔子卧床头朝东，加盖朝服和大腰带。国君命令召见，不等备好车马就步行进宫。

笔者的理解：

这是孔子忠君思想在行动上的体现。

编号：10.14

古　文	今　文
入太庙，每事问。	孔子进周公庙，每件事都要问。

笔者的理解：

表明孔子是多么认真学习周礼奴隶制。

编号：10.15

古　文	今　文
朋友死，无所归，曰："于我殡。"朋友之馈，虽车马，非祭肉，不拜。	朋友死，没人管，孔子说："就由我来安葬吧。"朋友馈赠的礼品，即使是贵重的车马，不是祭肉，不拜谢。

笔者的理解：

朋友死了，孔子慷慨表示要负责安葬。可是亚圣颜渊死了，孔子表面悲痛万分，实际却一毛不拔。说一套，做一套。真正原因是（11.4）子曰："回也非助我者也。"

编号：10.16

古　文	今　文
寝不尸，居不客。见齐衰者，虽狎，必变。见冕者与瞽（gǔ）者，虽亵，必以貌。凶服者式之，式负版者。有盛馔（zhuàn），必变色而作。迅雷风烈，必变。	睡觉不要像挺尸，不要把家当客店。见到服丧的人，虽然亲近，也要把态度变严肃，以示哀悼。见到官员和盲人，虽然是熟人，也要礼貌相待。乘车遇到穿丧服的人，必扶着车轼以示同情，遇到背户籍、地图的人也这样表示敬意。有丰盛的筵席，必变神色起身致谢。遇到刮风打雷，也要改变脸色，以示对上天的敬畏。

笔者的理解：

儒原先是为有钱人办丧事的职业，孔子对这个行当比谁都熟悉。

编号：10.17

古　文	今　文
升车，必正立，执绥。车中不内顾，不疾言，不亲指。	上车时，必先立正，拉住绳索然后上车。上车后，不向车内窥视，不疾言呼叫，不指指点点，以免容态失礼，得罪于人。

笔者的理解：

孔子少也贱，干过不少连自己都看不起的贱人鄙事。为权贵赶车，孔子很有经验。他在此"传经送宝"，要求弟子为他赶车时，也要照此办理。

编号：10.18

古　文	今　文
色斯举矣，翔而后集。曰："山梁雌雉（zhì），时哉时哉！"子路共之，三嗅而作。	孔子看到一群野鸡飞了一阵，而后集体落下，神色有所触动，感慨地说："山梁雌雉，遇险而飞，识时务啊，识时务！"子路向野鸡拱了拱手，表示敬意。野鸡叫了三声，飞了。

笔者的理解：

孔子看到一群自由飞翔的野鸡，联想到自己"周游列国"东奔西走，到处碰壁，连野鸡都不如，没了恢复往日飞黄腾达的希望。感慨万分，哀叹生不逢时，归之以命。

《乡党篇》如实记载了孔子言谈举止，衣食住行。本想颂扬孔子是个一言一行都符合周礼的正人君子，不料却暴露了孔子生活奢侈，很会享受。孔子很懂周礼，一举一动都遵照周礼规矩，对不同级别的人物，在不同场合，按需要，随时变换不同脸谱和表情，见人说人话，见鬼说鬼活。这种本事，是长期演练出来的，非一日之功。儒家弟子对此津津乐道，佩服得五体投地。

第十一章　先进篇

编号：11.1

古　文	今　文
子曰："先进于礼乐，野人也；后进于礼乐，君子也。如用之，则吾从先进。"	孔子说："先学礼乐后做官，是在野的人；先做官后学礼乐，是官二代。如果让我选用人才，我选先学礼乐的人。"

笔者的理解：

　　孔子所谓"野人"，指尚未当官、没有爵位和俸禄的在野之人。孔子的学生都是先学礼乐，尚未当官的人。

　　周礼规定，实行官职世袭制，当官的父亲死了，其官职由儿子继承，故先当官，"后进于礼乐"。

　　孔子当然主张先学礼乐的人去当官，这也是孔子办学的目的。

编号：11.2

古　文	今　文
子曰："从我于陈、蔡者，皆不及门也。"	孔子说："当年跟从我在陈、蔡被围困，断粮七天的弟子，现在都不上门找我了。"

笔者的理解：

　　公元前489年，陈、蔡两国大夫为阻挠孔子前往楚国，暗中派人，把孔子等人围困在边境，断粮七天，差点饿死。后来，子贡突围到楚国告急，楚昭王派兵，才获解救。当时，跟随的学生有子路、子贡、颜回等。公元前484年，孔子回鲁国后，这些学生死的死，走的走，都不在孔子门下。连死党都不跟他了，孤家寡人，晚景凄凉。

编号：11.3

古　文	今　文
德行：颜渊、闵子骞、冉伯牛、仲弓。言语：宰我、子贡。政事：冉有、季路。文学：子游、子夏。	德行优秀的弟子有颜渊、闵子骞、冉伯牛、仲弓。擅长言语的有宰我、子贡。善于处理政事的有冉有、季路。通晓周礼典籍的有：子游、子夏。

笔者的理解：

　　孔子所谓"德行"指：能实行忠孝礼乐，仁义道德。"言语"指：口才较好，擅长辞令，办理外交。"政事"指：比较有政治头脑，善于管理，处理政务。"文学"指：熟悉周礼文献，法律典籍。而非文学艺术。

编号：11.4

古　文	今　文
子曰："回也非助我者也，于吾言无所不说。"	孔子说："颜回呀，不是对我有所帮助的人，但他对我说的话没有不喜欢的。"

笔者的理解：

　　孔子最自私，以对自己有没有帮助来画线。孔子尽管不喜欢子路、子贡、冉求等弟子，却又离不开他们。子路经常质问孔子，使孔子难堪，但他替孔子当保镖，鞍前马后地跑腿办事；子贡不听孔子的话，做生意发财，但在经济上赞助孔子；冉求也是不听话的学生，最终却能帮助孔子结束流亡生活，回到鲁国，享受退休大夫待遇。颜回虽然是孔子最喜欢的学生，在儒家的地位仅次于孔子，号称亚圣，却是个穷书生，英年早逝，对孔子没一点儿帮助。因此，颜回死时，孔子一毛不拔，拒绝资助。

编号：11.5

古　文	今　文
子曰："孝哉，闵子骞！人不间于其父母昆弟之言。"	孔子说："闵子骞是个孝子，人们不间断地夸他孝顺父母兄长。"

笔者的理解：

孔子关于孝子的标准很低，只要听说他孝顺，他就是个孝子，也不知道闵子骞有什么孝顺的先进事迹。(6.9)(11.14) 闵子骞只是坚决不在季氏手下当官，反对改革而已。

编号：11.6

古　文	今　文
南容三复白圭，孔子以其兄之子妻之。	南容反复吟诵《诗经》关于白圭的诗句，孔子便把哥哥的女儿嫁给他。

笔者的理解：

南容即孔子学生南宫适。《诗经·大雅·抑》曰："白圭之玷（diàn），尚可磨也；斯言可玷，不可为也。"意思说：白玉污点，尚可磨掉；说错话却无法抹去，因此说话一定要谨慎。(5.2) 曰：南容说话谨慎，邦有道时当官，邦无道时也能躲过灭顶之灾，是个投机取巧的不倒翁。孔子欣赏这样的人，就把侄女嫁给他。

编号：11.7

古　文	今　文
季康子问："弟子孰为学？"孔子对曰："有颜回者好学，不幸短命死矣，今也则亡。"	季康子问："你的弟子谁好学？"孔子答："有个叫颜回的好学，不幸短命死了，如今再也没有像他这样好学的人了。"

笔者的理解：

冉求协助季康子变革，并率军击退齐国入侵立下功劳。在冉求推荐下，季康子聘孔子当顾问，享受退休大夫待遇，结束了长达14年流亡生活。季康子想从孔子弟子再选拔几个，可是，在孔子眼中，除了颜回，再找不出合适人选。颜回读死书、死读书，不是德智体全面发展的人，还没毕业就病死了，足见孔子教育中存在一些问题。

编号：11.8

古　文	今　文
颜渊死，颜路请子之车为之椁（guǒ）。子曰："才不才，亦各言其子也。鲤也死，有棺而无椁。吾不徒行以为之椁。以吾从大夫之后，不可徒行也。"	颜渊死，其父颜路请孔子把车子卖了，给颜渊买个椁。孔子说："才不才呢，虽然我们各自为儿子说话。但我儿子孔鲤死了，也只有棺而无椁，我不能卖车步行为他买椁。自从我当大夫之后，是不可以徒步行走的。"

笔者的理解：

　　表面看，颜父提出卖车买椁不合理。但颜父因孔子一毛不拔，说气话，可以理解。不管怎么说，孔子如此喜爱的弟子，多少应该资助一点。当大夫，良田万亩，会没钱？可见，孔子之抠门。

编号：11.9

古　文	今　文
颜渊死。子曰："噫！天丧予！天丧予！"	颜渊死了，孔子说："咳！上天要丧我的命！上天要丧我的命！"

笔者的理解：

　　说孔子把颜渊当命根子，老天让颜渊死了，等于要孔子的命。

编号：11.10

古　文	今　文
颜渊死，子哭之恸。从者曰："子恸矣！"子曰："有恸乎？非夫人之为恸而谁为？"	颜渊死，孔子哭得很伤心。随从说："先生您太悲伤了！"孔子说："太悲伤了吗？我不为这个人悲伤，为谁悲伤？"

笔者的理解：

颜渊死了，孔子哭得那叫伤心，随从的人都很感动。

编号：11.11

古　文	今　文
颜渊死，门人欲厚葬之。子曰："不可！"门人厚葬之。子曰："回也视予犹父也！予不得视犹子也！非我也，夫二三子也！"	颜渊死，门人欲厚葬。孔子说："不可！"门人还是厚葬之。孔子说："颜回视我如父，我却不能视他如子！越礼的事不是我干的，是小子们干的！"

笔者的理解：

孔子确有如此非凡本事：颜渊死，孔子一方面，哭之恸，呼天喊地：天丧予！天丧予！让从者非常感动；另一方面，却一毛不拔，并阻挠厚葬颜渊。的确令人费解，儒家不是一贯主张厚葬久丧吗？

原来，棺椁厚葬只有奴隶主贵族才能享受，颜回只是个穷书生，没有资格享受。弟子们不听孔子指挥，仍然厚葬颜回。孔子认为：这是大逆不道，违反周礼的行为。于是，推卸责任，这不是我干的，是二三子干的。同时，也为自己一毛不拔开脱。

编号：11.12

古　文	今　文
季路问事鬼神。子曰："未能事人，焉能事鬼？"曰："敢问死。"曰："未知生，焉知死？"	子路问怎样侍奉鬼神。孔子说："未能事奉活人，怎能事奉死鬼？"子路又问："斗胆请问，死是怎么回事？"孔子说："不懂得生，怎能懂得死？"

笔者的理解：

古人认为：人死后，灵魂出窍，离开躯体，到处游荡，故人死后为鬼。（2.5）子曰："生，事之以礼；死，葬之以礼，祭之以礼。"主张君君臣臣不能变，活着是天子诸侯，死了还是天子诸侯；活着的时候享受什么特权，死后还是享受什么特权。所以，孔子回答说：

"事死如事生。知道怎么侍奉活人，就知道怎么侍奉死鬼。"

编号：11.13

古　文	今　文
闵子侍侧，訚訚（yín）如也；子路，行行如也；冉有、子贡，侃侃如也子乐。"若由也，不得其死然。"	闵子骞侍立在孔子身边时，总是很温顺的样子；子路则像行伍出身的样子；冉有、子贡总是侃侃而谈。孔子看着他们的样子乐了。却又叹道："如果像仲由这样，怕不得好死。"

笔者的理解：

孔子认为：子路好斗，有勇无谋，怕不得好死。不幸被孔子言中，在卫国孔悝之乱中，子路被乱石砸成肉酱，成为克己复礼的牺牲品。

编号：11.14

古　文	今　文
鲁人为长府，闵子骞曰："仍旧贯，如之何？何必改作？"子曰："夫人不言，言必有中。"	季氏要改建国库，闵子骞说："按旧惯例，何必改建？"孔子说："闵这个人不爱说话，一说话就切中要害。"

笔者的理解：

鲁人，指鲁国当权的季氏。长府，是贮藏财物、兵器的国库。鲁昭公曾以长府为据点，攻打过季氏。昭公败走，流亡齐国，季氏为此要改建长府。闵子骞是仅次于颜回的二号弟子。（6.9）闵子骞坚决不为季氏当官，说再逼我就逃到汶上跳河。（11.5）孔子说闵子骞是个大孝子。在这里，孔子又称赞他坚持旧惯例，反对季氏改革创新。

编号：11.15

古　文	今　文
子曰："由之瑟奚为于丘之门？"门人不敬子路。子曰："由也升堂矣，未入于室也。"	孔子说："子路，你既然如此嘚瑟，何必到我门下？"弟子们因此不敬子路。孔子又替子路说话："子路已经升堂，只是尚未入室。"

笔者的理解：

《史记》曰：子路原是街边身着奇装异服，打打杀杀的小混混。孔子看中他十足江湖义气，适合当保镖，跑腿办事。不料子路居然经常教训孔子，使孔子非常难堪，于是责怪子路乱弹琴。孔子虽然不喜欢子路，却又离不开他。因此，孔子对子路采取又打又拉的策略。当门人不敬子路时，又为子路辩解："子路已经是我的升堂弟子，只是尚未达到高深入室的境界。"

编号：11.16

古　文	今　文
子贡问："师与商也孰贤？"子曰："师也过，商也不及。"曰："然则师愈与？"子曰："过犹不及。"	子贡问："子张和子夏谁更贤能？"孔子说："子张往往把事情做过了头，子夏则往往做得不够。"子贡说："既然如此，子张能干些？"孔子说："过分和不够一样，都没达到要求。"

笔者的理解：

"过犹不及"是（6.29）中庸之道的另一种表述。

编号：11.17

古　文	今　文
季氏富比周公,而求也为之聚敛而附益之。子曰："非吾徒也。小子鸣鼓而攻之，可也。"	季氏比周公还富，而冉求还在为季氏聚敛更多财富。孔子说："冉求不再是我的门徒，弟子们，可以大张旗鼓去攻击他！"

笔者的理解：

公元前 562 年，鲁国和其他诸侯国一样，发生了社会变革。三家开始瓜分公室，用封建制代替了奴隶制，使三家很快比鲁国国君还富。

公元前 483 年，冉求协助季康子改变按丘征税为按户的田亩数征税，进一步巩固封建所有制。孔子认为：这种田赋制违反周礼奴隶制，于是，号召弟子，加大攻击冉求的力度。

编号：11.18

古　文	今　文
柴也愚，参也鲁，师也辟，由也喭。	子羔愚笨，曾参迟钝，子张偏激，子路粗鲁。

笔者的理解：

在孔子眼里，只有颜回是完美无缺的，其余弟子都有缺点。

编号：11.19

古　文	今　文
子曰："回也其庶乎，屡空。赐不受命，而货殖焉，亿则屡中。"	孔子说："颜回的学问够多了吧，却屡屡穷得两手空空。子贡不接受劝阻，而去经商，预测行情屡中。"

笔者的理解：

孔子一贯主张学而优则仕，瞧不起商人。因此，对做生意的人发财，做"学问"的人受穷，感到愤愤不平。并非鼓吹读书无用论，鼓励学生去经商。

编号：11.20

古　文	今　文
子张问善人之道。子曰："不践迹，亦不入于室。"	子张问什么是善人之道。孔子说："不沿着前人足迹走，也就当不了入室弟子。"

笔者的理解：

实际上，子张是在问孔子，怎样才能成为您的好学生。孔子向来主张复古，克己复礼。所谓"践迹"是沿着周礼奴隶制的先王之道走。孔子说："你不沿着古人足迹走，你就当不了我的入室弟子。"

编号：11.21

古　文	今　文
子曰："论笃是与，君子者乎？色庄者乎？"	孔子说："是否忠君，是真君子，还是伪君子的分界线。"

笔者的理解：

笃：是坚定、忠诚。孔子所谓的忠诚就是忠君，并非忠民。孔子在此提出了是否忠君，是真君子还是伪君子的唯一标准。这是孔子的政治立场。

编号：11.22

古　文	今　文
子路问："闻斯行诸？"子曰："有父兄在，如之何其闻行之？"冉有问："闻斯行诸？"子曰："闻斯行之。"公西华曰："由也问闻斯行诸，子曰：有父兄在；求也问闻斯行诸，子曰：闻斯行之。赤也惑，敢问。"子曰："求也退，故进之；由也兼人，故退之。"	子路问："听到了就行动吗？"孔子说："有父兄在，怎能听到了就行动？"冉求问："听到了就行动吗？"孔子说："对，听到就行动。"公西赤听了疑惑不解，就问："子路和冉求问同样一个问题，为何回答不同？"孔子说："冉求遇事退缩，故鼓励他前进；子路好管闲事，争不让人，故要他凡事退一步，多听父兄意见。"

笔者的理解：

孔子主张中庸之道，既不要退缩，也不要冒进，原则上似乎没错，实际则不然。冉求对克己复礼退缩，故孔子要求他前进。子路则是急先锋，故孔子要求他稳当一点儿。

编号：11.23

古　文	今　文
子畏于匡，颜渊后。子曰："吾以女为死矣。"曰："子在，回何敢死？"	孔子被围困于匡地，颜渊失联，最后才来。孔子说："我以为你死了。"颜回说："您在，我哪里敢死？"

笔者的理解：

都以为颜回是个书呆子，其实也是很滑头的。危难时刻，不知跑哪里去了，最后才姗姗来迟。孔子急得跳脚，等你来保驾，你却不见了。于是责怪颜回说："我以为你死了。"颜回也很会说话："您在，我哪里敢死？"搞得孔子无话可说。

编号：11.24

古　文	今　文
季子然问："仲由、冉求可谓大臣与？"子曰："吾以子为异之问，曾由与求之问。所谓大臣者，以道事君，不可则止。今由与求也，可谓具臣矣。"曰："然则从之者与？"子曰："弑父与君，亦不从也。"	季子然问："仲由和冉求可以说是大臣吗？"孔子说："我以为您问的是别人，原来问由与求啊。所谓大臣，是以周公之道事君的，如果不可，宁可辞职不干。如今由与求可以说已经具备担任大臣的才能。"季子然说："既然如此，他们会服从季氏吗？"孔子说："弑父与君的事，他们是不会跟着干的。"

笔者的理解：

孔子所谓：弑父与君，犯上作乱，指变革周礼奴隶制的事，说子路和冉求是不会跟着季氏干的。孔子只说对了一半，子路没有跟季氏干，但冉求不但跟着干，而且干得很出色。这使得孔子很恼火，（11.17）扬言要鸣鼓攻击冉求。

编号：11.25

古　文	今　文
子路使子羔为费宰。子曰："贼夫人之子！"子路曰："有民人焉，有社稷焉，何必读书，然后为学？"子曰："是故恶夫佞者。"	子路推荐子羔去当费县县令。孔子说："你这是害人子弟！"子路说："那里有老百姓，有行政机构，何必读书才叫作有学问？"孔子说："我最厌恶狡辩的佞人。"

笔者的理解：

　　费县是季氏的封邑，是季氏改革周礼奴隶制，推行封建制的据点。因此，孔子坚决反对子路推荐子羔任费县县令，认为这会害了子羔。

编号：11.26

古　文	今　文
子路、曾皙、冉有、公西华侍坐。子曰："以吾一日长乎尔，毋吾以也。居则曰：不吾知也！如或知尔，则何以哉？"子路率尔而对曰："千乘之国，摄乎大国之间，加之以师旅，因之以饥馑；由也为之，比及三年，可使有勇，且知方也。"夫子哂之。"求！尔何如？"对曰："方六七十，如五六十，求也为之，比及三年，可使足民。如其礼乐，以俟君子。""赤！尔何如？"对曰："非曰能之，愿学焉。宗庙之事，如会同，端章甫，愿为小相焉。""点！尔何如？"鼓瑟希，铿尔，舍瑟而作，对曰："异乎三子者之撰。"子曰："何伤乎？亦各言其志也。"曰："莫春者，春服既成，冠者五六人，童子六七人，浴乎沂，风乎舞雩，咏而归。"	子路、曾点、冉求、公西赤陪着孔子坐在一起闲聊。孔子说："我比你们年长，不要因此而拘束。你们平时常说：人家不了解我呀！如果有人了解你们，想任用你们，你们打算怎么做？"子路率先回答："鲁国夹在大国之间，加之战争，所以饥荒，内忧外患。若让我来治理，不到三年，可使民勇且知方略。"孔子听了微微一笑，便转问："冉求，你如何？"求曰："方圆六七十里，或者五六十里的小地方，让我去治理，不到三年，可使民众富足，至于礼乐，要等君子去教化。"孔子又问："赤，你怎样？"赤对曰："不敢说我能做什么，但我愿学夫子。比如宗庙祭祀，诸侯会盟，我愿穿礼服戴礼帽，做一个小小的司仪。"孔子最后问："点，你怎样？"曾点正在弹瑟，听到孔子问话，铿的一声，推开瑟而站了起来，说："我不同于三位的做法。"孔子说："各言其志，但说无妨。"曾点说："暮春时节，穿着春装，偕五六个为官同僚好友，带六七个书童，到沂水沐浴，到高台祭天求雨，迎风而立，吟咏而归。"

编号：11.26

古 文	今 文
夫子喟然叹曰："吾与点也！"三子者出，曾皙后。曾皙曰："夫三子者之言何如？"子曰："亦各言其志也已矣。"曰："夫子何哂由也？"曰："为国以礼，其言不让，是故哂之。""唯求则非邦也与？""安见方六七十如五六十而非者？""唯赤则非邦也与？""宗庙会同，非诸侯而何？赤也为之小，孰能为之大？"	孔子叹道："吾与点想到了一块。"三人出去后，曾点留了下来，问孔子："他们三位说得怎样？"孔子说："也就各言其志罢了。"点问："那夫子为何要笑话子路？"孔子说："为国以礼，礼让为国，子路说话却一点也不谦虚礼让，所以我笑他。"点说："只有冉求讲的是治理小地方不是治理邦国了？"孔子说："何以见得方圆六七十或者五六十就不是邦？"点又说："那只有赤讲的不是邦国了？"孔子说："宗庙会盟，不是诸侯邦国是什么？赤说他只当小司仪，那么谁能当大司仪？"

笔者的理解：

（2.3）孔子的治国方略是："道之以德，齐之以礼。"以礼治国。子路所谓"千乘之国，摄乎大国之间，加之以师旅，因之以饥馑。"指内忧外患的鲁国，他主张强军方略，不合孔子理念。冉求看到孔子笑话子路不谦虚礼让，所以谦虚地说：我只能治理小地方，至于礼乐，另请高明，不同意以礼治国。公西赤更谦虚，说他只想学老师，当个小小的司仪。这三人，都没说到孔子心坎上。只有曾点用几句话，形象描绘出孔子心目中礼乐之治的理想社会：不是犯上作乱，礼坏乐崩的动乱之世，而是游山玩水，临风而立，吟咏而归，人人忠君，事事依礼的至德之世。孔子的主张表面文明一些，但本质都是不文明的周礼奴隶制。鲁迅《坟·灯下漫笔》说："所谓中国的文明者，其实不过是安排给阔人享用的人肉的筵宴。所谓中国者，其实不过是安排这人肉的筵宴的厨房。"

第十二章　颜渊篇

编号：12.1

古　文	今　文
颜渊问仁。子曰："克己复礼为仁，一日克己复礼，天下归仁焉。为仁由己，而由人乎哉？"颜渊曰："请问其目。"子曰："非礼勿视，非礼勿听，非礼勿言，非礼勿动。"颜渊曰："回虽不敏，请事斯语矣。"	颜渊问：什么是仁。孔子说："克制自己，恢复周礼，就是仁。有一天，克己复礼了，天下就会归顺仁者。当不当仁者，全在于自己，难道在于别人吗？"颜渊说："克己复礼是纲，请问其目。"孔子说："非礼勿视，非礼勿听，非礼勿言，非礼不动。"颜渊说："回虽不聪敏，一定按您的话去做。"

笔者的理解：

　　孔子首先讲仁与礼的关系。仁就是爱人，爱父母，像爱父母一样爱君主，有爱君主的爱心，就会承认礼所规定的君臣等级特权。故（3.3）：人而不仁，如礼何？（8.10）人而不仁，乱也！克己复礼，是孔子提出的，治理天下大乱的政治纲领。集中体现孔子反对改革，复辟倒退的保守思想。克制一己私欲，恢复忠孝礼乐，仁义道德，表面看，很正确，实际有很大欺骗性。要老百姓克制自己的欲望，安贫乐道，安分守己，不犯上作乱，从而维护奴隶主统治秩序而不乱。礼是周礼奴隶制，核心是等级特权。凡不符合周礼奴隶制的事情，不看，不听，不说，不做。否则被斥为异端邪说，大逆不道，犯上作乱，越轨行为，立即招来杀身之祸，灭族之灾。这就是所谓有爱心的仁者。

编号：12.2

古　文	今　文
仲弓问仁。子曰："出门如见大宾，使民如承大祭。己所不欲，勿于人。在邦无怨，在家无怨。"仲弓曰："雍虽不敏，请事斯语矣。"	仲弓（雍也）问什么是仁。孔子说："出门办事如见贵宾，役使民众如承办大祭。自己不想干的事，不要强加于人。在诸侯国或大夫家做事，要任劳任怨。"仲弓说："雍虽不聪敏，一定按您的话去做。"

笔者的理解：

乍一看，似乎不好理解，孔子所说的“出门如见大宾”等三件事和仁有什么关系？当然有关系！仁就是有爱心，会爱人。爱什么人？要像爱父母一样爱“父母官”。对于民众，是“使民”不会是爱民。“己所不欲，勿施于人。”是孔子名言，自己不想干的事情，不要强加于人。表面很有爱心，实际是一句欺骗性的假话。使民就是奴役民众，这是民众不欲的事，勿施于人吗？不是。孔子强调：有仁心，则有爱心、孝心、忠心，就会敬业，就会“出门如见大宾，使民如承大祭，在邦无怨，在家无怨。”这就是要仲弓敬业无怨，强施于民！

编号：12.3

古 文	今 文
司马牛问仁。子曰：“仁者，其言也讱（rèn）。”曰：“其言也讱，斯谓之仁已乎？”子曰：“为之难，言之得无讱乎？”	子牛问什么是仁。孔子说：“仁人，说话都很慎重。”又问：“说话慎重，就叫作仁吗？”孔子说：“做起来难，说话能不慎重吗？”

笔者的理解：

孔子仁的概念，既广泛又单一。（12.22）樊迟问仁。子曰：“爱人。”好像很广泛。其实，孔子很单一，不爱奴隶，只爱奴隶主。（2.20）仁则孝，孝则忠。（4.15）子曰：吾道一以贯之，忠恕而已矣。

编号：12.4

古 文	今 文
司马牛问君子。子曰：“君子不忧不惧。”曰：“不忧不惧，斯谓之君子已乎？”子曰：“内省不疚，夫何忧何惧？”	司马牛问，怎样做才是君子。孔子说：“君子不忧不惧。”又问：“不忧不惧，就可称为君子吗？”孔子说：“自我反省，问心无愧，那还忧惧什么？”

笔者的理解：

司马牛是宋国大夫桓魋的弟弟。桓魋主张改革周礼奴隶制，司马牛反对变革而逃到鲁国，拜孔子为师，并宣布桓魋不是他哥哥。司马牛对失去贵族地位感到忧惧。孔子鼓励他：不忧不惧，才是君子。

编号：12.5

古　文	今　文
司马牛忧曰："人皆有兄弟，我独亡。" 子夏曰："商闻之矣：死生有命，富贵在天。君子敬而无失，与人恭而有礼。四海之内，皆兄弟也！君子何患乎无兄弟也？"	司马牛忧愁地说："别人都有兄弟，唯独我没有。" 子夏说："我听说：生死有命，富贵在天。君子只要敬天而无过，对人谦恭而符合周礼，则四海皆兄弟啊！君子何患无兄弟？"

笔者的理解：

　　司马牛觉得活在世上很孤独，子夏用生死有命，富贵在天的宗教观点安慰、麻醉他。司马牛有兄弟，因为政见不同，不承认有兄弟。

编号：12.6

古　文	今　文
子张问明。子曰："浸润之谮（zèn），肤受之愬（sù），不行焉，可谓明也已矣。浸润之谮，肤受之愬，不行焉，可谓远也已矣。"	子张问，怎样做才是明智的。孔子说："浸润刺骨之谗言，使人切肤之痛的诽谤。对你都不起作用，可以说是明智、有远见的！"

笔者的理解：

　　道理是对的，但具体而言，利益不同，立场不同，何谓谗言诽谤，看法则不同。

编号：12.7

古　文	今　文
子贡问政。子曰："足食，足兵，民信之矣。"子贡曰："必不得已而去，于斯三者何先？"曰："去兵。"子贡曰："必不得已而去，于斯二者何先？"曰："去食。自古皆有死，民无信不立。"	子贡问政。孔子说："粮足，兵足，民信。"子贡问："三项中不得已必去一项，先去哪一项？"孔子说："去兵。"子贡又问："余下二项不得已又必去一项，先去哪一项？"孔子说："去食。自古皆有死，民众不信任，政权就无法立足。"

笔者的理解：

孔子认为：足够的粮食，强大的兵力，民众对政府就有信心。这三项去掉任何一项，政权都无法存在。当然，最重要的还是民信这一项，只要民众信任政府，无粮就会有粮，无兵就会有兵。反之，民众不信任政府，有粮会变无粮，有兵会变无兵，政权就会垮台。这样认识无疑是对的，可惜孔子是为奴隶主政权，而不是为人民政权。

编号：12.8

古　文	今　文
棘（jí）子成曰："君子质而已矣，何以文为？"子贡曰："惜乎，夫子之说君子也！驷不及舌。文犹质也，质犹文也。虎豹之鞟（kuò）犹犬羊之鞟。"	棘子成说："君子品质好就可以了，何必要那些表面仪式？"子贡说："可惜呀，您这样议论君子！一言既出，驷马难追。表面和本质，内容与形式，一样重要。虎豹的皮如果去掉花纹与颜色，就和羊犬的皮一样，难以区别。"

笔者的理解：

棘子成是卫国大夫，古时大夫都被尊称为夫子。故孔子被称为孔夫子，是因为他当过大夫，而不是因为他是读书人、先生、老师。棘子成和子贡在这里讨论了内容与形式，表面与本质的问题。

编号：12.9

古　文	今　文
哀公问于有若曰："年饥，用不足，如之何？"有若对曰："盍（hé）彻乎？"曰："二，吾犹不足，如之何其彻也？"对曰："百姓足，君孰与不足？百姓不足，君孰与足？"	鲁哀公问有若："灾年饥荒，费用不足，怎么办？"有若说："为何不十税一呢？"哀公曰："十税二，我尚不足，怎能十税一？"有若说："百姓足，国君怎么会不足？百姓不足，国君又怎么会足？"

笔者的理解：

《老子》75 章曰："民之饥，以其上食税之多。"马克思说："只要还有一块肉，一根筋，一滴血可供榨取，吸血鬼就决不罢休。"因此，有若劝鲁哀公在灾年饥荒时，减轻税收，是不可能的。

编号：12.10

古　文	今　文
子张问崇德辨惑。子曰："主忠信，徙义崇德也。爱之欲其生，恶之欲其死。既欲其生，又欲其死，是惑也。诚不以富，亦祇以异。"	子张问崇尚道德与辨疑解惑。孔子说："以忠君诚信为主，守义崇德。爱之欲其生，恨之欲其死。既要他生，又要他死，这就是疑惑啊！《诗经》曰：你这样对待我，不是嫌贫爱富，也是喜新厌旧。"

笔者的理解：

　　徙：迁。徙边：迁徙并驻守边疆。故徙义可理解为守义。辨惑：辨别是非，答疑解惑。《诗经·小雅·我行其野》这首诗表达了一个被遗弃的女子对丈夫喜新厌旧，见异思迁，另寻新欢的愤怒，以及对丈夫爱之深，恨之切的复杂情感。孔子引用此诗显然想说：对君王要有生死般的感情，主忠信，守义崇德，不能见异思迁。

编号：12.11

古　文	今　文
齐景公问政于孔子。孔子对曰："君君，臣臣，父父，子子。"公曰："善哉！信如君不君，臣不臣，父不父，子不子，虽有粟，吾得而食诸？"	齐景公问政。孔子说："君要像君，臣要像臣，父要像父，子要像子。"齐景公说："说得好！假如君不像君，臣不像臣，父不像父，子不像子，虽有粮食，吾吃得着吗？"

笔者的理解：

　　公元前517年，鲁昭公起兵，攻打主张改革周礼的季氏，企图杀死季氏，夺回失去的君权。结果在三桓联合反攻下，彻底失败。鲁昭公逃亡齐国，到死也没能回鲁。《左传》曰："季氏出其君，而人民服焉，诸侯与之。"季氏赶走鲁君，人民拥护，诸侯支持。

　　孔子因为支持鲁昭公，反对季氏"八佾舞于庭"（改革周礼奴隶制），只好跟着鲁昭公

逃往齐国。此时的齐国，也正在经历由奴隶制向封建制变革的过程。齐景公也在为大夫田氏，新兴封建势力的壮大而伤脑筋。当齐景公听到孔子的君君臣臣，父父子子的言论后，当然拍手叫好。孔子的意思非常明确：君是君，臣是臣，就像父子关系，是不能改变的。（16.2）：礼乐征伐自天子出，庶人不议，是天下有道；如果礼乐征伐自诸侯、大夫出，陪臣执国命，叫天下无道，礼崩乐坏，分崩离析，天下大乱，祸起萧墙。因此，为政必先正名，克己复礼。

　　齐景公在拍手叫好的同时，也不仔细想想，孔子的君君臣臣在说谁呢？岂不是在说：齐桓公杀兄篡权，齐景公腐败无能，大权旁落，也是君没个君的样子，田氏、季氏没个臣子的样子。同意孔子的说法，岂不是自己打自己的嘴巴。再说齐国大权已落入田氏手中，即使孔子再圣贤，齐景公也无权重用孔子。故（18.3）齐景公待孔子曰："吾老矣，不能用也。"孔子行。事后，孔子说齐景公缺德无能。（16.12）齐景公有马千驷，死之日，民无德而称焉。

编号：12.12

古　文	今　文
子曰："片言可以折狱者，其由也与？子路无宿诺。"	孔子说："只根据片言只语即可断案，只有仲由吧！子路没有过夜而不兑现的承诺。"

笔者的理解：

　　片言：有二种解释，一是片言只语，一是单方片面供词。但不管哪一种，如此断案，都是昏官判案。到底是批评子路武断，还是称赞子路办事果断，兑现承诺，从不过夜？孔子对子路是又打又拉。

编号：12.13

古　文	今　文
子曰："听讼，吾犹人也，必也使无讼乎！"	孔子说："审案，我和别人一样，必定使其无争议。"

笔者的理解：

　　孔子当过掌管刑法的司寇，声称自己审判案子很公正，必定使其无话可说，没有争议。孔子上台三个月，便杀了主张变革的大夫少正卯，并下令暴尸三天，这是孔子反对变革的体现。

编号：12.14

古　文	今　文
子张问政。子曰："居之无倦，行之以忠。"	子张问如何执政。孔子说："居官位，勤政无倦。行动上，忠心耿耿。"

笔者的理解：

　　这是孔子教学生的当官之道。

编号：12.15

古　文	今　文
子曰："博学于文，约之以礼，亦可以弗畔矣夫！"	孔子说："博学周礼，以礼约束民众，即可制止叛乱。"

笔者的理解：

　　与（6.27）重复。礼是约束民众，防止叛乱，不是文明礼貌。

编号：12.16

古　文	今　文
子曰："君子成人之美，不成人之恶。小人反是。"	孔子说："君子成全别人好事，不助他人做坏事。小人相反。"

笔者的理解：

　　成人之美，不成人之恶，理论上是对的。但是，什么是好事，什么是坏事？"君子"认为克己复礼是好事；"小人"却认为复辟周礼奴隶制是坏事。

编号：12.17

古　文	今　文
季康子问政于孔子。孔子对曰："政者，正也。子帅以正，孰敢不正？"	季康子向孔子咨询如何执政。孔子说："政就是正，您带头正，谁敢不正？"

笔者的理解：

　　公元前484年，在冉求等弟子力荐下，鲁国当权者季康子同意孔子结束14年流亡生涯，回鲁国担任顾问，享受退休大夫待遇。对于季康子的咨询，孔子说："政就是正，您带头正，谁敢不正？"这是放诸四海而皆准的大话，关键在于什么是正？孔子认为"正"就是正名、正道。所谓正名，就是克己复礼，复辟周礼奴隶制；所谓正道，就是周公先王之道。孔子所说的这种"正"，是主张改革周礼奴隶制的，主张改革的季康子是不会接受的。

编号：12.18

古　文	今　文
季康子患盗，问于孔子。孔子对曰："苟子之不欲，虽赏之不窃。"	季康子忧患盗贼猖獗，问孔子怎么办。孔子说："假如您自己不贪，虽奖励盗窃，也没人去盗窃。"

笔者的理解：

　　季康子没想到孔子会将他一军：假如你不贪，谁也不敢贪。虽然季康子也不是什么大善人，但总比孔子所支持的残暴奴隶主强。

编号：12.19

古　文	今　文
季康子问政于孔子曰："如杀无道，以就有道，何如？"孔子对曰："子为政，焉用杀？子欲善而民善矣。君子之德风，小人之德草。草上之风，必偃。"	季康子问孔子："如果杀掉无道的人，以成就有道的人，怎么样？"孔子说："您执政，哪里用得着杀人？您向善，民众也会跟着向善。君子之德好比是风，小人之德好比是草。风往哪边吹，草就会跟着往哪边倒。"

笔者的理解：

什么是无道，什么是有道，什么是善，什么是德？季康子与孔子有不同看法。孔子极力争取季康子回到奴隶主的立场上来。

编号：12.20

古　文	今　文
子张问："士何如斯可谓之达矣？"子曰："何哉，尔所谓达者？"子张对曰："在邦必闻，在家必闻。"子曰："是闻也，非达也。夫达也者，质直而好义，察言而观色，虑以下人。在邦必达，在家必达。夫闻也者，色取仁而行违，居之不疑。在邦必闻，在家必闻。"	子张问："士人怎样才能发达？"孔子说："你所说的达指什么？"子张说："在朝廷做官必闻名于世，在大夫那里做家臣也必须闻名。"孔子说："那只是名声，不是发达。真正发达的人，正直而好义，善于察言观色，甘居人下。这种人在邦必发达，在家必发达。而那些名人，表面仁而行动违仁，居然不受质疑。在邦欺世盗名，在家也徒有虚名。"

笔者的理解：

士：指最低等级的官员；另指读书人。孔子教育学生：如果想在官场发达，升官发财。要正直好义，察言观色，甘居人下。不要色仁而行违，徒有虚名。

编号：12.21

古　文	今　文
樊迟从游于舞雩（yú）之下，曰："敢问崇德，修慝（tè），辨惑。"子曰："善哉问！先事后得，非崇德与？攻其恶，无攻人之恶，非修慝与？忘其身，以及其亲，非惑与？"	樊迟跟从孔子游览于祭天求雨的高台之下，说："请问怎样做才是道德高尚，修正过错，辨疑解惑？"孔子说："问得好！先做事，后获得，这不就是崇高的道德吗？自我揭短，不揭人隐私，这不就是修正自己的过错吗？忘其自身及其亲属，这不就是不疑惑了吗？"

笔者的理解：

孔子主张先事后得，就是崇高的道德。许多人理解为："先努力做事，然后才有收

获。""首先努力去做该做的事，不计较后来得到的收获。""做事争先，享受在后。"这样说本身没错。但孔子不是主张为老百姓办事，而是为君王办事。（15.38）子曰："事君，敬其事而后其食。"

编号：12.22

古　文	今　文
樊迟问仁。子曰："爱人。"问知。子曰："知人。"樊迟未达。子曰："举直错诸枉，能使枉者直。"樊迟退，见子夏曰："乡也吾见于夫子而问知，子曰：举直错诸枉，能使枉者直。何谓也？"子夏曰："富哉言乎！舜有天下，选于众，举皋陶，不仁者远矣。汤有天下，选于众，举伊尹，不仁者远矣。"	樊迟问，什么是仁。孔子说："爱人。"又问什么是智。孔子说："知人善任。"樊迟并未理解。孔子说："提拔正直的人，把他们置于不正直的人之上，能使不正直的人正直。"樊迟出来后，见到子夏，说："刚才我去见老师，问什么是智。老师说：举直错诸枉，能使枉者直。这话什么意思？"子夏说："这话含义丰富！舜拥有天下，在众人中选拔了皋陶，不仁的人就被疏远了。汤拥有天下，在众人中选拔了伊尹，不仁的人就被疏远了。"

笔者的理解：

　　孔子在这里讲了仁和智两个问题，但是，仁和智有什么关系？樊迟还是不理解。

　　首先，孔子所谓仁是爱人，泛爱众。这是一句假话，并非不分亲疏远近，爱所有的人。孔子从不爱奴隶，不爱主张改革周礼奴隶制的季氏，少正卯等人，孔子一旦掌权，首先要杀的就是这些人。毛泽东说："世上绝没有无缘无故的爱，也没有无缘无故的恨。至于所谓人类之爱，自从人类分化成为阶级以后，就没有过这种统一的爱。过去的一切统治者喜欢提倡这个东西，许多所谓圣人贤人也喜欢提倡这个东西，但是无论谁都没有真正实行过。"鲁迅说："林黛玉不会爱上五大三粗的焦大。"

　　爱什么人，就会提拔什么人，这就是爱人与知人；仁与智的关系。孔子和子夏所谓的爱人与知人是不包括奴隶和改革周礼奴隶制的人。

编号：12.23

古　文	今　文
子贡问友。子曰："忠告而善道之，不可则止，毋自辱焉。"	子贡问怎样对待朋友。孔子说："忠告而且善意指明一条道路。不听则止，不要自找侮辱。"

笔者的理解：

孔子说："不听就算了，不自找没趣。"这是真正的朋友吗？

编号：12.24

古　文	今　文
曾子曰："君子以文会友，以友辅仁。"	曾子说："君子以礼乐诗书结交朋友，以友情辅助仁政。"

笔者的理解：

"物以类聚，人以群分。结交皆鸿儒，往来无白丁。"孔子以文会友，不与没有文化的老百姓为友。

第十三章　子路篇

编号：13.1

古　文	今　文
子路问政。子曰："先之劳之。"请益。曰："无倦。"	子路问怎样掌权执政。孔子说："先用周礼教化百姓，然后才能使百姓老老实实地劳作。"子路请求多讲一点儿。孔子说："按我说的，不倦地去做。"

笔者的理解：

　　许多注家把"先之劳之"美化成："自己先带头劳动，然后带动老百姓劳动。"孔子说这话，是先教老百姓学礼，丝毫没有带头劳动的意思！（13.4）子曰："上好礼，则民莫敢不敬；上好义，则民莫敢不服。焉用稼？"孔子会带头劳动吗？

编号：13.2

古　文	今　文
仲弓为季氏宰，问政。子曰："先有司，赦小过，举贤才。"曰："焉知贤才而举之？"子曰："举尔所知；尔所不知，人其舍诸？"	冉雍当了季氏家臣，问如何为政。孔子说："先设管理机构，然后赦小过而举贤才。"冉雍又问："怎么知道谁是贤才而提拔他？"孔子说："选拔你所知道的；你不知道的，别人会给你推荐,难道贤才会被埋没吗？"

笔者的理解：

　　孔子所谓的"贤才"，不是季氏改革周礼奴隶制所需的人才。

编号：13.3

古　文	今　文
子路曰："卫君待子而为政，子将奚先？"子曰："必也正名乎！"子路曰："有是哉，子之迂也！奚其正？"子曰："野哉，由也！君子于其所不知，盖阙如也。名不正，则言不顺；言不顺，则事不成；事不成，则礼乐不兴；礼乐不兴，则刑罚不中；刑罚不中，则民无所措手足。故君子名之必可言也，言之必可行也。君子于其言，无所苟而已矣。"	子路问："如果卫君让先生执政，先生将先从何着手？"孔子说："必先正名！"子路说："真是的，您也太迂了，何必去正那个名呢？"孔子说："放肆！仲由啊，君子对自己不懂的事，总是放在心里不乱说。名不正，言不顺；言不顺，事情就办不成；事不成，礼乐制度兴盛不起来；礼乐不兴，则刑罚不当；刑罚不当，民众则手足无措。所以，君子的名分必须说得通，说得通还必须行得通。君子对自己说的话，从不马虎的。"

笔者的理解：

孔子的"正名"和"复礼"是意思相同说法不同。春秋晚期，周礼奴隶制崩溃，等级名分、社会地位，发生翻天覆地的变化。礼坏乐崩，天下大乱，分崩离析，祸起萧墙，臣弑君，子戮父，兄弟相残。天下无道，礼乐征伐自诸侯出，自大夫出，陪臣执国命。孔子也因为反对季氏变革，发动"堕三都"失败而逃亡卫国。不久，卫国也发生动乱。太子蒯聩因谋杀南子未遂，被卫灵公驱逐出国。卫灵公死后，南子立卫灵公孙子辄为国君。蒯聩在晋国支持下，带兵攻回卫国，企图夺回君位，遭到儿子辄奋力抵抗。子路在卫君父子互相残杀之中，被乱石砸成肉酱身亡。

子路曰："卫君待子而为政，子将奚先？"这是子路在身亡之前的问话。子曰："必也正名！"表明孔子认为：蒯聩和辄这对父子，父亲不像父亲，儿子不像儿子，国君不像国君。(7.15) 故夫子不会为卫君办事也。孔子说要我为政可以，要有正当名分。否则，名不正言不顺，不好办。从而提出"正名"一大套理论，其中也谈到了对名与实的一些看法。

名与实问题，是《老子》第一章首先提出的：

首先，道是实的，是永恒的；名是虚的，所有名称名分，名利地位都不是永恒的。"金玉满堂，莫之能守。""君无常位，禄无常奉，自古以然。"今天是王侯天子，明天可能是阶下囚，人头落地。谁能永保王侯天子的名分？故曰："非常名。"

其次，"道常无名，始制有名。"任何事物本来都没有名字，是人们为了区分不同事物，才从脑子里想出来，口里叫出来名称名分。就像一个人，本来没有名字，经父母取名才有的。因此，先有实后有名。

第三，不是说名不重要，相比之下，还是实重要。故 44 章曰："名与身孰亲？身与货

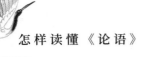

孰多？得与亡孰病？"

第四，有物混成。宇宙是由无数无名的小东西构成的；国家是由许多没有名分地位的小老百姓组成；社会是由许多无名小卒、无名之辈构成。但是，不要视而不见，听而不闻，瞧不起他们。他们具有攻无不克，战无不胜的力量。39 章："贵以贱为本，高以下为基。"36章："鱼不可脱于渊。"49 章："以百姓心为心。"10 章："爱民治国。"与民休养，不烹小鲜，鱼肉百姓。这是老子以民为本的思想。

孔子看法相反。第一，名是永恒的，不能变。君君臣臣，父父子子。天子永远是天子，庶人永远是庶人。君臣关系就像父子关系，永远不变！不可颠倒人伦，老子成儿子，儿子成老子，成何体统？

第二，先有名后有实。先有君王的名分，才有君王的实惠。"不在其位，不谋其政。"不是君王，就谋不到君王的权力，就捞不到君王的实惠。只有当上君王，才能享受到君王的待遇，才有权使用刑罚礼制去治民。

第三，名重要。否则，名不正，言不顺，出师无名，什么事也办不成，故为政要先正名。

第四，孔子主张正名目的：一是为奴隶主别尊卑，明贵贱，正名复礼，恢复并摆正父父子子，君君臣臣的名利地位。二是为自己。（15.20）子曰："君子疾没世而名不称焉。"（4.5）"君子去仁，恶乎成名？"孔子都考虑到了，就是没有为老百姓考虑。

编号：13.4

古 文	今 文
樊迟请学稼。子曰："吾不如老农。"请学为圃（pǔ）。曰："吾不如老圃。"樊迟出。子曰："小人哉，樊须也！上好礼，则民莫敢不敬；上好义，则民莫敢不服；上好信，则民莫敢不用情。夫如是，则四方之民襁负其子而至矣，焉用稼？"	樊迟请教种地。孔子说："我不如老农。"请教种菜。孔子说："吾不如菜农。"樊迟出去。孔子骂道："没出息的小人！上好礼，民敢不敬；上好义，民敢不服；上要求诚信老实，民敢不说实情？如果能做到，则四方百姓就会背着子女前来投靠，用得着种地？"

笔者的理解：

孔子认为：只要（2.3）"道之以德，齐之以礼。"即一手忠孝礼制，一手仁义道德，便可治国理政。老百姓就会老老实实为你劳动，用不着亲自去种地种菜，这是孔子教学生的为官之道。

编号：13.5

古 文	今 文
子曰："诵《诗》三百，授之以政，不达；使于四方，不能专对。虽多，亦奚以为？"	孔子说："会背诵《诗经》三百首，让他从政做官，却不会飞黄腾达；派他出使四方，却不能独立应对外交事务。诗背得虽多，又有什么用？"

笔者的理解：

礼、乐、诗、书、易、春秋六经中，《诗》是孔子的教学内容之一。背诗的目的是当官，而不是为了文学艺术。故孔子说：只会背诗，不会做官，背诗有什么用？

编号：13.6

古 文	今 文
子曰："其身正，不令而行；其身不正，虽令不从。"	孔子说："当权者自身端正，即使不下令，下面也会自觉执行；自身不端正，虽有命令，亦不服从。"

笔者的理解：

此话原则上是对的，问题是何为"身正"，何为"身不正"？按孔子说法：复辟周礼奴隶制为正；改革周礼奴隶制为不正。

编号：13.7

古 文	今 文
子曰："鲁卫之政，兄弟也。"	孔子说："鲁国卫国的政治状况都很乱，是一对难兄难弟。"

笔者的理解：

鲁国是周公旦封地，卫国是周公旦弟弟康叔的封地，是兄弟之国。如今鲁国大权落入三桓手中，鲁昭公被驱逐出国；卫国大权落入南子手中，太子也被驱逐出国，真是一对难

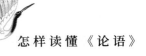

兄难弟，使得流亡的孔子找不到安身之地。

编号：13.8

古 文	今 文
子谓卫公子荆善居室。始有，曰："苟合矣。"少有，曰："苟完矣。"富有，曰："苟美矣。"	孔子说卫国公子荆很会过日子。开始有点财产，他说："够用了。"财产稍有增加，他就说："差不多了。"达到富有的程度，他心满意足地说："够完美了。"

笔者的理解：

公子荆是卫国的大夫，卫献公的儿子，字南楚。所谓"善居室"，是说公子荆不像其他公子哥儿，花天酒地，吃喝玩乐，坐吃山空。而是善于居家过日子，知足常乐，是个正统的奴隶主。

编号：13.9

古 文	今 文
子适卫，冉有仆。子曰："庶矣哉！"冉有曰："既庶矣，又何加焉？"曰："富之。"曰："既富矣，又何加焉？"曰："教之。"	孔子到卫国去，冉有为他赶车。孔子说："这里人真多啊！"冉有说："人多了，该怎么办？"孔子说："让他们富起来。"又问："要是富了，又该如何？"孔子说："让他们受教育。"

笔者的理解：

说的是没错，可是怎么富？怎么教育？克己复礼只能让少数奴隶主富，不可能让多数人富。孔子向来要老百姓安贫乐道，不要想富。

编号：13.10

古 文	今 文
子曰："苟有用我者，期月而已可也，三年有成。"	孔子说："如果有人用我，一年初见成效，三年大见成效。"

笔者的理解：

孔子周游列国，推销自己，却到处碰壁，无人任用。孔子非常灰心，说自己如丧家之犬。孔子在鲁国生活五六十年，培养三千弟子七十二圣贤，还当了代理宰相；在卫国十年；在陈国三年。作为圣人，没做出什么成效，使这些国家强大起来，还鼓吹什么三年有成。

编号：13.11

古　文	今　文
子曰："善人为邦百年，亦可以胜残去杀矣。诚哉是言也！"	孔子说："让好人治国百年，就可以战胜残暴，去除杀戮。这话实诚啊！"

笔者的理解：

这话没错，可谁是善人？（7.31）孔子说鲁昭公知礼，是善人。（3.22）管仲不知礼，不是善人。孔子以知周礼奴隶制为善人标准。

编号：13.12

古　文	今　文
子曰："如有王者，必世而后仁。"	孔子说："如果有哪位王者当政，都必须经过一生一世的努力才能实现仁政。"

笔者的理解：

许多注家把"世"注解成三十年为一世。这就令人费解，为什么非要三十年后才仁？如果解释为一生一世的努力，才能实现仁政。说明实行仁政是不容易的，这就好理解。

编号：13.13

古 文	今 文
子曰："苟正其身矣，于从政乎何有？不能正其身，如正人何？"	孔子说："如果自身端正了，从政还有什么困难？自己不正，如何正人？"

笔者的理解：

话倒没错，关键还是何为正，何为不正？（6.25）子曰："觚不觚，觚哉！觚哉！"酒具样子改变了一下，孔子认为旧样子是正，新样子不正。周礼奴隶制是正，改革是不正，大逆不道。

编号：13.14

古 文	今 文
冉子退朝。子曰："何晏也？"对曰："有政。"子曰："其事也，如有政，虽不吾以，吾其与闻之。"	冉有退朝。孔子问："为何回来这么晚？"冉有答："有政事。"孔子说："那是家事，不是政事。如果是政事，我虽不在位，我也会有所闻的。"

笔者的理解：

（8.14）（14.26）子曰："不在其位，不谋其政。"这是假话，孔子虽不在位，却总想干预政事。他不承认季氏和冉有商讨的是政事，而是大夫的家事。（16.2）天下无道，礼乐征伐自大夫出，陪臣执国命，违反周礼奴隶制，是犯上作乱，大逆不道的，必须镇压。

编号：13.15

古 文	今 文
定公问："一言而可以兴邦，有诸？"孔子对曰："言不可以若是其几也。人之言曰：为君难，为臣不易。如知为君之难也，不几乎一言而兴邦乎？"	鲁定公问："一句话就可以兴邦，有吗？"孔子答："不说绝对可以，但也差不离。有人说：为君难，为臣亦不易。如果知道为君之难，这不就几乎接近于一言兴邦了吗？"

编号：13.15 续　表

古　文	今　文
曰："一言而丧邦，有诸？"孔子对曰："言不可以若是其几也。人之言曰：予无乐乎为君，唯其言而莫予违也。如其善而莫之违也，不亦善乎？如不善而莫之违也，不几乎一言而丧邦乎？"	又问："一言丧邦，有吗？"孔子答："不说绝对可以，但也差不离。有人说：我当国君没有什么可高兴的，我所高兴的是，我说的话没人敢违抗。如果是善言好话而没人违抗，这不是很好吗？如果不善，是错话，也没人敢违抗，岂不几乎接近于一言丧邦了吗？"

笔者的理解：

孔子说这话不是没道理，孔子为维护周礼奴隶制，的确操心。

编号：13.16

古　文	今　文
叶公问政。子曰："近者悦，远者来。"	叶公问如何执政。孔子说："让近处的人高兴，让远处的人来投靠你。"

笔者的理解：

孔子表面堂而皇之谈政事，潜台词是：我大老远来投靠你叶公，希望得到重用，让我高兴。参阅（7.19）。

编号：13.17

古　文	今　文
子夏为莒（jǔ）父宰，问政。子曰："无欲速，无见小利。欲速则不达；见小利则大事不成。"	子夏当了莒县宰，问如何执政。孔子说："不要急于求成，不要贪图小利。欲速则不达；贪小利则误大事。"

笔者的理解：

不急于求成，不贪图小利，"欲速则不达"，很有道理。不过这是为奴隶主，而不是为老百姓的。《论语》中有许多名言，谁也不能说他错了，孔子厉害就在这里。他说的很有道理，不是没道理，但那都是维护周礼奴隶制的道理，为老百姓的话一句也没有。

编号：13.18

古　文	今　文
叶公语孔子曰："吾党有直躬者，其父攘羊，而子证之。"孔子曰："吾党之直者异于是：父为子隐，子为父隐，直在其中矣。"	叶公对孔子说："我家乡有个正直的人，其父偷羊，儿子作证告发。"孔子说："我家乡正直的人不一样：父为子隐瞒，子为父隐瞒，正直的品德就体现在其中。"

笔者的理解：

偷人家的羊，要赶快窝藏隐瞒，不要告发。父为子隐是慈；子为父隐是孝。大义灭亲是不孝行为，忠孝高于法律。只要忠孝，就可以无法无天。孔子忠孝至上的言论，竟然为人人痛恨的偷盗行为辩解。隐瞒不报，窝藏盗贼，是正直的品德，这是胡说八道的圣人圣言！

编号：13.19

古　文	今　文
樊迟问仁。子曰："居处恭，执事敬，与人忠。虽之夷狄，不可弃也。"	樊迟问什么是仁。孔子说："居家恭敬有礼，办事严肃认真，待人忠诚老实。即使到了少数民族地区，这种仁爱之心也不可放弃。"

笔者的理解：

孔子鼓吹忠孝仁义，恭敬有礼。不管到哪里，即使是少数民族地区，都不要放弃，孔子认为夷狄是落后不文明的地方。

编号：13.20

古 文	今 文
子贡问曰："何如斯可谓之士矣？"子曰："行己有耻，使于四方，不辱君命，可谓士矣。"曰："敢问其次。"曰："宗族称孝焉，乡党称弟焉。"曰："敢问其次。"曰："言必信，行必果，硁硁然小人哉！抑亦可以为次矣。"曰："今之从政者何如？"子曰："噫！斗筲（shāo）之人，何足算也！"	子贡问："如何才配称为士？"孔子说："以羞耻心约束自己的行为。出使各国，不辱君命，可配称为士。"问："敢问其次。"孔子说："宗亲族人称赞他孝顺，乡亲父老称赞他孝悌。"又问："敢问再次。"孔子说："言必信，行必果，是固执己见的小人！不过，亦可以作为最次一等的士。"再问："当今的执政者怎样？"孔子说："噫！ 浅薄小人，何足挂齿！"

笔者的理解：

孔子认为：要成为够格的"士"，首先要成为周礼奴隶制的卫道士。（2.3）"道之以德，齐之以礼，有耻且格。"其次，要忠君，不辱君命。第三，要孝。孔子一贯标榜（1.4）主忠信。（1.7）言而有信。（2.13）先行其言而后从之。（5.10）听其言而观其行。（14.27）君子耻其言而过其行。这里却说：言必信，行必果，是小人哉！孔子岂不是骂自己是小人？不可理喻的是，《孟子·离娄下》竟然也说："大人者，言不必信，行不必果，惟义所在。"一个人，如果言行不一，还有什么道义可言？孔子看不起"今之从政者"，却只能面对改革周礼奴隶制的历史潮流哀叹！

编号：13.21

古 文	今 文
子曰："不得中行而与之，心也狂狷（juàn）乎！狂者进取，狷者有所不为也。"	孔子说："不按中庸之道而行之，不是个狂者就是个狷者！狂者激进，狷者保守。"

笔者的理解：

孔子在此宣扬不偏不倚，不前不后，不左不右，既不激进又不保守，既不先进又不落后的中庸之道。看似公正、保险，实则偏见、危险。中庸之道主张折中主义，中间路线。

这和反对极左冒进、右倾保守的正确路线是两回事，最根本区别是：（9.8）子曰："我叩其两端而竭焉。"（2.16）攻乎异端，斯害也已。（20.1）允执其中。（11.16）过犹不及。（6.29）中庸之为德也，其至矣乎！孔子的中庸主张折中调和、回避矛盾，结果矛盾还在，问题并未解决。

编号：13.22

古　文	今　文
子曰："南人有言曰：人而无恒，不可以作巫医。善夫！""不恒其德，或承之羞。"子曰："不占而已矣。"	孔子说："南方人有句俗话：人要是没有恒心，不可以当巫医。这话说得好！"《易经》说："没有恒心坚守道德，就要承受羞辱。"孔子说："不必占卦而已。"

笔者的理解：

古代巫师往往懂一点医术，故兼任巫与医的人称为巫医。"不恒其德，或承之羞。"引自《易经·恒卦·九三爻辞》。意思是：人要是三心二意，没有操守，免不了遭受羞辱。孔子说：没那么严重，不必占卦而已。

编号：13.23

古　文	今　文
子曰："君子和而不同，小人同而不和。"	孔子说："君子和而不同，小人同而不和。"

笔者的理解：

"同、和、异"是老子首先提出的哲学概念。一般认为：同与异很好理解，同就是一样，没区别；异就是不一样，有差别。既然同就不能有异，既然异就不同。但老子发现：现实中，问题没那么绝对和简单，并不是非同即异，或非异即同；也不一定非此即彼，常常是难分彼此，难分同异。故第一章首先提出"同出而异"即大同之下有异的概念。正如惠施所说：万事万物，毕同毕异，同中有异，大同小异，求同存异。于是，老子提出了"玄同"也就是"和"的概念。第2章："音声相和"的和谐。第4章："和其光"的柔和。18章："六亲不和"的和睦。42章："道生万物，万物负阴而抱阳，冲气以为和。"的和解、化解、矛盾统一。

55 章："终日号而不嘎，和之至也。"和指生命力。"知和曰常，知常曰明。"和是永恒的现象。

79 章："和大怨，必有余怨。"和不是折中调和，和稀泥，而是和解、化解矛盾，解决问题。

56 章："塞其兑，闭其门，挫其锐，解其分，和其光，同其尘，是谓玄同。"闭塞歪门邪道，挫其尖锐矛盾，化解纷争，和其光环，不分亲疏，不论贵贱，不讲利害关系，和尘世百姓相同的，一律平等，这是天下最可贵的东西，那就是"和"，那就是不太好理解的"玄同"。玄同就是"有物混成，混而为一。"《庄子·胠箧》曰："削曾、史之行，钳杨、墨之口，攘弃仁义，而天下之德始玄同矣。"

齐国三朝宰相晏婴说："和"如烹鱼肉羹，要有油盐酱醋等调料才好吃。不同味道的食品可烹出美味佳肴，不同声音可以合唱出美妙歌曲。如果以水煮水，谁吃？弹琴唱歌都一个调，谁听？"和实生物，同则不继。"阴阳交合，不同事物互相结合，才能产生新事物。如果同上加同，就像周礼世袭制，近亲繁殖，会退化不继，后继无人。晏婴说得很形象，但有片面性。因为烹调不当，也会难吃。各唱各的调，成了噪音，也会难听。再好吃、好听，吃多了，听多了也会厌烦。你觉得好吃，我觉得不好吃，各人口味不同。可见，"和"与"玄同"不是简单绝对的概念。但是，再复杂，"和"的基本概念是墨子的尚同、庄子的齐物、惠子的合同异、老子的玄同、冲气以为和。引申到社会，就是均贫富，等贵贱，人人平等；要和平不要战争。"小国寡民"的意思是要中央集中统一，不要地方各自为政。"鸡犬之声相闻，老死不相往来。"建立一个只有鸡犬之声，没有厮杀之声，是老死而不是战死，世世代代不相刀枪往来的和谐社会。

《论语》中"和"的概念截然不同。（1.12）"礼之用，和为贵。""知和而和，不以礼节之，亦不可行也。"礼是不平等的周礼奴隶制，即别同异，明贵贱。贫富有差，贵贱有等。它的作用：一是"和"，二是"节"。（6.27）（12.15）"约之以礼，亦可以弗畔！"可见，"和"的意思是：（12.5）死生有命，富贵在天。要奴隶和奴隶主和谐相处，安分守己，安贫乐道，服服帖帖任由奴隶主奴役剥削，不要反抗不平等的周礼奴隶制。"和为贵"，这种和谐最宝贵。反抗就是"不和"，就是叛乱、犯上作乱，必须以礼来节制镇压。

所谓春秋战国"名家"之辩，实际是道家、墨家与儒家、法家之间的辩论。道、墨站在老百姓立场，"和"的概念主要是"同"，要求平等；儒、法站在奴隶主立场，"和"的概念主要是"异"，维护不平等。

再来看孔子所说的："君子和而不同，小人同而不和。"有些人很欣赏这句话，好像孔子爱好和平，主张和谐。

孔子确实主张和谐，但这种"和谐"是要奴隶主与奴隶和谐相处。如果发生反抗叛乱，犯上作乱，就是"不和"，则以礼节制镇压，从而达到"和谐"。上层社会的君子是特权受益者，当然要维护不平等特权，强调异，离同异，明贵贱，主张"和而不同"。孔子要老百姓克己复礼，安分守己，安贫乐道，和为贵，实际不可能和谐。社会不公、不平等，只会激化社会矛盾，奴隶与奴隶主不可能和谐相处。下层社会的小人物是不平等周礼受害者，

当然强调同，要求平等，均贫富，等贵贱，维护小人物自身利益，故"小人同而不和"。"不同"不平等就会反抗，就是"不和"，孔子的确没说错。

（16.2）："天下有道，则礼乐征伐自天子出。"只要是天子发动的战争，都是有道理的。（14.21）孔子沐浴而朝，郑重其事地告诉鲁哀公：齐国发生政变，陈桓弑其君，要求出兵干涉他国内政。能说孔子反对战争，爱好和平吗？

编号：13.24

古　文	今　文
子贡问曰："乡人皆好之，何如？"子曰："未可也。""乡人皆恶之，何如？"子曰："未可也。不如乡人之善者好之，其不善者恶之。"	子贡问："乡里人都说他好，这个人怎样？"孔子说："未必好。"又问："乡里人都厌恶他，这个人怎样？"孔子说："未必坏。最好是乡里的好人都喜欢他，坏人都厌恶他。"

笔者的理解：

表面上，这话没错。关键是，什么是好人，什么是坏人？根据孔子的善恶标准：克己复礼是好人；改革周礼奴隶制是坏人。

编号：13.25

古　文	今　文
子曰："君子易事而难说也。说之不以道，不说也。及其使人也，器之；小人难事而易说也。说之虽不以道，说也。及其使人也，求备焉。"	孔子说："找君子办事容易，要说服他难。不以正道说服他，是说服不了的。到他用人时，很有器量；小人难以办事，却容易说服。虽不以正道说服，还是可以说服的。到他用人时，却求全责备，器量很小！"

笔者的理解：

这是孔子"周游列国"，到处碰壁的切身体会。

编号：13.26

古　文	今　文
子曰："君子泰而不骄，小人骄而不泰。"	孔子说："君子大方而不骄横，小人骄横而不大方。"

笔者的理解：

　　孔子认为：君子是上层社会，有地位、有文化、有道德的贵族和做官的大人物，社会上所有优秀品质都集中在他们身上；小人是社会底层没文化、没教养、不讲道德、不讲文明、不讲道理、蛮横粗野的小人物，所有坏品质都集中在他们身上。（13.4）樊迟请学稼。子曰："小人哉，樊须也！"孔子认为：樊迟和种庄稼的人是小人。（17.25）女子与小人一样难养。

编号：13.27

古　文	今　文
子曰："刚、毅、木、讷近仁。"	孔子说："刚、毅、木、讷这四种品德接近于仁。"

笔者的理解：

　　不知刚毅、木讷和仁有何关系。孔子的"仁"，好像是个大箩筐，只要孔子认为是好东西，都往里装。

编号：13.28

古　文	今　文
子路问曰："何如斯可谓之士矣？"子曰："切切偲偲（sī），怡怡如也，可谓士矣。朋友切切偲偲，兄弟怡怡。"	子路问："如何才能称之为士？"孔子说："切磋琢磨，怡情养性，可称之为士。朋友之间互相切磋，兄弟之间愉快相处。"

笔者的理解：

孔子主张克己复礼是错的，但不是说什么都是错的。朋友之间互相切磋，兄弟之间愉快相处的说法能有什么错？

编号：13.29

古　文	今　文
子曰："善人教民七年，亦可以即戎矣。"	孔子说："善于作战的人训练民众七年，亦可以当兵打仗。"

编号：13.30

古　文	今　文
子曰："以不教民战，是谓弃之。"	孔子说："以没有经过军事训练的民众去作战，等于是抛弃他们，让他们去送死。"

笔者的理解：

不是说孔子主张和为贵，爱好和平，反对战争吗？其实，孔子只反对老百姓反抗，不反对诸侯不义之战。要求人们见危致命，杀身成仁。（14.21）还要求鲁哀公发兵干涉他国内政。（13.29）（13.30）说明孔子很重视军事训练，不打没准备的仗。可见，孔子不反战！

第十四章　宪问篇

编号：14.1

古　文	今　文
宪问耻。子曰："邦有道，谷；邦无道，谷，耻也。""克、伐、怨、欲不行焉，可以为仁矣？"子曰："可以为难矣，仁则吾不知也。"	原宪问什么是可耻。孔子说："邦有道，可以做官拿俸禄；邦无道，你还做官拿俸禄，这就是可耻。"又问："不刻薄、不自夸、不埋怨、不贪欲，可以算仁吗？"孔子说："可以说难能可贵，是否做到仁，那我就不知道了。"

笔者的理解：

　　原宪，字子思，孔子学生。孔子任司寇时，子思是孔子的总管家，是个狷者（保守）型人物。什么是有道无道？（16.2）孔子答：天子掌权，庶人无权参政，就是有道；如果由改革奴隶制的诸侯、大夫、陪臣掌权就是无道。在他们手下当官，就是可耻。（12.1）子曰："克己复礼为仁。"做到克己，未复礼，只做一半，还没完全做到仁。故孔子曰："只能说难能可贵，至于是否做到仁，我还不能断定。"

编号：14.2

古　文	今　文
子曰："士而怀居，不足以为士矣。"	孔子说："作为士，如果留恋安逸的居家生活，则不足为士！"

笔者的理解：

　　孔子认为：作为士，要有克己复礼的远大理想。孔子过着乡党篇所描写的豪华奢侈生活，却要求别人不要留恋安逸的居家生活。

编号：14.3

古 文	今 文
子曰："邦有道，危言危行；邦无道，危行言孙。"	孔子说："邦有道，直言正行；邦无道，行为要正直，说话要谦让，不要出言不逊。"

笔者的理解：

"危"除了危险之外，还有高和端正的意思。如：《庄子·盗跖》曰："去其危冠，解其长剑。"李白："危乎高哉！"成语："正襟危坐。"

孔子主张：形势好，对自己有利，则危言危行，即言行高调、高姿态；形势不好，则偃旗息鼓，言行低调。典型逃跑主义。

编号：14.4

古 文	今 文
子曰："有德者必有言，有言者不必有德。仁者必有勇，勇者不必有仁。"	孔子说："有道德的人必有好的言论，有好言论的人不一定有道德。仁者必定是勇者，勇者不一定是仁者。"

笔者的理解：

"有好言论的人不一定有道德。"不正是说孔子自己吗？常常说得很好，却说一套，做一套。孔子认为：有仁义道德的人是（1.7）事君能致其身，见危致命，杀身成仁，勇于为君王献身的人，而不是勇于为老百姓献身的人。（6.26）有人落井，孔子主张君子可逝不可陷。见死不救，讲什么仁义道德，既不是勇者，也不是仁者。

编号：14.5

古 文	今 文
南宫适问于孔子曰："羿善射，奡（ào）荡舟，俱不得其死然。禹、稷躬稼而有天下。"夫子不答。南宫适出，子曰："君子哉若人！尚德哉若人！"	南宫适问孔子："羿善于射箭，傲擅长水战，都不得好死。禹、稷亲自种庄稼，而有天下。"孔子不答。南宫适出去后，孔子说："君子就像此人！高尚道德者就像此人！"

笔者的理解：

（5.2）南宫适是掌实权三桓之一的孟僖子之子。据《史记》曰：孔子34岁那年，鲁昭公曾派孔子陪同南宫适到洛阳，向老子问礼。不管政局如何变化，南宫适是个不倒翁。孔子认为他很有政治前途，极力巴结，把侄女嫁给他。南宫适说："好战不得好死，躬稼而有天下。"这哪里是向孔子请教，分明是在炫耀自己学识，孔子不好回答，只好背后说："道德高尚的君子就像这种人？"

编号：14.6

古 文	今 文
子曰："君子而不仁者有矣夫，未有小人而仁者也。"	孔子说："君子有不仁的人，但小人却没有一个是仁者。"

笔者的理解：

《论语》中谈论最多的是忠孝礼乐，仁义道德。其次是君子和小人，多达六十多处。孔子把君子说成是道德高尚、完美无缺的圣贤。

（4.5）君子无终食之间违仁。在这里，孔子却承认君子有不仁者。这一承认，矛盾就来了，不仁者还是君子吗？

编号：14.7

古 文	今 文
子曰："爱之，能勿劳乎？忠焉，能勿诲乎？"	孔子说："爱他，能不为他效犬马之劳吗？忠于他，能不死谏吗？"

笔者的理解：

孔子所谓："爱之，忠焉。"不是忠于爱情，也不是忠于人民。《论语》没有一句爱老百姓，忠于人民的话。（4.15）吾道一以贯之，忠恕而已。讲的都是如何事君、忠君。（3.18）（3.19）事君以礼，事君以忠。（15.38）事君，敬其事而后其食。（1.7）事君，能致其身，见危致命，杀身成仁，不辱君命。（18.1）要像比干谏而死。

编号：14.8

古　文	今　文
子曰："为命，裨（pí）谌（chén）草创之，世叔讨论之，行人子羽修饰之，东里子产润色之。"	孔子说："郑国颁发的政令，总是由大夫裨谌起草，世叔讨论，子羽修饰，宰相子产润色后定稿。"

笔者的理解：

孔子非常赞赏，在礼坏乐崩，天下大乱的形势下，郑国坚持周礼奴隶制那套管理程序。

编号：14.9

古　文	今　文
或问子产。子曰："惠人也。"问子西。曰："彼哉！彼哉！"问管仲。曰："人也。夺伯氏骈（pián）邑三百，饭疏食，没齿无怨言。"	有人问子产这个人怎样。孔子说："是个很实惠的人。"问子西。孔子说："他呀！他呀！"问到管仲。孔子说："这个人很坏。剥夺了伯氏三百户封地，弄得伯氏没饭吃，饿死还毫无怨言。"

笔者的理解：

郑国宰相子产能给奴隶主，而不是给奴隶带来实惠，孔子说他是"惠人。"子西是楚国宰相，曾阻止楚昭王任用孔子，故孔子怀恨在心，说："他呀，他呀，算什么东西！"齐国宰相管仲是个改革家，改革周礼井田制，变"公田"为"私田"，变奴隶为佃农，极大调动生产积极性，使齐国迅速强大，从而称霸中原。却触犯了奴隶主贵族的利益，伯氏就是一例。孔子站在奴隶主立场，反对变革。（3.22）说管仲器小不懂礼，竟敢与齐君平起平坐。

编号：14.10

古　文	今　文
子曰："贫而无怨难，富而无骄易。"	孔子说："贫穷而没有怨恨很难，富贵而不骄矜很容易"

笔者的理解：

（8.10）孔子认为：天下大乱根源不是"以其上食税之多。"而是下面的人好勇疾贫，人而不仁，不安分守己，不安贫乐道，不贫而无怨，犯上作乱造成的，必须以礼节之。

编号：14.11

古　文	今　文
子曰："孟公绰为赵魏老则优，不可以为滕、薛大夫。"	孔子说："孟公绰能当赵魏老家奴就算不错了，连滕薛这样小诸侯国的大夫他都当不了。"

笔者的理解：

孟公绰是鲁国大夫，是掌实权的三桓之一，孟氏家族成员。和晋国掌实权的赵、魏大夫一样，主张改革周礼奴隶制。所以，孔子故意贬低并挖苦他：说他投靠大国，当个赵魏老家奴还可以，连小国的大夫都没能力当，怎能当鲁国大夫？

编号：14.12

古　文	今　文
子路问成人。子曰："若臧武仲之知，公绰之不欲，卞庄子之勇，冉求之艺，文之以礼乐，亦可以为成人矣。"曰："今之成人者何必然？见利思义，见危授命，久要不忘平生之言，亦可以为成人矣。"	子路问怎样才算完美的成功人士。孔子说："像臧武仲那样聪明，公绰那样不贪，卞庄子那样勇敢，冉求那样多才多艺，加上精通礼乐，可以算完人。"又说："现在完人，也不一定要这样。只要见利思义，见危授命，永久不忘平生之诺言，亦可以算完人。"

笔者的理解：

所谓成人，即做人，长大成人，成为德才兼备，完美无缺的人。孔子提出的标准过去是：知、勇、艺、不欲、加礼乐；现在是：见利思义、见危授命、不忘承诺。总之，三句不离礼乐忠君。

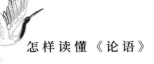

编号：14.13

古　文	今　文
子问公叔文子于公明贾曰："信乎，夫子不言，不笑，不取乎？"公明贾对曰："以告者过也。夫子时然后言，人不厌其言；乐然后笑，人不厌其笑；义然后取，人不厌其取。"子曰："其然？岂其然乎？"	孔子向公明贾问起公叔文子："听说这位老先生不言，不笑，不取财，可信吗？"公明贾说："那是传话的人说过分了。老先生该说还是说的，人们并不讨厌他的话；他快乐时还是笑的，人们并不讨厌他的笑；符合礼义然后取财，人们并不厌恶他的取。"孔子说："是这样吗？怎么传成那样呢？"

笔者的理解：

　　公叔文子是卫国大夫，古人尊称大夫为夫子，不是孔子才叫夫子。公明贾是公叔文子的使臣。孔子问公叔文子的目的，不是想说此人不苟言笑，而是称赞他义然后取。奴隶主对奴隶残酷剥削，都是符合不平等礼义，然后才获取俸禄的。

编号：14.14

古　文	今　文
子曰："臧武仲以防求为后于鲁，虽曰不要君，吾不信也。"	孔子说："臧武仲以防城这块封地，请求鲁君让他的后代世袭。虽说不要挟鲁君，我不信！"

笔者的理解：

　　臧家几代人都支持季氏改革周礼奴隶制，臧武仲因而被迫逃往邻国。不久，又从邻国回到防城封地，接着向鲁君提出这项世袭要求。并暗示，如不同意，将发动叛乱，故孔子说他要挟鲁君。

编号：14.15

古　文	今　文
子曰："晋文公谲（jué）而不正，齐桓公正而不谲。"	孔子说："晋文公狡诈，不正派。齐桓公正派，不狡诈。"

笔者的理解：

　　齐桓公和晋文公都是著名君主，他们厉行改革周礼奴隶制，使齐国和晋国迅速强大起来，相继成为春秋五霸之一。后来，晋虽然分裂成魏赵韩三国，但这三国仍为战国七雄之一，足见晋之强大。同样是厉行改革的国君，为什么孔子的评价如此不同。原因是齐桓公打着"尊王攘夷"旗号，表面上还尊重周天子。而晋文公称霸后，竟然召见周天子。这是孔子"是可忍，孰不可忍"的违反周礼，大逆不道的行为。

编号：14.16

古　文	今　文
子路曰："桓公杀公子纠，召忽死之，管仲不死。"曰："未仁乎？"子曰："桓公九合诸侯，不以兵车，管仲之力也。如其仁！如其仁！"	子路说："齐桓公杀了哥哥公子纠，公子纠的家臣召忽自杀殉主，管仲却不死。"子路又说："管仲未杀身成仁，仁吗？"孔子说："齐桓公不用武力，却能多次会盟诸侯，都是管仲出的力。谁有他这样的仁！谁有他这样的仁！"

笔者的理解：

　　小白和公子纠都是齐襄公的弟弟，齐襄公无道，二人被迫逃亡。弟小白由家臣鲍叔牙随从，逃到莒（jǔ）国。兄公子纠由家臣管仲、召忽随从，逃往鲁国。据说齐襄公被杀后，管仲为阻止小白回国，射了一箭，差点把小白射死。小白抢先回齐国为君，即为齐桓公。齐桓公掌权后，起兵伐鲁，逼鲁杀了公子纠，召忽自杀殉主。而管仲在鲍叔牙力荐下，齐桓公不但不记一箭之仇，反而任管仲为宰相。《史记》曰："公子纠死，管仲囚焉，鲍叔遂进管仲。管仲既用，任政于齐。知与之为取，政之宝也。以区区之齐在海滨，通货积财，富国强兵，与俗同好恶。俗之所欲，因而予之；俗之所否，因而去之。齐桓公以霸，九合诸侯，一匡天下，管仲之谋也。管仲，世所谓贤臣，然孔子小之。"（3.22）子曰："管仲之器小哉！不知礼。"（14.9）孔子说："管仲这个人很坏，夺走伯氏骈邑三百户，搞得伯氏吃不饱，还没怨言。"在这里，孔子却说管仲有功，是个仁人。

编号：14.17

古　文	今　文
子贡曰："管仲非仁者与？桓公杀公子纠，不能死，又相之。"子曰："管仲相桓公，霸诸侯，一匡天下，民到于今受其赐。微管仲，吾其被发左衽矣。岂若匹夫匹妇之为谅也，自经于沟渎而莫之知也？"	子贡说："管仲不是仁者吧？齐桓公杀公子纠，管仲不以身殉主，反而去辅佐齐桓公。"孔子说："管仲当了宰相，使齐桓公称霸诸侯，统管天下，民众至今还享受到他恩赐的好处。如果没有管仲，我们恐怕还是披头散发，衣襟向左开的落后蛮族。难道要管仲也像匹夫愚妇那样，无原则地信守小节，在山沟里自杀，死了还没人知道吗？"

笔者的理解：

孔子对管仲的评论是自相矛盾的。起初，孔子反对管仲改革周礼奴隶制。后来，孔子发现管仲的历史功绩无法否认，于是，把管仲说成是遵守周礼的忠君仁者。

编号：14.18

古　文	今　文
公叔文子之臣大夫僎与文子同升诸公。子闻之，曰："可以为文矣。"	公叔文子的家臣僎，由于公叔文子的推荐，僎和文子一同升任卫国大臣。孔子听后说："公叔文子死后，可以谥号为文了。"

笔者的理解：

孔子称赞公叔文子能大公无私地推荐维护周礼奴隶制的人才。

编号：14.19

古　文	今　文
子言卫灵公之无道也。康子曰："夫如是，奚而不丧？"孔子曰："仲叔圉（yǔ）治宾客，祝鉈（tuó）治宗庙，王孙贾治军旅。夫如是，奚其丧？"	孔子讲到卫灵公昏庸无道时，季康子说："既然如此昏庸无道，为什么他不丧失君位而败亡？"孔子说："他有仲叔圉管外交，祝鉈治理国家，王孙贾统率军队，由于用人得当，他怎么会丧失君位而败亡？"

笔者的理解：

　　孔子说话前后矛盾，既然卫灵公用人得当，就不是昏庸无道。孔子"周游列国"，流亡 14 年，有 10 年在卫，3 年在陈，在齐、蔡、楚等国共有一年左右。孔子落难时，是卫国收留了他。应该说卫灵公待孔子不薄，给孔子在鲁国当大夫时一样六万斗的俸禄，但没有给孔子实权。孔子大为不满，背后说卫灵公坏话。并以此提醒季康子要用人得当，重用忠君人才，不要重用改革人士。

编号：14.20

古　文	今　文
子曰："其言之不怍（zuò），则为之也难。"	孔子说："如果一个人说起话来大言不惭，这些大话是很难做到的。"

笔者的理解：

　　《论语》中，孔子多次大言不惭。如（5.28）子曰："十室之邑，不如丘之好学也。"（7.19）子曰："其为人也，发愤忘食，乐以忘忧，不知老之将至。"（7.23）子曰："天生德于予，桓魋其如予何？"可见，"言之不怍，为之也难。"这不正是孔子在说自己吗？

编号：14.21

古　文	今　文
陈成子弑简公。孔子沐浴而朝，告于哀公曰："陈恒弑其君，请讨之。"公曰："告夫三子。"孔子曰："以吾从大夫之后，不敢不告也。君曰告夫三子者。"之三子告："不可！"孔子曰："以吾从大夫之后，不敢不告也。"	田氏杀了齐简公。孔子郑重其事，沐浴而朝，向鲁哀公报告说："田氏杀其君，请出兵讨伐。"鲁哀公说："去向三桓报告。"孔子说："不管怎样，我也是个大夫，应向鲁君报告，鲁君却要我向三个大夫报告。"孔子只好向三桓报告，三桓说："不可！"孔子嘟囔着说："自从我当了大夫之后，不敢不报告啊！"

笔者的理解：

　　此时，孔子不说："和为贵。"也不主张和谐，爱好和平，反对战争，而是主张出兵干

涉他国内政。可见，孔子的"和为贵"是针对老百姓的，要老百姓安贫乐道，安分守己，不犯上作乱。"和为贵"本来是一句好话，却被孔子利用，作为精神枷锁，套在老百姓头上的紧箍咒，使"孙悟空"动弹不得。

齐国的田氏和鲁国的三桓，都是主张改革周礼奴隶制，掌握实权的新兴封建势力，鲁哀公已是毫无实权的傀儡。孔子站在奴隶主立场，误判形势，要鲁哀公和三桓武力镇压田氏，这怎么可能？

编号：14.22

古　文	今　文
子路问事君。子曰："勿欺也，而犯之。"	子路问怎样侍候君主。孔子说："切勿欺君，而敢犯颜直谏。"

笔者的理解：

不是犯上作乱，而是犯颜死谏。充分体现了孔子的忠君思想。

编号：14.23

古　文	今　文
子曰："君子上达，小人下达。"	孔子说："君子上达仁义，小人下达财利。"

笔者的理解：

孔子表面上重义轻利，实际上比谁都急于当官求富贵。例如：（7.12）富而可求也，虽执鞭之士，吾亦为之。（7.19）为了得到叶公的重用，要子路吹嘘孔子发愤忘食，乐以忘忧，不知老之将至。（9.13）沽之哉！沽之哉！我待贾者也。

编号：14.24

古　文	今　文
子曰："古之学者为己，今之学者为人。"	孔子说："古代学者为己，现在学者为人。"

笔者的理解：

有两种相反的注解：一是古代学者为己，自私自利；现在学者大公无私，为了他人。另一种注解是：古代学者为了充实提高自己；现在学者为了装门面给别人看。所谓"今之学者"不知是否包括孔子及其学生？他们为己还是为人，只有去问孔子本人。

编号：14.25

古 文	今 文
蘧（qú）伯玉使人于孔子。孔子与之坐而问焉，曰："夫子何为？"对曰："夫子欲寡其过而未能也。"使者出。子曰："使乎！使乎！"	蘧伯玉派人拜访孔子，孔子给使者让座然后问道："蘧老最近在做什么？"使者答："蘧老正在闭门思过，想少犯过错而未能免过啊。"使者走后，孔子说："好使者！好使者！"

笔者的理解：

蘧伯玉是维护奴隶制的卫国大夫，孔子流亡卫国曾住他家。孔子夸使者，实际在夸蘧伯玉。

编号：14.26

古 文	今 文
子曰："不在其位，不谋其政。"曾子曰："君子思不出其位。"	孔子说："不在其位，不谋其政。"曾子说："君子思不出其位。"

笔者的理解：

孔子说："位置是有等级的，不在那个位置，手就不要伸得太长，不知羞耻地谋求那个位置的权力。"曾子附和说："君子都是安分守己，老实本分的人。考虑问题，从不超出本分的职权范围。"这都是假话，孔子四处奔波，跑官要官。最典型的是（14.21）不在其位，照样出其位，谋其政，竟然要求出兵干涉他国内政。

编号：14.27

古 文	今 文
子曰："君子耻其言而过其行。"	孔子说："君子以言过其行为耻。"

笔者的理解：

《论语》记录了孔子不少言过其行，言行不一的事例。孔子说起孝来头头是道，可他并非孝子。母亲死，不守丧却跑去赴宴，还不许儿子哭母亲。（7.16）子曰："饭疏食，饮水，曲肱而枕之，乐亦在其中矣。不义而富且贵，于我如浮云。"

编号：14.28

古 文	今 文
子曰："君子道者三，我无能焉：仁者不忧，知者不惑，勇者不惧。"子贡曰："夫子自道也。"	孔子说："君子之道有三条，我都没能做到：仁者不忧，知者不惑，勇者不惧。"子贡说："孔夫子是在说自己啊。"

笔者的理解：

仁、智、勇在（9.29）提到过。孔子说：这三条他一条都没做到，这等于承认自己不是君子而是小人。是真没做到，还是自谦？子贡说：是自白，不是自谦。这话让孔子听了很不舒服。

编号：14.29

古 文	今 文
子贡方人。子曰："赐也，贤乎哉？夫我则不暇。"	子贡诽谤人。孔子说："赐啊，你就那么好吗？我可没闲工夫去说别人坏话。"

笔者的理解：

前面，子贡曰："夫子自道也。"孔子听了很不舒服，于是对子贡进行反驳，说子贡诽谤人。

编号：14.30

古　文	今　文
子曰："不患人之不己知，患其不能也。"	孔子说："不怕别人不了解自己，只怕自己没那个能力。"

笔者的理解：

　　和（4.14）意思差不多，不怪别人，只怪自己没能力。孔子在（14.35）虽说："不怨天，不尤人。"实际还是怨天尤人："我下学周礼，上达天命，可是没人知道我啊！"净说漂亮的假话。

编号：14.31

古　文	今　文
子曰："不逆诈，不亿不信，抑亦先觉者，是贤乎？"	孔子说："不逆反，不欺诈，不臆造，不信谣，不也是先知先觉的贤人吗？"

笔者的理解：

　　孔子暗示自己是先知先觉的圣人。

编号：14.32

古　文	今　文
微生亩谓孔子曰："丘何为是栖栖者与？无乃为佞乎？"孔子曰："非敢为佞也，疾固也。"	隐士微生亩对孔子说："你为什么要做一个忙忙碌碌到处游说的人呢？岂不成了佞人吗？"孔子说："我哪敢花言巧语，我只是痛恨那些固执的人。"

笔者的理解：

　　微生亩是个道家人物，他对孔子到处游说，克己复礼，维护周礼奴隶制，提出质疑。

编号：14.33

古　文	今　文
子曰："骥（jì）不称其力，称其德也。"	孔子说："千里马值得称赞的不是它的力气，而是它的优良品德。"

笔者的理解：

　　庄子认为：孔子称赞千里马的优良品德，目的就是要套上缰绳（紧箍咒），让千里马失去自由，为奴隶主当牛做马，效犬马之劳。

编号：14.34

古　文	今　文
或曰："以德报怨，何如？"子曰："何以报德？以直报怨，以德报德。"	有人问："以德报怨，怎样？"孔子说："如果以德报怨，那么拿什么来报德？应该是对等的，以直报怨，以德报德。"

笔者的理解：

　　以德报怨是老子在第63章提出的主张，冤冤相报何时了？表现出老子豁达宽容的胸怀。孔子则认为：无礼则乱，怨恨周礼奴隶制是天下大乱的根源，必须以牙还牙，以眼还眼，直接打击镇压。不能绥靖妥协，不能原谅让步，助长怨气。

编号：14.35

古　文	今　文
子曰："莫我知也夫！"子贡问："何为其莫知子也？"子曰："不怨天，不尤人，下学而上达，知我者其天乎！"	孔子叹道："没人了解我啊！"子贡问："怎么会没人了解您呢？"孔子说："不怨天，不怨人。我下学周礼，上达天命，知我者只有天啊！"

笔者的理解：

这是孔子"周游列国"不受重用，而发出的哀叹。"我下学周礼，上达天命，却无人了解。"说是不怨别人，只怨自己。孔子又在说假话，这分明只怨别人，不怨自己！

编号：14.36

古　文	今　文
公伯寮愬（sù）子路于季孙。子服景伯以告，曰："夫子固有惑志于公伯寮，吾力犹能肆诸市朝。"子曰："道之将行也与，命也；道之将废也与，命也。公伯寮其如命何？"	公伯寮到季氏那里告发子路。鲁国大夫子服景伯把此事告诉了孔子，并说："季氏已被公伯寮迷惑了，我还是有力量，把公伯寮杀了，陈尸市井。"孔子说："我的主张是否实行，取决于天命；我的主张是否废弃，也取决于天命。公伯寮能把天命怎么样？"

笔者的理解：

在孔子的学生中，明显分成三派：一是支持季氏变革周礼奴隶制的改革派，如冉求、宰我、公伯寮等；二是支持孔子克己复礼，复辟周礼奴隶制的保守派，如子路、颜回、曾参等。三是中间派，如子贡。

公伯寮，孔子的学生，曾为季氏家臣。公元前 498 年，当了司寇的孔子和鲁定公密谋，派子路带兵攻打三桓的封地，史称"堕三都"，公伯寮向季氏告发了此事。"堕三都"失败后，孔子仓皇出逃，开始了 14 年"周游列国"的流亡生活。可见，斗争之惨烈。

编号：14.37

古　文	今　文
子曰："贤者辟世，其次辟地，其次辟色，其次辟言。"子曰："作者七人矣。"	孔子说："贤者避世，次的逃避到另一地方；再次的避开难看的脸色；最差的是避开难听的话。这样做的有七位名人。"

笔者的理解：

都说老子消极避世，孔子积极入世，其实说反了。《老子》书中没有一点儿消极无为，

避世隐居的意思。"无为"不是消极，什么都不干，无所作为;"无为"是大有作为，但不妄为。

起初，孔子还积极入世，"堕三都"失败后，被迫"周游列国"，到处碰壁，孔子开始消极避世，主张"贤者辟世"：聪明人的最佳方案是逃避乱世而隐居，其次是逃到另一个地方，最没办法的办法是避开人家难看的脸色和难听的话。孔子在《论语》中多次表达了避世思想：(6.26)有人落井，孔子主张逃避，不要陷入两难境地。(5.7)道不行，乘桴浮于海。(7.11)用之则行，舍之则藏。(14.3)邦无道则危行言孙。(15.7)邦有道则仕，邦无道则可卷而怀之。

孔子不但有避世言论，而且有实际行动。周游列国 14 年就是逃跑避世的行动。老子则无避世言论，也无避世行动。

所谓七人，是(18.8)所说的伯夷、叔齐、虞仲、夷逸、朱张、柳下惠、少连等，都是孔子树立的维护周礼奴隶制模范先进人物。

编号：14.38

古　文	今　文
子路宿于石门。晨门曰:"奚自?"子路曰:"自孔氏。"曰:"是知其不可而为之者与?"	子路露宿于石门外，清晨，守门者问:"从哪儿来?"子路说:"从孔子那儿来。"守门者问:"是那个明知不可为而硬要为之的人吗?"

笔者的理解：

公元前 484 年，在冉求努力下，季康子允许孔子回国。子路打前站，赶到曲阜时，天晚城门已关，子路只好在城外住了一宿。天亮进城时，守门者说:"是知其不可而为之者与?"这本是嘲讽孔子克己复礼，复辟周礼奴隶制，愚蠢地逆历史潮流而动的一句话。却被美化成了理想，明知山有虎，偏向虎山行的英雄壮举。

编号：14.39

古　文	今　文
子击磬（qìng）于卫，有荷蒉（kuì）而过孔氏之门者，曰:"有心哉，击磬乎!"	孔子在卫国，有一次敲磬，有个挑草筐的人经过门口说:"敲磬的人有心事啊!"

编号：14.39

古　文	今　文
既而曰："鄙哉，硁硁乎！莫己知也，斯己而已矣。深则历，浅则揭。"子曰："果哉！末之难矣。"	接着又说："可鄙啊！硁硁响，似乎在说：没人了解我呀！没人了解就算了。水深穿着衣服渡过去，水浅则撩起衣服蹚过去。"孔子说："如果像蹚水过河那么简单，那有什么难？"

笔者的理解：

《高士传》曰："荷蒉者，卫人也，避乱不仕，自匿姓名，故荷草器而自食其力也。"说荷蒉者是个道家人物，他的话出自《诗经·邶风·匏有苦叶》："匏有苦叶，济有深涉。深则历，浅则揭。"（14.35）孔子哀叹莫我知也夫！荷蒉者说：没人了解就算了，匏瓜有苦叶，济水有深浅。水深就穿着衣服渡过去，水浅就撩起衣服蹚过去，有什么好叹气的？以涉水暗喻孔子不知社会改革潮流深浅，却怪别人不理解自己。孔子辩解说：如果真像蹚水过河那么简单，那还有什么难的？反映出早期儒道思想的交锋。

编号：14.40

古　文	今　文
子张曰："《书》云：高宗谅阴，三年不言。何谓也？"子曰："何必高宗，古之人皆然。君薨（hōng），百官总己以听于冢（zhǒng）宰三年。"	子张问："《尚书》说：高宗守丧，三年不言。这话什么意思？"孔子说："何止高宗，古人都这样。君主死了，继位的君主要守丧三年，不问政事，文武百官都要听命于宰相。"

笔者的理解：

高宗指殷王武丁，是殷商第十一世君主。武丁在位，是殷商最兴盛时期。孔子主张守孝三年，可是他母亲刚死，他却跑去赴宴。

编号：14.41

古　文	今　文
子曰："上好礼，则民易使也。"	孔子说："统治者爱好周礼奴隶制，则民众就容易听从使唤。"

笔者的理解：

孔子认为：周礼奴隶制是最好的统治工具，可以使老百姓服服帖帖受奴役。

编号：14.42

古 文	今 文
子路问君子。子曰："修己以敬。"曰："如斯而已乎？"曰："修己以安人。"曰："如斯而已乎？"曰："修己以安百姓。修己以安百姓，尧舜其犹病诸！"	子路问：怎样做才能成为君子。孔子说："修炼自己以尊重别人。"子路问："如此而已？"孔子说："修炼自己以安抚别人。"子路又问："这样就可以了吗？"孔子补充说："修炼自己以安抚百姓，使百姓不犯上作乱。你不要老说："不过如此。"修己以安百姓，就是尧舜也难做到！"

笔者的理解：

在儒家的观念中，君子是上层社会贵族和当官的人物，他们是道德高尚，完美无缺，受人尊重的人。小人是下层社会的小人物，他们都是被人看不起，没文化，不讲道德，卑鄙小人。故《孟子·滕文公上》曰："无君子莫治野人，无野人莫养君子。"

《论语》论及"君子与小人"达六十多处，但说得再多，也没分清什么是君子、什么是圣人。尧舜是圣人，可是圣人都难以成为君子，按此说法，君子高于圣人。（16.8）孔子却说："君子有三畏：畏天命，畏大人，畏圣人之言。"到底圣人和君子，孰高孰低，孰先孰后？

孔子经常以"正人君子"面目出现，教诲别人，实际是个唱高调，说假话的伪君子。（14.28）子曰："君子道者三：仁、知、勇，我无能焉。"（14.6）子曰："君子而不仁者有矣夫。"这些都是孔子自相矛盾的说法。

编号：14.43

古 文	今 文
原壤夷俟。子曰："幼而不孙弟，长而无述焉，老而不死，是为贼。"以杖叩其胫。	原壤叉开双腿，坐没坐相。孔子说："你这个从小就不孝，长大没出息，老而不死的贼子。"用拐杖敲其小腿。

笔者的理解：

据说原壤是周文王第 16 子，原伯的后代。孔子认为他是个不孝之子、没出息的"官二代"。号称教育家的孔子，教育方法也是又打又骂，并非己所不欲，勿施于人，循循善诱，诲人不倦。

编号：14.44

古　文	今　文
阙党童子将命。或问之曰："益者与？"子曰："吾见其居于位也，见其与先生并行也。非求益者也，欲速成者也。"	孔子家乡有个童子来送信。有人问："他是个求上进的人吗？"孔子说："我看他大模大样坐在正席，和长辈并肩而行，一点也不懂等级周礼。不是个求上进的人，而是个急于求成的人。"

笔者的理解：

孔子认为：任何人，包括老人、儿童，都必须遵守等级周礼。违反周礼奴隶制，都是不能容忍的行为。

第十五章　卫灵公篇

编号：15.1

古　文	今　文
卫灵公问陈于孔子。孔子对曰："俎豆之事，则尝闻之矣；军旅之事，未之学也。"明日遂行。	卫灵公问孔子陈兵布阵的事情。孔子答；"祭祀之事，我听说一些；军旅之事，我没学过。"第二天，孔子便离开了卫国。

笔者的理解：

　　许多人认为：孔子主张和谐礼治，反对暴力；爱好和平，反对战争。看到卫灵公无道，好色不好德。只想打仗，不想以仁义治天下，故未答军旅之事，第二天就离开了卫国。

　　其实，孔子并未离开卫国，他"周游列国"14年，长期待在卫国，前后10年，时间不短。卫灵公待孔子也不薄，给他和鲁国大夫一样的待遇，俸禄6万斗。如果孔子能像管仲那样改革周礼奴隶制，发展经济，富国强兵，完全可以使卫国强大起来。但孔子缺乏管仲的本事，既不懂军事，又不懂经济，还反对经商。一心只想克己复礼，复辟周礼奴隶制。

　　孔子代理鲁国宰相只三个月，就杀了主张改革的大夫少正卯，发动"堕三都"，武力镇压改革势力。（14.21）齐国改革势力发动政变，孔子要鲁哀公派兵，干涉他国内政。这都说明孔子并不爱好和谐，反对暴力；并不爱好和平，反对战争。

编号：15.2

古　文	今　文
在陈绝粮，从者病，莫能兴。子路愠（yùn）见，曰："君子亦有穷乎？"子曰："君子固穷，小人穷斯滥矣。"	孔子在陈蔡边境被围困七天断粮，随从弟子都饿病了，爬不起来。子路怒见孔子说："君子也有穷困的时候吗？"孔子说："君子遇到困境能坚持，小人遇到困境就乱来。"

笔者的理解：

　　孔子所谓"周游列国"，实际只待在卫、陈两国。孔子被困后，随从弟子都饿得爬不起来，孔子并不饿，还说大话："君子固穷，小人穷斯滥矣。"难怪子路非常生气。鲁迅《两地书》说："仲尼先生厄于陈蔡，却并不饿死，真是滑得可观。"孔子是君子还是小人呢？

编号：15.3

古 文	今 文
子曰："赐也，女以予为多学而识之者与？"对曰："然，非与？"曰："非也，予一以贯之。"	孔子说："子贡啊，你以为我是多学才懂得许多道理吗？"子贡说："是的，不对吗？"孔子说："不是的，我只是一贯忠君。"

笔者的理解：

　　（4.15）子曰："吾道一以贯之。"曾子曰："夫子之道，忠恕而已矣。"孔子说：我学那么多，只懂一个道理，忠君！孔子从不说爱老百姓，忠于人民。

编号：15.4

古 文	今 文
子曰："由！知德者鲜矣。"	孔子说："仲由！懂仁义道德的人太少了。"

笔者的理解：

　　言下之意：只有我懂，别人不懂。

编号：15.5

古 文	今 文
子曰："无为而治者其舜也与？夫何为哉？恭己正南面而已矣。"	孔子说："能做到无为而治的人只有舜。他做了什么？他什么也没做，他只是恭恭敬敬地坐在王位上，坐北朝南而已。"

笔者的理解：

什么是"无为而治"？孔子和老子说法大相径庭。老子认为：爱民治国，不烹小鲜，鱼肉百姓，休养生息，发展经济，就是无为而治。孔子则认为：无为就是无违，不违周礼奴隶制，不改先王之道，一切照旧，丝毫不变。舜什么也没做，只是照搬尧的旧法来治国，就是无为而治。

编号：15.6

古　文	今　文
子张问行。子曰："言忠信，行笃敬，虽蛮貊（mò）之邦，行矣。言不忠信，行不笃敬，虽州里，行乎哉？立则见其参于前也，在舆则见其倚于衡也，夫然后行。"子张书诸绅。	子张问怎样才能使自己的主张行得通？孔子说："说话讲忠信，做事讲敬业，虽到蛮夷之邦也行得通。如果说话不讲忠信，做事不敬业，虽在文明州里，行得通吗？站着，仿佛看到忠信笃敬四个字就在眼前；坐车，仿佛看到这四个字就刻在车辕横木上。做到这一点，到哪里都行得通。"子张把这些话记在了腰带上。

笔者的理解：

孔子带弟子"周游列国"，到处碰壁，陈蔡被困，差点儿饿死。在这种情况下，子张提出了怎么样才能使自己的主张行得通的问题，孔子的回答是"忠君敬业"。

编号：15.7

古　文	今　文
子曰："直哉史鱼！邦有道如矢；邦无道如矢。君子哉蘧伯玉！邦有道则仕；邦无道则可卷而怀之。"	孔子说："史鱼这个人很正直！邦有道像箭；邦无道也像箭。蘧伯玉是个君子！邦有道就出来做官；邦无道就卷铺盖而隐居。"

笔者的理解：

孔子称赞卫国大夫史鱼，不管什么情况，都像箭一样刚直，但不赞成他直来直去，锋芒毕露。孔子更赞赏卫国大夫蘧伯玉，说他有进有退，很有君子风度。

都说老子消极避世，孔子积极入世。自从孔子被迫逃亡，到处碰壁之后，孔子灰心丧气，在《论语》中多次流露消极避世思想。"周游列国"就是孔子消极避世的实际行动。（7.11）主张"用之则行，舍之则藏"的逃跑主义，毫无诚信可言。

编号：15.8

古　文	今　文
子曰："可与言而不与之言，失人；不可与言而与之言，失言。知者不失人，亦不失言。"	孔子说："可以讲而不与之讲，就会失去友人；不可以讲而与之讲，白讲。聪明人既不失去机会，亦不白费口舌。"

笔者的理解：

此话看似有道理，实际是废话。关键是什么可言，什么不可言？

编号：15.9

古　文	今　文
子曰："志士仁人，无求生以害仁，有杀身以成仁。"	孔子说："仁人志士，没有贪生怕死而损害仁义道德，只有杀身成仁的人。"

笔者的理解：

（1.7）事君，能致其身。（19.1）见危致命，杀身成仁是孔子忠君思想的体现。文死谏，武死战。君叫臣死，臣不敢不死。历代统治者皆以"不成功便成仁"为格言，要求别人为他们卖命，而自己从不杀身成仁。

编号：15.10

古　文	今　文
子贡问为仁。子曰："工欲善其事，必先利其器。居是邦也，事其大夫之贤者，友其士之仁者。"	子贡问仁。孔子说："工欲善其事，必先利其器。住在邦国，要从事于贤能之大夫，结交仁者之士。"

笔者的理解：

"工欲善其事，必先利其器。"是孔子名言，被广为引用。孔子认为：仁是治国利器，就像木匠，想做好一件家具，必先把刀斧等工具磨锋利。首先，要选择在维护周礼奴隶制的贤能大夫手下做事，不要在僭越周礼的大夫手下做事；要结交仁者之士，不要结交变革之士。

编号：15.11

古 文	今 文
颜渊问为邦。子曰："行夏之时，乘殷之辂（lù），服周之冕，乐则《韶》《舞》。放郑声，远佞人。郑声淫，佞人殆。"	颜渊问怎样治理国家。孔子说："奉行夏代的历法，乘坐殷代的车子，戴周代的礼帽，奏《韶》《武》古曲。禁郑国靡靡之声，远离奸佞小人。郑声淫荡，佞人危险。"

笔者的理解：

这是孔子克己复礼的具体做法：恢复几千、几百年前正统的古法、古车、古装、古帽、古曲。郑国的流行音乐都是淫荡的靡靡之声，必须禁止。

编号：15.12

古 文	今 文
子曰："人无远虑，必有近忧。"	孔子说："人无远虑，必有近忧。"

笔者的理解：

这是孔子又一句名言，很有道理，人是要有长远打算。不过，孔子只为奴隶主长远打算，不为百姓长远打算。

编号：15.13

古 文	今 文
子曰："已矣乎！吾未见好德如好色者也。"	孔子说："没指望了，我没见过好德如好色的人啊！"

笔者的理解：

与（9.18）重复。

编号：15.14

古 文	今 文
子曰："臧文仲其窃位者与！知柳下惠之贤而不与立也。"	孔子说："臧文仲是个窃据高位的人！明知柳下惠是个贤者，却知贤不举。"

笔者的理解：

臧文仲，掌实权的鲁国大夫，支持三桓改革周礼奴隶制，因此受到孔子的攻击。（5.18）说臧文仲僭越周礼。柳下惠也是鲁国大夫，曾掌管刑狱，以讲究周礼反对变革著称。柳下惠坐怀不乱，道德高尚。在儒家著作中，是与伯夷等圣贤并列的名人。孔子反对谁，支持谁，立场是很鲜明的。

编号：15.15

古 文	今 文
子曰："躬自厚而薄责于人，则远怨矣。"	孔子说："多反省自己，少责备别人，可以避免怨恨。"

笔者的理解：

孔子很会说，往往不会做。在《论语》中，我们看到孔子经常在责备别人，夸耀自己，很少自我反省。

编号：15.16

古　文	今　文
子曰："不曰如之何，如之何者，吾末如之何也已矣。"	孔子说："遇事不说怎么想，怎么办的人，我对这种人也不知怎么办。"

笔者的理解：

　　孔子刚说多反省自己，少责备别人。马上就责备别人遇事不知怎么办，却不反省自己，面对变革周礼奴隶制历史浪潮也不知怎么办。

编号：15.17

古　文	今　文
子曰："群居终日，言不及义，好行小慧，难矣哉！"	孔子说："整天混在一起，言不及义，还喜欢卖弄小聪明，这种人难有出息啊！"

笔者的理解：

　　孔子又在责备别人。

编号：15.18

古　文	今　文
子曰："君子义以为质，礼以行之，孙以出之，信以成之。君子哉！"	孔子说："君子以义为本，用礼制来实行它，用谦逊的语言来表达它，用忠信来成就它。君子啊！"

笔者的理解：

　　什么是义？孔子所说的义，就是君臣之义。（12.11）"君君臣臣，父父子子。"君臣关系就像父子关系，永远不变，这是天经地义。现在有许多人大逆不道，就想夺权篡位。说什么"禄无常俸，君无常位，自古以然。"总想改变君臣之义，是可忍，孰不可忍！君子以君臣之义为本，用礼制来保障，用最好的语言来表达，用忠信赤诚之心来成就它。一句话：克己复礼，复辟周礼奴隶制，这是孔子的理想信念。

编号：15.19

古　文	今　文
子曰："君子病无能焉，不病人之不己知也。"	孔子说："君子只担心自己没有能力，不担心别人不知道自己。"

笔者的理解：

孔子在（1.16）（4.14）（14.35）也一再表白：不怨天，不尤人。"君子病无能，不病人不己知。"好像很有君子风度，不怪别人，只怪自己。其实，这是冠冕堂皇的假话。孔子老怪别人"莫我知也夫！"从不"躬自厚而薄责于人。"

编号：15.20

古　文	今　文
子曰："君子疾没世而名不称焉。"	孔子说："君子最怕死了还不出名，没个称号。"

笔者的理解：

古人重视名号，帝王将相死了，都要追封谥（shì）号。《礼记》曰："闻其谥，知其行也。"孔子也一样，重视名分。认为先有名，后有实。先有帝王的名分，才有帝王的实权和实惠。没有名分，什么也没有。因此，为政必先正名。老子不一样，认为："名可名，非常名。"名不是不重要，但名不是永恒的，没必要去舍命追求名利。"金玉满堂，莫之能守。"君无常位，禄无常俸。今天是帝王将相，明天可能是阶下囚。孔子与老子的不同看法，引发了历史上名与实的大辩论，其实质是精神与物质的争论。

编号：15.21

古　文	今　文
子曰："君子求诸己，小人求诸人。"	孔子说："君子严格要求自己，小人苛求别人。"

笔者的理解：

君子严于律己，小人苛求别人。和（15.15）的"躬自厚而薄责于人"意思大同小异。

编号：15.22

古　文	今　文
子曰："君子矜而不争，群而不党。"	孔子说："君子庄重而不争权夺利，合群而不结党营私。"

笔者的理解：

孔子往往说是一回事，做又是另一回事。孔子任鲁国大夫期间，与季氏三桓激烈地争权夺利，甚至动用武力"堕三都"；孔子不仅在社会上结党营私，甚至在学生内部拉帮结派。（11.17）冉求协助季氏改革周礼奴隶制，孔子说："非吾徒也，小子鸣鼓而攻之可也。"

编号：15.23

古　文	今　文
子曰："君子不以言举人，不以人废言。"	孔子说："君子不以言论推举选拔人才，也不因人才有缺点而废弃他正确的言论。"

笔者的理解：

可见，孔子的概念：君子是理想的统治者。

编号：15.24

古　文	今　文
子贡问曰："有一言而可以终身行之者乎？"子曰："其恕乎！己所不欲，勿施于人。"	子贡问："有没有一个字，一句话就可以让我们终身奉行呢？"孔子说："有啊！那就是恕。自己不想要的，不要强加于人。"

笔者的理解：

　　（6.30）（12.2）（15.24）　孔子一再强调："己所不欲，勿施于人。"有人认为，这是孔子为人宽容的至理名言，孔子很会替别人着想。能用自己的心推想、体谅别人的心，其实不然。（4.15）子曰："吾道一以贯之，忠恕而已。"如果不忠君，则以礼节之，以直报怨，以武力镇压，是绝不宽容，绝不饶恕的。（3.1）季氏八佾舞于庭，是可忍，孰不可忍！周礼奴隶制是老百姓所不欲，可是孔子却要克己复礼，把这种残酷的不平等制度强加给老百姓。孔子"以老百姓心为心"吗？

　　（5.12）　子贡把孔子这句话作为不接受他人意见的挡箭牌："我不想要的，我不强加给别人，别人也不要强加给我。"

编号：15.25

古　文	今　文
子曰："吾之于人也，谁毁谁誉？如有所誉者，其有所试矣。斯民也，三代之所以直道而行也。"	孔子说："我对别人，诋毁过谁？赞誉过谁？如果我有所赞誉的人，那一定是经得起考验的人。夏商周三代人，之所以能直道而行，是因为他们都是这样做的。"

笔者的理解：

　　孔子说：他没诋毁过谁，也没赞誉过什么人。如果有，那也经得起检验的。这是假话，《论语》中被孔子诋毁或赞誉过的人还少吗？诋毁的是管仲、季氏、冉求等改革周礼奴隶制的人；赞誉的是周公、鲁昭公、颜回等维护周礼奴隶制的人。（7.31）孔子明知鲁昭公不知礼，却称赞他知礼。这种赞誉经不起检验，最终不得不承认说错了，孔子却被解读为知错就改的圣人。

编号：15.26

古　文	今　文
子曰："吾犹及史之阙文也。有马者借人乘之，今亡矣夫。"	孔子说："我尤其痛惜史料之残缺啊。就像有马的人，把马借人乘坐，如今骑不见了。"

笔者的理解：

有人认为："有马者借人乘之。"这句话很费解，与上下文不连贯，可能是错简掺入。其实，正说明孔子痛惜史料之残缺。

编号：15.27

古　文	今　文
子曰："巧言乱德。小不忍，则乱大谋。"	孔子说："花言巧语，败坏道德。小事不忍，则坏大事。"

笔者的理解：

"小不忍则乱大谋。"孔子名言：小不忍是克制自己；大谋是复礼。这是克己复礼的另一种表达。

编号：15.28

古　文	今　文
子曰："众恶之，必察焉；众好之，必察焉。"	孔子说："众人厌恶的，必定要考察一下；众人喜好的，同样要考察。"

笔者的理解：

不要人言则信，应该核实一下。言之有理，孔子的话，亦应考察。

编号：15.29

古　文	今　文
子曰："人能弘道，非道弘人。"	孔子说："人能弘扬道，不是道能弘扬人。"

笔者的理解：

老子认为："道之为物，道生万物。"道是物质性的东西，既然道生万物，当然包括人。故道亦生人。孔子则认为：道是仁义道德，是精神性的东西。反映出两人对什么是道的不同哲学观点。

编号：15.30

古　文	今　文
子曰："过而不改，是谓过矣。"	孔子说："有错不改，本身就是个过错啊。"

笔者的理解：

话是这么说，可什么是对，什么是错？孔子认为：克己复礼是对，改革周礼奴隶制是错。

编号：15.31

古　文	今　文
子曰："吾尝终日不食，终夜不寝，以思，无益，不如学也。"	孔子说："我曾经整天不吃，整夜不睡，苦思冥想，结果毫无益处，不如学习啊。"

笔者的理解：

孔子鼓励学习，学什么？当然是学周礼奴隶制，忠君孝顺，仁义道德，如何当官等等，而不是学军旅之事，稼圃之事，发展经济，让老百姓过上好日子。

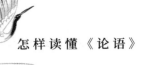

编号：15.32

古　文	今　文
子曰："君子谋道不谋食。耕也，馁在其中矣；学也，禄在其中矣。君子忧道不忧贫。"	孔子说："君子谋求得道，不谋求得食。耕田，免不了饿肚子；读书，可以当官领俸禄。君子担忧能否得道，不担忧贫穷。"

笔者的理解：

　　孔子说话前后矛盾。"君子谋道不谋食。"是假话。种地饿肚子，不如读书当官拿俸禄是真话。孔子谋道，是为了谋食而脱贫。君子想当官领俸禄，难道不是谋食忧贫是什么？孔子周游列国，比谁都急于谋食而忧贫。

编号：15.33

古　文	今　文
子曰："知及之，仁不能守之，虽得之，必失之。知及之，仁能守之，不庄以莅之，则民不敬。知及之，仁能守之，庄以莅之，动之不以礼，未善也。"	孔子说："靠聪明才智获得的君位，如果不用仁义道德去守护，最终必将失去。如果能用仁德去守护，却不庄严地君临天下，则民众不会毕恭毕敬地服从。如果能守护，也能君临天下，却不以周礼节制行动，则不完善。"

笔者的理解：

　　这是孔子用仁义道德、周礼奴隶制，维护奴隶主政权的一套理论。

编号：15.34

古　文	今　文
子曰："君子不可小知，而可大受也；小人不可大受，而可小知也。"	孔子说："对于君子，不可以只做小事，而可以做大事；小人不可以做大事，只能做些小事。"

笔者的理解：

孟子曰："有大人之事，有小人之事。"天子诸侯、王公贵族、圣人君子等，是干大事的大人物。而小人物是没有文化，不讲仁义道德，不讲文明礼貌，粗野的卑鄙小人。（17.25）女子也归小人之列。他们只知招财进宝，只知利不知义，只知柴米油盐，不知周礼大事。因此，只能干些鸡毛蒜皮的日常小事。

所以，（16.2）孔子曰："礼乐征伐"这类国家大事自天子出，庶人不议。孟子曰："劳心者治人，劳力者治于人。治于人者食人，治人者食于人。天下之通义也。""无君子莫治野人，无野人莫养君子。"

与孔孟歧视劳力者、野人、庶人、女子的心态不同，老子认为：宇宙是无数小东西构成的；国家是由众多的小小老百姓组成的。他们才是宇宙世界，国家社会真正的主人，而不是什么天子诸侯、王公贵族、圣人君子。他们驰骋天下之至坚，无有入无间。具有战无不胜，攻无不克的力量，是天下最柔软弱小却又最强大无比的新生事物。因此，老百姓的柴米油盐不是鸡毛蒜皮的小事，也是天下大事。要以百姓心为心，爱民治国，不要烹小鲜，鱼肉百姓。

编号：15.35

古　文	今　文
子曰："民之于仁也，甚于水火。水火，吾见蹈而死者矣，未见蹈仁而死者也。"	孔子说："有人害怕仁义道德，甚至超过洪水大火。我见过蹈火而死的人，未见过蹈仁而死的人，有什么好害怕的？"

笔者的理解：

孟子曰："民非水火不生活。"说的是人没有水与火就无法生活。因此，许多注家把孔子的话都注解成："老百姓对仁义道德的需求，比对水火的需求更加迫切。"这是误解，水火既然使人而活，怎么与赴汤蹈火而死联系起来？笔者认为，孔子本意是：见过蹈火而死的人，未见过蹈仁而死的人，不要害怕。此处的水火应指洪水大火，而不是人们生活离不开的水火。

编号：15.36

古　文	今　文
子曰："当仁不让于师。"	孔子说："就是老师，也当仁不让。"

笔者的理解：

孔子一贯标榜尊师重道，恭敬礼让。在这里，却抛开一切而不顾，就是老师，我也不让。表示他维护周礼奴隶社会仁义道德的决心。

编号：15.37

古　文	今　文
子曰："君子贞而不谅。"	孔子说："君子忠贞不渝，不原谅任何不忠的行为。"

笔者的理解：

这是孔子忠君思想的体现。

编号：15.38

古　文	今　文
子曰："事君，敬其事而后其食。"	孔子说："侍奉君主，首先要敬业其事，把俸禄的事放在后面。"

笔者的理解：

这是孔子忠君之道：先做事，后才有恩赐。

编号：15.39

古　文	今　文
子曰："有教无类。"	孔子说："我谁都教，不分类别。"

笔者的理解：

这是假话，只招男生，不招女生就是有类，不是无类。其次，（7.7）"自行束脩以上。"交学费才教。孔子的学生大都还是贵族子弟。最穷数颜回，也是个破落贵族子弟，尽管穷，还供得起父子俩一起上学。可见，孔子办的是有偿贵族学校，并非义务教育。第三，听话的学生才教，不听话的不但不教，（11.17）还发动弟子们进行攻击。第四，（7.8）孔子认为太笨的学生不教。第五，学生不但要交学费，还要替孔子跑腿办事，如赶车、保镖、当管家等。第六，只教当官之道，其他不教。

编号：15.40

古　文	今　文
子曰："道不同，不相为谋。"	孔子说："道不同，不要互相谋算。"

笔者的理解：

孔子对道不同的人，不是不相为谋，而是攻击、谩骂、殴打，甚至是武力镇压。如骂宰我、攻击冉求、殴打原壤、武力"堕三都"、杀少正卯等。

编号：15.41

古　文	今　文
子曰："辞达而已矣。"	孔子说："言辞能表达清楚就可以了。"

笔者的理解：

孔子有许多话前后矛盾，隐晦难解，如（9.18）（15.13）："吾未见好德如好色者也。"（13.20）："言必信，行必果，硁硁然小人哉！"孔子辩解说："意思能表达清楚就可以了。"

编号：15.42

古　文	今　文
师冕见，及阶，子曰："阶也。"及席，子曰："席也。"皆坐，子告之曰："某在斯，某在斯。"师冕出，子张问曰："与师言之道与？"子曰："然，固相师之道也。"	一个名叫冕的乐师来见孔子，走到台阶，孔子说："这是台阶，走好。"走到坐席旁，孔子说："这是坐席，请坐。"等大家都坐下了，孔子介绍说："某人在这里，某人在那里。"师冕走后，子张问："这就是您与乐师说话的方式吗？"孔子说："是的，这是接待乐师固有的方式。"

笔者的理解：

奏乐是奴隶主礼仪重要内容，故乐师地位很高，一般是盲人。尽管是盲人，君主身边的人，孔子也不敢马虎，关怀备至，礼节有加。从《乡党篇》可以看到，孔子对上卑躬屈膝，局促恭顺，诚惶诚恐，满脸堆笑，献媚取宠，投机钻营，一副奴才相。对下是（20.2）："正其衣冠，尊其瞻观，俨然人望而畏之，威而不猛乎？"（16.20）：孺悲欲见孔子，孔子辞以疾。将命者出户，取瑟而歌，使之闻之。孺悲还是鲁君派来向孔子学礼的，不见也就算了，却如此作践他人自尊。

第十六章　季氏篇

编号：16.1

古　文	今　文
季氏将伐颛（zhuān）臾（yú）。冉有、季路见于孔子曰："季氏将有事于颛臾。"孔子曰："求！无乃尔是过与？夫颛臾，昔者先王以为东蒙主，且在邦域之中矣，是社稷之臣也，何以伐为？"冉有曰："夫子欲之，吾二臣者皆不欲也。"孔子曰："求！周任有言曰：陈力就列，不能者止。危而不持，颠而不扶，则将焉用彼相矣？且尔言过矣，虎兕（sì）出于柙（xiá），龟玉毁于椟（dú）中，是谁之过与？"冉有曰："今夫颛臾，固而近于费。今不取，后世必为子孙忧。"孔子曰："求！君子疾夫舍曰欲之而必为之辞。丘也闻有国有家者，不患寡而患不均，不患贫而患不安。盖均无贫，和无寡，安无倾。夫如是，故远人不服，则修文德以来之。既来之，则安之。今由与求也，相夫子，远人不服，而不能来也；邦分崩离析，而不能守也；而谋动干戈于邦内。吾恐季孙之忧，不在颛臾，而在萧墙之内也。"	季氏将讨伐颛臾。冉有、子路见孔子说："季氏将讨伐颛臾。"孔子说："冉求！在这件事情上，难道你没有过错？颛臾是周天子任命的东蒙山主祭，而且在鲁国境内，是国家之臣，为何讨伐？"冉有说："季氏要这么做，我们俩都不愿意。"孔子说："冉求！周大夫说过：努力规劝，不听则辞职。危难不支持，摔倒不搀扶，要你们两个干什么？而且，你的说法不对，把老虎犀牛从笼里放出来，把龟玉毁于匣中，谁的过错？"冉有说："颛臾城池坚固，离季氏费邑封地又近，现在不取，必有后患。"孔子说："冉求！君子厌恶那种不说内心欲望，还找借口为之掩饰的人。我听说国家统治者，不担心少而担心分配不均，不担心穷而担心不安定。均无贫穷，和无少寡，安无造反，如果有人不服，则以忠孝礼乐，仁义道德来安抚他。如今你们二人辅佐季氏，有人不服，而不能安抚；国家分崩离析，而不能守护；反而图谋在国内大动干戈。我看季氏之患，不在颛臾，而在内部，祸起萧墙啊！"

笔者的理解：

　　这是《论语》中少有的一段长文，许多注家都没解释清楚。其实是以冉有为代表，推翻周礼奴隶制的改革派，与孔子为代表克己复礼保守派，一场激烈辩论。孔子认为：国家分崩离析，祸起萧墙不是奴隶主，而是季氏、冉有等人大动干戈，改革周礼奴隶制造成的。

编号：16.2

古　文	今　文
孔子曰："天下有道，则礼乐征伐自天子出；天下无道，则礼乐征伐自诸侯出。自诸侯出，盖十世希不失矣；自大夫出，五世希不失矣；陪臣执国命，三世希不失矣。天下有道则政不在大夫；天下有道，则庶人不议。"	孔子说："天下有道，则礼乐征伐由天子定；天下无道，则礼乐征伐由诸侯定。由诸侯定，大概十代少有不丧失的；由大夫定，五代少有不失的；家臣掌握国家命运，不出三代，少有不败的。天下有道，则政不在大夫；天下有道，则庶人无权议论。"

笔者的理解：

在孔子看来，只要是天子发动的战争，即使是不义之战，都是合法的，有道的，庶人无权议论；而老百姓反抗剥削和压迫的人民战争，则是大逆不道的，孔子便跳出来叫喊和为贵，不要犯上作乱！可见，孔子并非爱好和平，反对战争。孔子不反对不义之战，而反对人民反抗的正义之战。

什么是有道？什么是无道？孔子认为：周天子的权力落入诸侯、大夫手里；诸侯、大夫的权力落入陪臣手里；庶人议论是天下无道，天下没希望的表现。必须克己复礼，正名才有希望。

恰恰相反，周天子腐败无能，权力落入聪明能干，勇于改革的诸侯、大夫手里；诸侯大夫腐败无能，权力落入聪明能干，勇于改变的陪臣手里。虽然这些人也不是什么大善人，但总比无能的腐败分子强；庶人议论说明老百姓觉醒，逐步要求参政议政。周礼奴隶制崩溃，这才是天下有道，天下有希望，社会进步的表现。

编号：16.3

古　文	今　文
孔子曰："禄之去公室五世矣，政逮于大夫四世矣，故夫三桓之子孙微矣。"	孔子说："鲁国的国君丧失政权已经五代了，政权落到大夫手里已有四代，后来，三桓的子孙也衰微了。"

笔者的理解：

"禄之公室"指政权，五世指鲁宣公、成公、襄公、昭公、定公；逮指落到，大夫四世指季文子、武子、平子、桓子；三桓指掌握鲁国实权的季氏、叔氏、孟氏三大家族，他们都是鲁桓公的后代，故称三桓。到鲁定公时，曾出现"陪臣执国命"的局面，如家臣阳货、公山弗扰等人。君无常位，禄无常俸。反映出鲁国政权改革更迭的演变过程，根本不是孔子所说的君君臣臣、父父子子不变。

编号：16.4

古　文	今　文
孔子曰："益者三友，损者三友。友直，友谅，友多闻，益矣。友便辟，友善柔，友便佞，损矣。	孔子说："有益的朋友有三种，有害的朋友也有三种。与正直的人交友，与忠恕体谅的人交友，与见多识广的人交友，是有益的。与不走正道的人交友，与善于耍阴谋柔术的人交友，与花言巧语的人交友，是有害的。"

笔者的理解：

与直、谅、多闻的人交友；不与异端邪道、善柔、佞人（实指道家）交友。其实，孔子的交友标准是周礼。违礼是敌，尊礼是友。

编号：16.5

古　文	今　文
孔子曰："益者三乐，损者三乐。乐节礼乐，乐道人之善，乐多贤友，益矣。乐骄乐，乐佚游，乐宴乐，损矣。"	孔子说："有益的快乐有三种，有害的快乐也有三种。乐于用礼乐来节制行为，乐于称道别人的好处，乐于多交贤德朋友，是有益的。喜好骄奢淫乐，喜好游手好闲，喜好大吃大喝，是有害的。"

笔者的理解：

孔子常常说得很好，做的却是另一套。《乡党篇》所记录的，孔子言行举止，奢侈生活，是有益还是有害呢？

编号：16.6

古 文	今 文
孔子曰："侍于君子有三愆（qiān）：言未及之而言谓之躁，言及之而不言谓之隐，未见颜色而言谓之瞽（gǔ）。"	孔子说："侍候君子容易犯三种过失：还没轮到自己说话而抢着说，叫作急躁；该说的又不说叫作隐瞒；不看君子脸色就冒失而言，叫作瞎了眼。"

笔者的理解：

孔子教人侍候君子时，要善于察言观色，见风使舵，把握时机，这是向上爬的忠君之道。

编号：16.7

古 文	今 文
孔子曰："君子有三戒：少之时，血气未定，戒之在色；及其壮也，血气方刚，戒之在斗；及其老也，血气既衰，戒之在得。"	孔子说："君子有三戒：年轻时，血气尚未稳定成熟，戒在女色；到了壮年，血气方刚，戒在好斗；到了老年，血气衰弱，戒在贪得。"

笔者的理解：

有人说："这是孔子的养生之道。"所谓三戒，好色、好斗、贪得，无论何时，都应戒掉。不是非到少时、壮时、老时再去戒。对于腐败的奴隶主而言，根深蒂固，这三点无论何时都是戒不掉的。

编号：16.8

古 文	今 文
孔子曰："君子有三畏：畏天命，畏大人，畏圣人之言。小人不知天命而不畏也，狎大人，侮圣人之言。"	孔子说："君子有三畏：敬畏天命，敬畏大人，敬畏圣人之言。小人物不懂天命而不畏，不尊重大人物，侮辱圣人之言。"

笔者的理解：

每个人都应该有敬畏之心，敬畏什么？孔子教人敬畏天命；敬畏大人；敬畏圣人之言。

孔子知道：老百姓是不畏天命，不畏大人，不畏圣人之言的。

老子反对三畏，29 章："天下神器，不可为也。" 72 章："民不畏威。" 第 5 章："圣人不仁。" 畏他干什么？

荀子认为：打雷下雨，地震灾异，"是天地之变，阴阳之化，物之罕至者也。怪之可也，而畏之非也。"

北宋王安石明确反对孔子三畏："天变不足畏，祖宗不足法，人言不足恤。"

毛泽东同志说："彻底的唯物主义者是无所畏惧的。"说的是不怕鬼，不怕死，不怕困难。但不等于没有敬畏之心，革命者最怕与群众失去血肉联系，对党纪国法怀有敬畏之心。对违反党纪国法的事情，"无为"即不敢为，不想为，不去为。

编号：16.9

古　文	今　文
孔子曰："生而知之者上也；学而知之者次也；困而学之又其次也；困而不学，民斯为下矣。"	孔子说："天生有知识，是上等人；通过学习而有知识的人，次一等；遇到困惑才去学习的人，又次一等；遇到困惑还不学习，老百姓就是这样天生的下等人。"

笔者的理解：

孔子认为：奴隶主、圣人、君子，是天生有知识、有文化、有道德的上等人；"民斯为下"，老百姓都是不爱学习、没文化、没知识、没修养、不讲道德、粗野的下等愚民。王充《论衡》曰："儒者论圣人，以为前知千岁，后知万世，不学自知，不问自晓。其实，圣人不能神而先知。"老子曰："圣人不仁"，他们才是不讲道德，（17.22）饱食终日，无所用心。（18.7）四体不勤，五谷不分的蠢人。

编号：16.10

古　文	今　文
孔子曰："君子有九思：视思明，听思聪，色思温，貌思恭，言思忠，事思敬，疑思问，忿思难，见得思义。"	孔子说："君子有九点要反思：看，是否看明白了；听，是否听清楚了；脸色是否温和；容貌是否恭谦；言论是否忠君；做事是否敬业；疑难是否勤问；愤怒是否考虑后果；见利是否思义。"

笔者的理解：

"九思"的核心是忠君之义。

编号：16.11

古　文	今　文
孔子曰："见善如不及，见不善如探汤，吾见其人矣，吾闻其语矣；隐居以求其志，行义以达其道，闻其语矣，未见其人也。"	孔子说："见到好处争先恐后，就怕来不及。见势不好，如被开水烫了，躲之不及。我见过这种人，听过这样的话；隐居以求其志，行义以达其道。我听过这样的话，但没见过这种人。"

笔者的理解：

孔子说："有好处就争先恐后，没好处就躲之不及。"这是在说谁呢？不正是在说孔子自己吗？（5.7）道不行，乘桴浮于海，溜之大吉。（6.26）有人落井，这种事对自己没好处，孔子主张君子可逝不可陷，见死不救。（5.21）邦有道则知，邦无道则愚。（7.11）用之则行，舍之则藏。（8.13）危邦不入，乱邦不居。天下有道则见，无道则隐。（15.7）邦有道则仕，邦无道则可卷而怀之。总之，邦有道，形势好，对己有利，争先恐后，就怕来不及；邦无道，形势不妙，有如探汤，避之不及。

编号：16.12

古　文	今　文
齐景公有马千驷，死之日，民无德而称焉；伯夷、叔齐饿于首阳之下，民到于今称之。其斯之谓与？	齐景公虽然拥有马车千辆，他死时，民众却认为他没有什么美德值得称赞；伯夷、叔齐饿死于首阳山下，民众至今仍在称赞他们，为什么呢？

笔者的理解：

孔子认为齐景公虽然拥有强大军事力量，富可敌国，但越礼缺德；伯夷、叔齐虽然饿死，但他们至死忠君，道德高尚。

编号：16.13

古 文	今 文
陈亢问于伯鱼曰："子亦有异闻乎？"对曰："未也。尝独立，鲤趋而过庭，曰：学《诗》乎？对曰：未也。不学《诗》，无以言。鲤退而学《诗》。他日，又独立，鲤趋而过庭。曰：学礼乎？对曰：未也。不学礼，无以立。鲤退而学礼。闻斯二者。"陈亢退而喜曰："问一得三，闻《诗》，闻礼，又闻君子之远其子也。"	陈亢问伯鱼："你听到过与众不同的教诲吗？"伯鱼答道："没有。有一天，父亲独自站在那里，我快步走过庭院，他问：学《诗》了吗？我答：没有。他说：不学《诗》在官场上就没有话语权。我就退而学《诗》。另一天，他又站在那里问我：学礼了吗？我答：还没呢。他说：不学礼就无法在官场上立足。我就退而学礼。我只听他说过这两件事。"陈亢回去高兴地说："我只问一个问题，却得到三个意外收获，听到学《诗》的好处，听到学礼的意义，又听到君子不偏心向着自己的儿子。"

笔者的理解：

孔鲤字伯鱼，孔子的儿子。孔子教学目的是"学而优则仕"，为奴隶社会培养管理人才，说白了就是当官。学《诗》目的，是在官场上学会应对。学礼目的，是在官场上立足。有教无类，不偏心。不管学生还是自己的儿子，都这么教。只教当官之道，不教别的。

编号：16.14

古 文	今 文
邦君之妻，君称之曰夫人，夫人自称曰小童；邦人称之曰君夫人，称诸异邦曰寡小君；异邦人称之亦曰君夫人。	诸侯国国君之妻，国君称她为夫人，夫人自称"小童"；本国的人称她为君夫人，在别国的人面前则称她为"寡小君"，异国人也称她为君夫人。

笔者的理解：

孔子之所以如此讲究这套称号，是为了恢复周礼奴隶制的等级名分，以作为正名的依据。

第十七章 阳货篇

古　文	今　文
阳货欲见孔子，孔子不见，馈孔子豚。孔子时其亡也，而往拜之。遇诸途。谓孔子曰："来！予与尔言。"曰："怀其宝而迷其邦，可谓仁乎？"曰："不可！""好从事而亟失时，可谓知乎？"曰："不可！""日月逝矣，岁不我与。"孔子曰："诺，吾将仕矣。"	阳货想让孔子去见他，孔子不去。阳货就送了一只烤猪给孔子，孔子打听到阳货不在家，便登门"拜谢"，不料，二人在路上相遇。阳货对孔子说："过来，我有话跟你讲。你把本事藏在怀里，却听任国家迷乱，这样做可称为仁义吗？"孔子答："不可！"阳货说："喜欢当官，却屡次错过机会，可称为明智吗？"孔子答："不可！"阳货又说"时光如流水，岁月不等人。"孔子说："好吧，我将出来做官。"

笔者的理解：

公元前 505 年，把鲁昭公赶下台的季平子死了。季平子的家臣阳货（虎）乘机控制其儿子季桓子，掌握了鲁国大权，是个"陪臣执国命"的人物。阳货和季氏虽然都主张改革周礼奴隶制，但他们之间也存在争权夺利的斗争。孔子反对季氏，故阳货极力拉拢孔子。孔子起初是惹不起，躲得起，采取回避态度。后来，经不住阳货封官许愿的诱惑，开始动摇。公元前 502 年，阳货想彻底剪除三桓，取而代之。公山弗扰在费邑发动叛乱响应，也派人请孔子参加。（17.5）孔子很犹豫，因子路强烈反对，最终没有参加叛乱。公元前 501 年，阳货等人政变失败，逃往齐、晋。孔子摇身一变，成了反叛英雄，深受鲁定公、季桓子信任。公元前 500 年，孔子当了汶上县中都宰，后任司空（管建筑），司寇（管司法），还代理过三个月宰相。在当官的三年中，孔子积极克己复礼，杀少正卯，"堕三都"。失败后，于公元前 497 年"周游列国"，开始了长达 14 年流亡生活。

编号：17.2

古　文	今　文
子曰："性相近也，习相远也。"	孔子说："人的本性是相近的，但习性却相差很远。"

笔者的理解：

人性指人的本性、人的性质，即什么是人。孔子在这里，只是说人性本来是差不多的，很相近，没有多大区别。而后天长期养成的，不容易改变的习性，即习惯性思想行为却有很大差别。承认了思想行为的后天性，这与孔子在（16.9）"生而知之"（17.3）"唯上知与下愚不移"的说法是有矛盾的。

其次，孔子只是从表面看到人性相近，习性相远。并没有从哲学高度，论述什么是人性，阐明利益与生命（人性）与爱心（仁义道德）的关系，回答人性的善恶问题。故（5.13）子贡曰："夫子之文章，可得而闻也；夫子之言性与天道，不可得而闻也。"（9.1）："子罕言利与命与仁。"

为了弥补孔子这一缺陷，孟子从人性与人心的哲学高度进行论述。认为：人之初，性本善。忠孝仁义就是良心，是人生而有之的善性。以仁义道德，施行仁政，是确保统治者利益最有效的方法。荀子则认为：人之初，性本恶。人生来就自私自利，所以，要以法治国，否则，争而无分，无法确保各方利益。

所谓人之初，有二种情况：从整体看，人类之初与动物无别，只有兽性，没有单独人性；从个体看，人刚生下来，什么也不懂，何来良心与善恶？故老子认为："天地不仁，天道无亲。"天地没有人的思想意识，以万物为刍狗，没有什么人性，爱心，良心。所谓善恶是后天形成的，"圣人不仁，以百姓为刍狗。"圣人才没爱心，没良心，没人性，把老百姓不当人，当刍狗。

编号：17.3

古　文	今　文
子曰："唯上知与下愚不移。"	孔子说："只有聪明的上等人和愚蠢的下等人是天生不变的。"

笔者的理解：

毛泽东说："卑贱者最聪明，高贵者最愚蠢。"白居易曰："上者未必贤，下者未必愚。"

编号：17.4

古 文	今 文
子之武城，闻弦歌之声。夫子莞尔而笑，曰："割鸡焉用牛刀？"子游对曰："昔者偃也闻诸夫子曰：君子学道则爱人，小人学道则易使也。"子曰："二三子，偃之言是也，前言戏之耳。"	孔子到武城，听见弦歌之声，微微一笑说："杀鸡何必用牛刀？"子游说："以前我听老师说过：君子学周礼就有爱心，百姓学周礼就容易听使唤。"孔子说："同学们，子游的话是对的，我刚才只是开个玩笑。"

笔者的理解：

言偃，字子游，孔子学生，时任武城县县长，大张旗鼓，习礼奏乐。孔子说："治理一个小小的武城，用得着如此大动干戈？"子游委屈地辩解说："我都是按老师的教导办的。"孔子知道失言，忙说：对不起，开个玩笑。"小人学道则易使。"这就不是开玩笑的话了，而是充满残酷役使、血腥气味的一句话。

编号：17.5

古 文	今 文
公山弗扰以费畔，召，子欲往。子路不说，曰："末之也已，何必公山之之也？"子曰："夫召我者，而岂徒哉？如有用我者，吾其为东周乎？"	公山弗扰在费邑叛乱，召孔子参加，孔子想去。子路说："没地方去就算了，何必去公山那里？"孔子说："他召我，我会替他白干吗？他如用我，难道我不会为东周出力吗？"

笔者的理解：

公山弗扰也是季氏的家臣，为响应阳货造季氏的反，在费邑发动叛乱。因孔子反对季氏变革，阳货和公山以为孔子和他们是一路的，都来拉孔子入伙。在这里，暴露了孔子是个"身在曹营，心在汉"的两面派。企图混入反叛周礼奴隶制队伍，继续为复辟东周出力。

编号：17.6

古　文	今　文
子张问仁于孔子。孔子曰："能行五者于天下为仁矣。""请问之。"曰："恭、宽、信、敏、惠。恭则不侮，宽则得众，信则人任焉，敏则有功，惠则足以使人。"	子张问仁。孔子说："能在天下实践五项德行者为仁。""请问哪五项？"孔子说："就是恭、宽、信、敏、惠这五项。为人恭恭敬敬，谦谦有礼，就不会去侮辱圣人之言；宽容忠恕就能得到民众拥护；老实诚信就能得到任用；勤奋机敏就能获得成功；小恩小惠足以让人听从使唤。"

笔者的理解；

　　孔子所谓"仁"，就是为官之道：专讲如何得到上级任用，如何使唤、奴役老百姓。

编号：17.7

古　文	今　文
佛肸召，子欲往。子路曰："昔者由也闻诸夫子曰：亲于其身为不善者，君子不入也。佛肸以中牟畔，子之往也，如之何？"子曰："然，有是言也。不曰坚乎，磨而不磷？不曰白乎，涅而不缁（zī）？吾岂匏（páo）瓜也哉，焉能系而不食？"	佛肸在晋国中牟县叛乱，召孔子参加，孔子想去。子路又反对，说："以前我听老师说过：做坏事的人那里，君子是不去的。佛肸盘踞中牟，犯上作乱，你却要去参加，为什么？"孔子说："是的，我说过这话。不是说硬的东西磨不薄吗？不是说白的东西染不黑吗？我难道是个傻瓜，怎能挂在那里而不吃呢？"

笔者的理解：

　　佛肸是晋国大夫范中行留守中牟的家臣。公元前490年，晋国赵简子攻打范氏，包围中牟，佛肸抵抗，这是新兴势力之间的矛盾斗争。

　　孔子再次表白：虽然想参加反叛，但克己复礼之心不变。

编号：17.8

古　文	今　文
子曰："由也，汝闻六言六蔽矣乎？"对曰："未也。""居，吾语汝。好仁不好学，其蔽也愚；好知不好学，其蔽也荡；好信不好学，其蔽也贼；好直不好学，其蔽也绞；好勇不好学，其蔽也乱；好刚不好学，其蔽也狂。"	孔子说："仲由，你听说过六言六蔽吗？"答："没有。"孔子说："坐下，我告诉你。好仁不好学，掩饰着愚蠢；好智不好学，掩饰着肤浅；好信不好学，掩盖着祸害；好直不好学，掩盖着急躁；好勇不好学，隐藏着动乱；好强不好学，隐藏着狂妄。"

笔者的理解：

所谓六言指：仁、智、信、直、勇、刚。要做到这六个字，关键是学习。学什么？学周礼奴隶制。所以，六言的核心是礼，礼的实质是立场，是利！不学礼，表面仁义，实际愚蠢；表面聪明，实际肤浅；表面诚信，实际害人；表面直率，实际急躁；表面勇敢，实际乱来；表面刚强，实际狂妄。

许多注家把"蔽"注解成"弊"。查字典，并理解孔子原意：蔽是掩蔽、掩饰、掩盖、欺骗、蒙蔽、隐藏、遮盖；而弊是弊病、害处、坏事。二字应有所区别。

编号：17.9

古　文	今　文
子曰："小子何莫学夫诗？诗，可以兴，可以观，可以群，可以怨。迩之事父，远之事君；多识于鸟兽草木之名。"	孔子说："同学们，为什么不学诗呢？诗，可以激励志气；可以提高观察能力；可以培养合群意识；可以抒发感情。近可以侍奉父母，远可以侍奉君主，还可以认识许多鸟兽草木的名目。"

笔者的理解：

孔子鼓励弟子学诗，列举了学诗的许多好处。所谓培养合群意识，就是培养集体主义精神。说得很好，很有道理。可是，三句不离事君。学诗主要目的是事君，其他都是次要的。

编号：17.10

古 文	今 文
子谓伯鱼曰："汝为《周南》《召南》矣乎？人而不为《周南》《召南》，其犹正墙面而立也与！"	孔子对伯鱼说："你学了《周南》《召南》了吗？人如果不学《周南》《召南》，就会像面壁而立。"

笔者的理解：

　　《周南》和《召南》是《诗经》的篇名。孔子认为：如果不学《周南》《召南》，会像被一堵墙挡住，看不到前面的情况，寸步难行。孔子为何如此重视《诗经》，可参看（2.2）（3.2）（3.20）（17.9）。

编号：17.11

古 文	今 文
子曰："礼云礼云，玉帛云乎哉？乐云乐云，钟鼓云乎哉？"	孔子说："礼呀礼呀，难道只是玉帛之类的礼物吗？乐呀乐呀，难道只是钟鼓之类的乐器吗？"

笔者的理解：

　　有人认为："孔子主张礼乐，是讲文明礼貌的，代表着中国先进传统文化。有其合理因素，不可全盘否定，一棍子打死。"

　　什么是礼？在这里，孔子很明确地说：所谓礼呀乐呀，难道只是玉帛之类的礼物，钟鼓之类的乐器吗？不是的。我所说的礼是周礼奴隶制，不是什么生活中的文明礼貌、礼仪、礼节、礼物。

　　公元前1046年，武王伐纣，建立周朝。二年后武王病死，13岁成王继位，由武王之弟周公旦辅政。周公"制礼作乐"，建立了一整套统治制度，统称周礼。《礼记》曰："夫礼者，所以定亲疏，决嫌疑，别同异，明是非也。""道德仁义，非礼不成。君臣上下，父子兄弟，非礼不定。"可见，礼是周礼，是一种不平等的社会制度。其本质是等级制、奴隶制，是统治老百姓的工具。

　　周礼奴隶制不是周公和孔子发明的，周公只是完善，孔子只是宣扬而已。（7.1）子曰

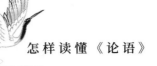

"述而不著，信而好古。"（2.23）："殷因于夏礼，周因于殷礼。"（3.14）："周鉴于二代，郁郁乎文哉，吾从周。"周礼是借鉴夏商二代礼制发展起来的，源远流长，内容丰富，主要有：政治上的分封世袭制，经济上的井田制，还有军事、刑法等四项基本制度，统称奴隶制。

"礼"是干什么用的？不是用来讲什么文明礼貌，礼尚往来，客客气气。而是用来节制老百姓"弗畔"，维护统治者利益的。（6.27）（12.15）"约之以礼，可以弗畔。"（1.12）也讲得很清楚："礼之用，和为贵。先王之道，斯为美，大小由之，有所不行，知和而和，不以礼节之，亦不可行也。"礼的用途就是"和"，和就是不犯上作乱，这是最宝贵的。礼是先王治国之道，是最完美的制度。礼的核心是等级名分，长幼有序，贵贱有等。君是君，臣是臣，庶人是庶人。（16.2）：礼乐征伐自天子出，庶人不议。不管大事小事都要按等级来，不越级，就不会乱，不乱就是和，犯上作乱就是不和。但是，知和而和，就事论事，光说不行，必须是强制性的，不用礼节制约束，是不行的！（2.3）："道之以德，齐之以礼，有耻且格。"德与礼双管齐下，使老百姓有羞耻心，行为就不会出格。（3.1）：季氏没有羞耻心，行为出格，竟敢"八佾舞于庭"。就像一个平头百姓，不知羞耻，竟敢穿龙袍，那是杀头之罪，是可忍孰不可忍！

孔子说的没错，礼制这套统治工具还是很管用的，使夏商周奴隶社会大约延续1750年，和两千年封建社会差不多。西周在周公治理下，的确有过一段兴盛的历史，是孔子的理想社会，称之为至德之世。（8.20）："周之德，其可谓至德也已矣。"（3.17）"我爱其礼。"（3.14）"吾从周"（17.5）"吾其为东周乎！"念念不忘克己复礼。

但是，好景不长。到西周晚期，恰恰是"至德周礼"出了问题。用孔子的话说：周室衰微，祸起萧墙，分崩离析，礼坏乐崩，世风日下，天下大乱。

一是周礼奴隶制造成社会基础崩溃。老子曰："九层之台，起于累土。""贵以贱为本，高以下为基。"西周"盛世"是建筑在奴隶血汗与白骨堆之上的，基础不牢。明代思想家李贽说："耕田者有所收获，才肯出力治田。"在奴隶社会里，奴隶主对奴隶任意打骂、虐杀、买卖。沉重的劳役，牛马不如的生活，怎么可能有出力治田积极性？奴隶死的死，病的病，逃的逃。不打仗，抓不到战俘，大批减员的奴隶得不到补充。消极怠工，劳力短缺，加上天灾人祸，使大片公田荒芜歉收。一些聪明能干的诸侯，觉得这样下去非完蛋不可，于是采取一系列改革措施。改革对象首先就是周礼的井田制，他们暗地里把"公田"化为"私田"，以优惠政策把逃亡奴隶吸引到私田，变为自耕农，大大提高种田积极性。这一改革，加速了周室王畿的奴隶向诸侯封地的逃亡。结果诸侯坐大，周室衰微。周库空虚，财源枯竭，养不起重兵。对外，无力抵御外族入侵。对内，无力控制诸侯，镇压民众。可谓内忧外患。

二是周礼造成上层腐败。世袭制如同近亲繁殖，使周天子一代不如一代。天子至高无上的权力，不受任向约束，想干什么就干什么，胡作非为，挥霍无度。为了维持军费和奢侈生活庞大的开支，横征暴敛，滥杀无辜，逼得老百姓活不下去，只得造反。

于是，天下大乱。孔子把大乱的根源，不是周礼奴隶制的腐朽，周天子的腐败；而是归结于诸侯的改革，百姓的造反。孔子说：天下之所以大乱，就因为（8.2）："无礼则乱。"（8.10）：是下面的人"好勇疾贫，乱也。人而不仁，疾之已甚，乱也。"根在下面，不在上面。故为政必先正名，"克己复礼，非礼勿视，非礼勿听，非礼勿言，非礼勿动。"（8.9）："民可使由之，不可使知之。"（12.15）："博学于文，约之以礼，亦可以弗畔。"（14.41）："上好礼，则民易使也。"（13.4）："上好礼，则民莫敢不敬，焉用稼？"

孔子"反封建"，是维护腐朽奴隶制，反对当时相对先进的封建制。后来，儒家运用孔子这套理论，维护腐朽封建制，反对变革、社会进步。可见，儒家在历史上一直是扮演保守旧制度的角色。

编号：17.12

古　文	今　文
子曰："色厉而内荏，譬诸小人，其犹穿窬（yú）之盗也与！"	孔子说："表面厉害而内心怯懦，比如小人，就像穿墙打洞的小偷！"

笔者的理解：

（7.23）因为，孔子曾经攻击宋国司马桓魋违背周礼。所以，当孔子从卫国去陈国，经过宋国时，桓魋便带兵要杀孔子。吓得孔子如丧家之犬，与弟子逃散。当弟子们找到惊魂未定的孔子时，孔子曰："天生德于予，桓魋其如予何！"此时的孔子不也是个色厉内荏的人吗？

编号：17.13

古　文	今　文
子曰："乡愿，德之贼也。"	孔子说："所谓代表乡里愿望的人，是败坏道德的人。"

笔者的理解：

据《孟子·尽心下》注解：乡愿指"同乎流俗，合乎污世"的人。改革周礼，推翻奴隶制是乡里人的普遍心愿。孔孟所谓的"同流合污"，是指合乎这种历史潮流的人，是违

反周礼，破坏仁义道德的人。对这种大逆不道的人，应该怎么办？斩首示众，株连九族！

编号：17.14

古　文	今　文
子曰："道听而途说，德之弃也。"	孔子说："道听途说，违反道德。"

笔者的理解：

　　主张改革周礼，推翻奴隶制的鲁国大夫少正卯，也在设坛讲学，和孔子唱对台戏。孔子许多学生都跑去听讲，故孔子要弟子们不要道听途说。

编号：17.15

古　文	今　文
子曰："鄙夫可与事君也与哉？其未得之也，患得之。既得之，患失之。苟患失之，无所不至矣。"	孔子说："怎么可以和道德品质恶劣的鄙夫一起侍奉君主呢？他未得富贵官位时，怕得不到。既得之，又怕失之。如果总是患得患失，那就什么极端的事都做得出来。"

笔者的理解：

　　孔子事君，可谓无微不至。

编号：17.16

古　文	今　文
子曰："古者民有三疾，今也，或是之亡也。古之狂也肆，今之狂也荡；古之矜也廉，今之矜也忿戾；古之愚也直，今之愚也诈而已矣。"	孔子说："古人有三种毛病，现在之人连那样的毛病都不如。古之狂士不过有些放肆，不拘小节，现在的狂士却放荡越礼，毫无顾忌；古代傲气之人廉正，如今傲气之人暴戾成性；古之愚人正直，今之愚人狡诈。"

笔者的理解：

改革周礼，推翻奴隶制是社会进步。孔子却认为是礼坏乐崩，世风日下，今不如昔，必须克己复礼。

编号：17.17

古　文	今　文
子曰："巧言令色，鲜矣仁！"	孔子说："花言巧语的人，少有仁爱之心。"

笔者的理解：

与（1.3）重复。

编号17.18

古　文	今　文
子曰："恶紫之夺朱也，恶郑声之乱雅乐也，恶利口之覆邦家者。"	孔子说："我厌恶用紫色夺取朱红，厌恶用郑国民间音乐扰乱正统雅乐，厌恶利口颠覆国家的人。"

笔者的理解：

紫色是蓝与红合成的颜色，孔子认为紫不是正色，朱红才是正色。古代王侯用朱红油漆门户，故朱门为豪门的代称。在这里，孔子表达了对改革周礼，推翻奴隶制的厌恶和仇视。

编号：17.19

古　文	今　文
子曰："予欲无言。"子贡曰："子如不言，小子何述焉？"子曰："天何言哉？四时行焉，百物生焉，天何言哉？"	孔子说："我想不说话了。"子贡说："老师如果不说，学生还说什么？"孔子说："天何曾说话？四季照样运行，百物照样生长，天说什么了？"

笔者的理解:

有人说:"这是孔子具有唯物主义思想的证据。"恰恰相反,这里体现了孔子唯心主义世界观。孔子认为:上天虽然不说话,但一切都是上天有意安排好的。包括四季变化,百物生长。(7.23)"天生德于予,桓魋其如予何!"(12.5)死生有命,富贵在天,等等。孔子自比上天,不再说话,要弟子们按照他的理论,克己复礼。

编号: 17.20

古　文	今　文
孺悲欲见孔子,孔子辞以疾。将命者出户,取瑟而歌,使之闻之。	孺悲想见孔子,孔子推辞说有病。传话的人刚出门,孔子取出瑟来又弹又唱,故意让孺悲听到。

笔者的理解:

孔子为什么不愿见孺悲,原因不明,注家都觉得不好理解,我觉得没什么不好理解。孔子对上是点头哈腰,一副奴才相。对下是道貌岸然,令人望而生畏。关键是孺悲这个人对孔子没什么用,推托有病,不见也就算了。孔子却如此戏弄作践他人自尊,一贯标榜懂礼的孔子,对人却如此无礼。

编号: 17.21

古　文	今　文
宰我问:"三年之丧,期已久矣。君子三年不为礼,礼必坏;三年不为乐,乐必崩。旧谷既没,新谷既升,钻燧改火,期可已矣。"子曰:"食夫稻,衣夫锦,于女安乎?"曰:"安。""女安,则为之!夫君子之居丧,食旨不甘,闻乐不乐,居处不安,故不为也。今女安,则为之!"宰我出,子曰:"予之不仁也!子生三年,然后免于父母之怀。夫三年之丧,天下之通丧也,予也有三年之爱于其父母乎?"	宰我说:"三年之丧,期限太久。君子三年不习礼,礼必败坏;三年不奏乐,乐必崩溃。旧谷吃完,新谷上场,钻木取火也有一个轮回,守丧一年就可以了。"孔子说:"吃父母的粮,穿父母的衣,你心安吗?"宰我说:"安。"孔子说:"你心安,就这样做吧!君子守丧,食不甘,心不乐,居不安,不会这样做的。既然你心安,就去做吧!"宰我出去后,孔子说:"宰我不仁不孝啊!孩子生下三年,才能离开父母怀抱。三年乃天下通行的丧期,难道宰我没有父母三年之爱吗?"

笔者的理解：

宰我善于独立思考，经常对孔子的伦理提出质疑。这些质疑都很有道理，使孔子难以回答，十分尴尬，只好采取压制、责骂、扣帽子。

如（3.21）宰我说：夏商周统治者设神灵牌位，为了使民战栗。孔子立即制止，不许他乱说。（6.26）宰我给孔子出难题：有人落井，仁者怎么办？（17.21）宰我并没说不守孝，只是说：守孝三年太久，一年就够了。三年只守丧不习礼乐，必然礼坏乐崩。这个理由，孔子无法反驳，只好扣帽子，责骂宰我不仁不孝。（5.10）是"朽木不可雕，粪土之墙不可圬。"

君子居丧，食不甘，心不乐，居不安。可是孔子说一套，做一套。《史记》说：孔母刚死，孔子不守丧，却跑去赴宴，被阳货赶了出来。《礼记》说：孔鲤母死，孔子却不许孔鲤哭！可见孔子并非孝子，没有孝的先进事迹，有什么资格当道德楷模，万世师表？孔子提倡孝，并不是真的要孝顺父母，而是要老百姓像孝顺父母那样，孝顺君主。

编号：17.22

古　文	今　文
子曰："饱食终日，无所用心，难矣哉！不有博弈者乎？为之，犹贤乎已。"	孔子说："饱食终日，无所用心，这种人难以成器！不是有博弈者吗？赌一把也比什么都不干强。"

笔者的理解：

说明孔子有赌徒心理。饱食终日，无所用心不对，但也不能因此而去赌博，难道没有别的事情可做？

编号17.23

古　文	今　文
子路曰："君子尚勇乎？"子曰："君子义以为上，君子有勇而无义为乱，小人有勇而无义为盗。"	子路问："君子尚勇吗？"孔子说："君子尚义，君子有勇无义就会犯上作乱，小人有勇无义就会去做强盗。"

笔者的理解：

孔子所谓义，是君臣之义，崇尚周礼奴隶制之义。污蔑小人物有勇无义，只会犯上作乱，去做强盗。

编号：17.24

古 文	今 文
子贡曰："君子亦有恶乎？"子曰："有恶：恶称人之恶者，恶居下流而讪上者，恶勇而无礼者，恶果敢而窒者。"曰："赐也亦有恶乎？""恶徼以为知者，恶不孙以为勇者，恶讦（jié）以为直者。"	子贡问："君子也有憎恶的人吗？"孔子说："有，君子憎恶专揭别人短处的人；憎恶身居地位低而诽谤地位高的人；憎恶勇而无礼的人；憎恶果敢而顽固不化的人。"孔子反问："赐，你也有憎恶的人吗？"子贡答："我憎恶不懂装懂的人；憎恶出言不逊却自以为勇敢的人；憎恶专揭别人短处而自以为耿直的人。"

笔者的理解：

孔子厌恶居下流而讪上者，却不厌恶居上流社会者镇压下层社会者，处处维护周礼奴隶制，孔子立场昭然若揭。

编号：17.25

古 文	今 文
子曰："唯女子与小人为难养也，近之则不孙，远之则怨。"	孔子说："只有女子和小人最难相处，亲近他，他则无礼；疏远他，他则怨恨。"

笔者的理解：

有人说：小人指小孩。（6.13）子谓子夏曰："女为君子儒，无为小人儒。"（13.4）樊迟请学稼。子曰："小人哉，樊须也！"可见小人不是小孩，而是孔子所看不起的种田小人物。孔子歧视妇女，把女子与小人并列。（8.20）把妇人不算人，办学只招男生不招女生。女子无才便是德，男尊女卑，三纲五常，三从四德，盘头缠足，从此把妇女推入千年火坑。

"小脚一双，眼泪一缸。"缠足是对妇女肉体和精神的酷刑，这种伦理有何合理因素？明代李贽曰："谓见有长短则可，谓男子之见尽长，女子之见尽短，又岂可乎？"当然，孔子并不歧视所有女性。（16.14）妇女也分等级，等级不同，称号也不一样。（6.28）孔子就拜倒在南子石榴裙下，让子路很是看不起。

编号：17.26

古　文	今　文
子曰："年四十而见恶焉，其终也已。"	孔子说："一个人活到四十岁还让人厌恶，他这辈子算完了。"

笔者的理解：

四十岁，来日方长，不必自暴自弃，孔子如此丧志，见（9.23）。

第十八章 微子篇

编号：18.1

古 文	今 文
微子去之，箕子为之奴，比干谏而死。孔子曰："殷有三仁焉！"	微子逃跑，箕子被贬为奴隶，比干死谏被杀。孔子说："殷有三位仁人啊！"

笔者的理解：

微子是纣王的庶兄，武王伐纣，纣王自杀，微子抬棺投降，被封于宋，据说微子是孔子祖先。纣王无道，微子屡谏不听，被迫逃跑；箕子是纣王叔父，因忠谏而被贬为奴隶；比干也是纣王叔父，曾说："主过不谏，非忠也；畏死不言，非勇也；过则谏，不用则死，忠之至也。"纣王怒之，曰："吾闻圣人之心有七窍，信诸？"遂将比干剖腹挖心。纣王是历史上有名的暴君，不管什么君，只要符合"文死谏，武死战，杀身成仁，君叫臣死，臣不敢不死"的标准。孔子都把他们树立为忠臣的先进典型，这是孔子的是非标准。

其次，这三个人明明是忠，孔子却说是仁。可见，孔子所谓仁的实质，不是什么爱心，而是忠心。不是爱老百姓，而是爱君。

编号：18.2

古 文	今 文
柳下惠为士师，三黜。人曰："子未可以去乎？"曰："直道而事人，焉往而不三黜？枉道而事人，何必去父母之邦？"	柳下惠当法官，多次被罢免。有人问："你为什么不离开鲁国？"答"以正道侍奉人君，到哪里不会遭到罢免？以邪道侍奉人君，何必离开父母所在的国家？"

笔者的理解：

在儒家著作中，柳下惠是与伯夷是并列的贤人。孔子曰："饮食男女，人之大欲存焉。"

而柳下惠能做到"坐怀不乱"，被儒家树为道德高尚的先进典型。柳下惠所谓"直道"认为：在天下大乱的形势下，各国都在变革。不管到哪个国家，坚持按周礼奴隶制办事的人，都会被罢官；如果按"枉道"事人，支持改革周礼，推翻奴隶制，就不会被罢官，也就没必要离开鲁国。由于柳下惠坚持保守立场，被季氏罢官，却被孔子赞扬。

编号：18.3

古　文	今　文
齐景公待孔子曰："若季氏，则吾不能；以季孟之间待之。"曰："吾老矣，不能用也。"孔子行。	齐景公谈到孔子的待遇时说："我不能像鲁君待季氏那样，把大权交给他；但可以给他低于季氏，高于孟氏之间的待遇。"后来又说："我老了，不能用他了。"孔子只好离开齐国。

笔者的理解：

（12.11）齐景公听到孔子关于"君君臣臣，父父子子"的政论之后，大加赞赏，很想重用孔子。却遭到齐相晏婴等人反对，孔子只好灰溜溜地离开齐国。（16.12）为此，孔子骂齐景公"无德"。也反映出齐国权力的转移，由腐败无能的齐君手中，逐渐转移到聪明能干的改革势力手中。

编号：18.4

古　文	今　文
齐人归女乐，季桓子受之，三日不朝，孔子行。	齐国送来许多歌女，季桓子接受了，三天不上朝办公，孔子便离开了鲁国。

笔者的理解：

公元前498年，孔子离开鲁国，开始14年之久的"周游列国"。这里说的原因是："齐人归女乐，季桓子受之，三日不朝。"孔子成了反腐英雄。真正的原因是：孔子反对改革周礼，发动"堕三都"，克己复礼，复辟奴隶制失败后，被迫流亡。并不是孔子不满季氏腐败而离开鲁国的。

编号：18.5

古　文	今　文
楚狂接舆歌而过孔子曰："凤兮凤兮！何德之衰？往者不可谏，来者犹可追。已而，已而！今之从政者殆而！"孔子下，欲与之言。趋而辟之，不得与之言。	楚国有个狂士走到车旁，批评孔子唱道："凤兮凤兮，为何道德如此衰败？过去的事虽不可挽回，但未来的事尚可追补。罢了，罢了！如今从政的人危险啊！"孔子下车，想与他交谈，他却快步避开，孔子没能和他说话。

笔者的理解：

"接舆"是接近车子，而不是楚狂人名。狂士被认为是佯狂不仕的人物，常以唱歌来抨击时政；这里的"过"是批评孔子过错，而不是经过或走过；（9.9）子曰："凤鸟不至。"古人认为凤凰神鸟出现，象征天下祥和太平。所谓"凤兮凤兮"，指邦有道则凤凰现，邦无道则凤凰隐。可见，真正宣扬隐居避世思想的是孔子，而不是老子。

编号：18.6

古　文	今　文
长沮（jù）、桀溺，耦而耕，孔子过之，使子路问津焉。长沮曰："夫执舆者为谁？"子路曰："为孔丘。"曰："是鲁孔丘与？"曰："是也。"曰："是知津矣。"问于桀溺。桀溺曰："子为谁？"曰："为仲由。"曰："是鲁孔丘之徒与？"对曰："然。"曰："滔滔者天下皆是也，而谁以易之？且而与其从辟人之士也，岂若从辟世之士哉！"耰（yōu）而不辍。子路行以告。夫子怃然曰："鸟兽不可与同群，吾非斯人之徒与而谁与？天下有道，丘不与易也。"	长沮和桀溺在耕地，孔子经过时，叫子路去打听渡口。长沮问："那个坐在车上的人是谁？"子路答："是孔丘。"又问："是鲁国的孔丘吗？"答："是的。"长沮说："他是圣人，应该知道出路在哪里。"子路只得问桀溺。桀溺说："你是谁？"答："仲由。"又问："是鲁国孔丘的门徒吗？"答："是的。"桀溺说："滔滔洪水，天下皆是，谁能改变这种现状？你与其跟从避人之士，不如跟从避世之士！"说完便不停翻土播种。子路回去告诉孔子，孔子叹曰："鸟兽是无法与之同群的，我不是能改变天下大乱的那个人，谁是？如果天下有道，还用得着我孔丘克己复礼，去改变现状吗？"

笔者的理解：

这应是一则寓言，即一段有所寓意的言论。

（17.7）晋国佛稀以中牟畔，召，子欲往。《史记》曰：孔子一行人走到河边，正在寻找渡口。听说新兴势力的赵简子，杀了保守的窦鸣犊、舜华等人，连忙返回卫国。《论语》以此段历史为依据，预言天下大乱，改革周礼，推翻奴隶制的历史潮流，如滔滔洪水，天下皆是，谁也无法改变。只有孔子（14.38）知其不可而为之。企图改变历史航向，把礼乐征伐自诸侯出的"天下无道"，变回由天子出，庶人不议的"天下有道"。　桀溺问："滔滔者天下皆是，谁以易之？"滔滔洪水，谁能改变？孔子狂妄地回答："吾非斯人之徒与而谁与？"我不是可以改变历史潮流的那个人，谁是？如果天下有道，就用不着孔丘我变易之。寓言子路问津，寻找出路，然而孔子没出路。

编号：18.7

古　文	今　文
子路从而后，遇丈人，以杖荷蓧（diào）。子路问曰："子见夫子乎？"丈人曰："四体不勤，五谷不分，孰为夫子？"植其杖而芸，子路拱而立。止子路宿，杀鸡为黍而食之，见其二子焉。明日，子路行以告。子曰："隐者也。"使子路反见之。至，则行矣。子路曰："不仕无义。长幼之节，不可废也；君臣之义，如之何其废之？欲洁其身，而乱大伦。君子之仕也，行其义也。道之不行，已知之矣。"	有一次，子路跟从孔子，落在了后面，遇到一位柱杖扛着锄草农具的老人。子路问："您看到我的老师吗？"老人说："四肢不勤，五谷不分，何为老师？"说完把拐杖一插而锄草，子路拱手而立。到了晚上，老人留子路在他家住宿，杀鸡做饭给子路吃，又让两个儿子出来和子路相见。第二天，子路赶上孔子，告诉了这件事。孔子说："隐士啊！"让子路返回去看他。子路回到那里，老人已经走了。子路说："不出来当官是不义的。长幼礼节不可废；君臣之义，又怎么能废？想洁身自好，反而乱伦。君子当官是为了行君臣之义。至于这条道路行不通，我早就知道了。"

笔者的理解：

（14.39）的荷蒉者（挑筐者）。（18.5）的楚狂。（18.6）的长沮、桀溺（身材高大，浸在泥水耕田的人）。（18.7）的丈人（老者）都是儒家眼中的道家人物，他们不是佯狂不仕的游民，就是挑担种地的庄稼人。（14.37）子曰："贤者辟世。"孔子认为：他们关心时局，说话深刻，富有哲学道理，是避世隐居的社会贤达。子路说他们不出来当官是不对的，当官是为了行君臣之义，却又承认这条路行不通。

编号：18.8

古　文	今　文
逸民：伯夷、叔齐、虞仲、夷逸、朱张、柳下惠、少连。子曰："不降其志，不辱其身，伯夷、叔齐与！"谓："柳下惠、少连，降志辱身矣，言中伦，行中虑，其斯而已矣。"谓："虞仲、夷逸，隐居放言，身中清，废中权。我则异于是，无可无不可。"	退隐的贵族人士有伯夷、叔齐、虞仲、夷逸、朱张、柳下惠、少连。孔子说："不降自己的意志，不辱自己的身份的人是伯夷和叔齐。"又说："柳下惠和少连虽然降志辱身，但言论符合伦理，行为深思熟虑，如此而已。"又说："虞仲、夷逸隐居避世，说话放肆，但自身清白，放弃手中权力。我和他们不同，无可无不可。"

笔者的理解：

　　所谓"逸民"，是在改朝换代，社会变革，历史浪潮中被淘汰，失去权利地位，破产没落的贵族人士。(20.1) 都是孔子举逸民的"先进"典型。伯夷、叔齐是宁死不食周粟，反对武王伐纣，立场坚定的典型；柳下惠、少连是忍耐求生，言行符合周礼的典型；虞仲、夷逸则是放弃权利，一身清白的典型。孔子要为他们正名，恢复奴隶主旧日的名誉。

　　孟子极为赞赏孔子的话："我则异于是，无可无不可。"我和他们不同，不一定会这样做，也不一定不会这样做。这是模棱两可，说了等于没说的废话。(14.37) 贤者辟世。(7.11) 用之则行，舍之则藏。(15.7) 邦有道则仕，邦无道则可卷而怀之。看情况，不会那么死心眼。孟子对孔子这种看风使舵，毫无政治诚信的投机做法，大加赞赏。《孟子·万章下》曰"圣之时者也，可以速而速，可以久而久，可以处而处，可以仕而仕。"是个见机行事，随机应变的政治变色龙。

编号：18.9

古　文	今　文
太师挚适齐，亚饭干适楚，三饭缭适蔡，四饭缺适秦，鼓方叔入于河，播鼗（táo）武入于汉，少师阳、击磬襄入于海。	太师挚逃到齐国，亚饭干逃到楚国，三饭缭逃到蔡国，四饭缺逃到秦国，打鼓的方叔逃到黄河边，摇拨浪鼓的武逃到汉中，少师阳和击磬襄逃到海边。

笔者的理解：

　　周礼规定：天子或诸侯出席各种场合，甚至吃饭时要奏乐。乐队既分工又分等级：分工如弹琴、打鼓、击磬；等级如太师相当首席乐师，接下来是少师、二饭、三饭、四饭。树倒猢狲散，鲁君下台，身边的乐师都四处逃命，说明鲁国的天下大乱，分崩离析，祸起萧墙。

编号：18.10

古 文	今 文
周公谓鲁公曰："君子不施其亲，不使大臣怨乎不以。故旧无大故，则不弃也。无求备于一人。"	周公旦对儿子鲁公伯禽说："君子不任人唯亲，不使大臣埋怨不已。老臣无大过，则不要遗弃。不求全责备于每一个人。"

笔者的理解：

重用老臣故旧，这是孔子克己复礼的用人之道。

编号：18.11

古 文	今 文
周有八士：伯达、伯适（kuò）、仲突、仲忽、叔夜、叔夏、季随、季骈。	周朝有八位名士：伯达、伯适、仲突、仲忽、叔夜、叔夏、季随、季骈。

笔者的理解：

孔子树立的八个典型，不知有何先进事迹，史书均无记载。可见，孔子树立典型门槛之低，所谓名士并不出名。

第十九章 子张篇

编号：19.1

古 文	今 文
子张曰："士见危致命，见得思义，祭思敬，丧思哀，其可已矣。"	子张说："作为士，见到危险能献出生命；能见得思义；能祭祀思敬；能守丧思哀。能做到这些，也就可以了。"

笔者的理解：

子张这些言论，只是孔子忠孝仁义的翻版，不过换一种说法而已，没有什么新观点。

编号：19.2

古 文	今 文
子张曰："执德不弘，信道不笃，焉能为有？焉能为亡？"	子张说："执行仁义道德不弘扬光大；信仰真理不坚定。算有，还是算没有？"

笔者的理解：

执而不弘，信而不笃。指仁义道德，执行不力，信仰不坚定。"焉能为有？焉能为亡？"这种人可有可无，无足轻重。有他不为多，无他不为少，有他没他一样。

编号：19.3

古 文	今 文
子夏之门人问交于子张。子张曰："子夏云何？"	子夏的学生问子张怎样交朋友。子张反问："子夏是怎么说的？"

编号：19.3

续　表

古　文	今　文
对曰："子夏曰：可者与之，其不可者拒之。"子张曰："异乎吾所闻：君子尊贤而容众，嘉善而矜不能。我之大贤与，于人何所不容？我之不贤与，人将拒我，如之何其拒人也？"	答："子夏说：可以交就交，不可以交就拒绝。"子张说："这和我所听到的不同：君子尊敬贤能而宽容众人，嘉勉善者而同情能力差者。我贤，人为何不容我？我不贤，人将拒绝我，我如何拒绝别人？"

笔者的理解：

孔子死后，儒家分裂成八个派系。子张、子夏、子游等人的言论，说明这八个派系在互相争夺领导权。其实，早在孔子生前，学生已分成两派：以颜回、子路等为首的保守派；和以宰我、冉求等为首的改革派。而这八派，基本是保守派之间的争斗。关于如何交友，子夏说：可以交就交，不可以交就不交，这是废话，说了等于没说。子张很聪明，先打听子夏是怎么说的。然后把孔子抬出来压制对方，略胜一筹。

有子是比较有理论水平的学生，提出过一些著名观点。如（1.2）提出孝是仁之本，做到孝就不会犯上作乱。（1，12）和为贵，以礼节之。（1.13）诚信要符合义，行为要符合礼。（12.9）提出减税，百姓足，君子才能足。故孔子死后，继承孔子为师。但不久，在争斗中被赶下台。

编号：19.4

古　文	今　文
子夏曰："虽小道，必有可观者焉，致远恐泥，是以君子不为也。"	子夏说："虽是小道也有可取之处，但恐怕陷入泥坑而走不远，所以君子不走小道，走大道。"

笔者的理解：

据《史记》说：孔子死后，子夏为魏文侯师，主要传授儒家经典。《论语》也记录了一些子夏的言论，如（1.7）事君能致其身。（12.5）死生有命，富贵在天。（13.17）子夏为莒父宰。（6.13）孔子对子夏也寄予厚望，曰："女为君子儒，无为小人儒。"

编号：19.5

古　文	今　文
子夏曰："日知其所亡，月无忘其所能，可谓好学也已矣。"	子夏说："每天学些新知识，每月不忘复习学过的东西，可称为好学。"

笔者的理解：

如果子夏主张每天学些为老百姓办事的知识，无疑是正确的。然而，子夏主张每天学孔子关于忠君复礼的知识，那就越学越反动！

编号：19.6

古　文	今　文
子夏曰："博学而笃志，切问而近思，仁在其中矣。"	子夏说："知识渊博而意志坚定，关切当前社会问题，仁义道德就在其中。"

笔者的理解：

三句不离孔子的仁义道德。

编号：19.7

古　文	今　文
子夏曰："百工居肆以成其事，君子学以致其道。"	子夏说："各行各业的工匠是在作坊里完成工作的，而君子学以致用，以实现先王之道的。"

笔者的理解：

子夏很清楚，君子是干什么的，就是实行先王之道。

编号：19.8

古　文	今　文
子夏曰："小人之过也必文。"	子夏说："小人对过错必定掩饰。"

笔者的理解：

子夏认为：小人必定会掩饰违背周礼，犯上作乱的过错。

编号：19.9

古　文	今　文
子夏曰："君子有三变：望之俨然，即之也温，听其言也厉。"	子夏说："君子善变：远看俨然可畏，听他说话也很严厉，其实接近后，则温和可亲。"

笔者的理解：

君子对小人、野人、鄙人、贱人、庶人、劳力者从来就没有温和可亲过。

编号：19.10

古　文	今　文
子夏曰："君子信而后劳其民；未信，则以为厉己也。信而后谏；未信，则以为谤己也。"	子夏说："君子要先取得老百姓的信任，而后再去劳役他们；未取得信任，则老百姓会以为虐待自己。要先取得君主的信任，然后再进谏；否则，君主会以为在诽谤自己。"

笔者的理解：

这是君子的为官之道。

编号：19.11

古　文	今　文
子夏曰："大德不逾闲，小德出入可也。"	子夏说："大节不要越过底线，在小节上有点儿出入是可以的。"

笔者的理解：

"闲"原义为养马之栅栏，子夏引申为范围、界限，而非空闲。所谓大德，指大节，不要僭越周礼这条底线。

编号：19.12

古　文	今　文
子游曰："子夏之门人小子，当洒扫应对进退，则可矣。抑末也，本之则无，如之何？"子夏闻之，曰："噫！言游过矣！君子之道，孰先传焉？孰后倦焉？譬诸草木，区以别矣。君子之道，焉可诬也？有始有卒者，其惟圣人乎！"	子游说："子夏门下的弟子，做些洒水扫地，引领客人进退的事情还可以。不过这只是末节小事，根本的东西一点儿也没学到，这怎么行？"子夏听后说："唉！子游言过了！君子之道，什么先传授，什么后教诲？比如草木，是有区别的。君子之道，怎么可以随意诬蔑呢？能有始有终，顺序渐进地教授弟子，只有圣人！"

笔者的理解：

孔子死后，弟子互相攻击，争权夺利。子游指责子夏只教学生一些末节小事，根本的东西一点也没有。子夏则大言不惭地说：什么是根本的东西？什么是君子之道？就是为官之道，君臣之义；忠孝礼乐，仁义道德；克己复礼，怎么可以随意污蔑？教学生就要有始有终，顺序渐进，只有圣人才做得到，我就是那样的圣人！

编号：19.13

古　文	今　文
子夏曰："仕而优则学，学而优则仕。"	子夏说："想当官就应该学习，学好了才能当官。"

笔者的理解：

　　"学而优则仕。"是句名言，都以为是孔子说的，其实是子夏说的。想当官就应该学习，这话本来没错。但学什么？孔子说：学礼乐。所谓"野人"，这里不是指劳力者，而是指失去世袭特权的奴隶主及其子女，没有当官的在野之人，也是孔子要推举的"逸民"。孔子主张这些人要先学礼，后当官，学而优则仕，学好了才能当官。千百年来的科举制度，是读书人唯一的为官之道。（15.32）子曰："耕也，饿肚子；学也，禄在其中。"孔子这句话，激励着多少读书人在仕途上拼命奔波。书中自有黄金屋，书中自有颜如玉。万般皆下品，唯有读书高。名不显时心不死，再挑灯火看文章。有人辞官归故里，有人漏夜赶科场。十年寒窗无人问，一举成名天下知。范进五十四岁中举，高兴得发疯。

编号：19.14

古　文	今　文
子游曰："丧致乎哀而止。"	子游说："办丧事，致哀而止。"

笔者的理解：

　　子游主张办丧事，表达悲哀之情就可以了，适可而止。（17.21）可见，不只宰我一个人，反对孔子的厚葬久丧。

编号：19.15

古　文	今　文
子游曰："吾友张也为难能也，然而未仁。"	子游说："我的朋友子张难能可贵，然而尚未达到仁的最高境界。"

笔者的理解：

　　据说朱熹赞同此言。但子游表面抬举，实际贬低子张。

编号：19.16

古　文	今　文
曾子曰："堂堂乎张也，难与并为仁矣。"	曾子说："子张仪表堂堂，难与他一起为仁奋斗。"

笔者的理解：

曾子说子张自高自大，派头十足，难以共事。互相攻击。

编号：19.17

古　文	今　文
曾子曰："吾闻诸夫子：人未有自致者也，必也亲丧乎！"	曾子说："我听老师说过：没有什么事情能让人竭尽全力表达真实感情。如果有，那必定是父母亲的丧事！"

笔者的理解：

宰我和子游反对厚葬久丧，曾子则利用亲丧问题，抬出孔子，打了他们一棍子。

编号：19.18

古　文	今　文
曾子曰："吾闻诸夫子：孟庄子之孝也，其他可能也。其不改父之臣与父之政，是难能也。"	曾子说："我听老师说过：孟庄子行孝，别人可能做到。但他不改换父亲的旧臣，不改变父亲的政策，这是别人难以做到的。"

笔者的理解：

孟庄子，鲁国大夫，其父是孟献子。公元前 562 年，三桓第一次三分公室时，季氏采用封建的征税制，叔氏保留奴隶制，孟氏二者兼用。孔子称赞孟氏不改奴隶制的一面。曾参表明自己才是孔子理论的继承者和接班人。

编号：19.19

古　文	今　文
孟氏使阳肤为士师，问于曾子。曾子曰："上失其道，民散久矣。如得其情，则哀矜而勿喜！"	孟氏派阳肤当法官，阳肤请教曾子。曾子说："上失其道，民心涣散已久，你如了解这一情况，就会悲哀而不会高兴！"

笔者的理解：

　　阳肤是曾参七个弟子之一。"上失其道"曾参指责孟氏改革周礼奴隶制的另一面，要阳肤了解这一情况，不要支持孟氏。

编号：19.20

古　文	今　文
子贡曰："纣之不善，不如是之甚也。是以君子恶居下流，天下之恶皆归焉。"	子贡说："纣王不好，也没大家说的那么坏。君子倒霉时，墙倒众人推，把天下之恶名都归到他一个人头上。"

笔者的理解：

　　子贡为纣王正名，是应用孔子忠君思想的典范。君君臣臣，父父子子的名分地位不能变，变了的，必须正名，克己复礼，变回来。按照孔子这套理论：纣王再怎么坏也是国君，武王再怎么好也是臣子。武王伐纣，犯上作乱，大逆不道，是乱臣贼子，最不道德。可是孔子却盛赞周之至德，甚至也想参加公山弗扰等人叛乱。这是孔子自相矛盾，无法自圆其说之处。

编号：19.21

古　文	今　文
子贡曰："君子之过也，如日月之食焉；过也，人皆见之；更也，人皆仰之。"	子贡说："君子的过错，如同日食月食；过错，人人都看得见；改错，人人都敬仰他。"

笔者的理解：

　　子贡把纣王说成是君子，又把君子吹捧成与日月同辉，不管对错，人人都得敬仰。

编号：19.22

古　文	今　文
卫公孙朝问于子贡曰："仲尼焉学？"子贡曰："文武之道，未坠于地，在人。贤者识其大者，不贤者识其小者。莫不有文武之道焉。夫子焉不学，而亦何常师之有？"	卫国大夫公孙朝问子贡："孔子的学问是跟谁学的？"子贡说："文王武王之道，并未失传，还在人心里。贤者能识大体，不贤者只能见识微小细节。先王之道无处不在，孔夫子哪里不能学，又何必有固定的老师呢？"

笔者的理解：

　　《史记》曰：孔子曾问礼于老子；访乐于长弘；问官于郯子；学琴于师襄。（7.22）子曰："三人行，必有我师焉。"所以曾参说孔子"何常师之有？"没有固定的老师。唐代韩愈也说："圣人无常师。"

编号：19.23

古　文	今　文
叔孙武叔语大夫于朝曰："子贡贤于仲尼。"子服景伯以告子贡。子贡曰："譬之宫墙，赐之墙也及肩，窥见室家之好。夫子之墙数仞，不得其门而入，不见宗庙之美，百官之富。得其门者或寡矣。夫子之云，不亦宜乎？"	叔孙武叔在朝廷上对大夫们说："子贡比孔子贤能。"子服景伯把这话告诉了子贡。子贡说："比如围墙，我的围墙只到肩高，谁都能窥见我家室之好。而孔夫子的墙有数丈高，不进门去，就看不到宗庙之美，百宫之富。能进门的人或许很少，这样比喻孔夫子，不也很适宜吗？"

笔者的理解：

　　子贡能言善辩，擅长外交，会做生意，家累万金。故三桓之一，叔孙武叔称赞子贡贤于孔子。但子贡很"谦虚"地说：我的围墙只到肩高，而孔子的围墙有数丈高。所以很多人只看到我做生意有钱，房子很好。没看到孔子比我还有钱，房子更豪华。也有人认为：

子贡以此比喻孔子的学说内容丰富。

编号：19.24

古　文	今　文
叔孙武叔毁仲尼。子贡曰："无以为也！仲尼不可毁也。他人之贤者，丘陵也，犹可逾也；仲尼，日月也，无得而逾焉。人虽欲自绝，其何伤于日月乎？多见其不知量也。"	叔孙武叔诋毁孔子。子贡说："不要这样做！孔子不可诋毁。他人之贤能，好比丘陵，是可以逾越的；而孔子好比日月，是不可逾越的。虽然有人想超越，这对于日月有何伤害？足见其不自量啊。"

笔者的理解：

　　（3.17）子贡想节省每月初一祭祀用的羊，孔子立即上纲上线地说："赐也！尔爱其羊，我爱其礼！"（5.4）子贡问曰："赐也何如？"子曰："女，器也。"子贡本想讨个好，不料孔子说他是个东西。（5.9）孔子说子贡不如颜回，子贡心里不悦，嘴上却说：我哪敢和颜回比，他闻一知十，我只能闻一知二。（5.13）子贡也不甘示弱，指责孔子："夫子之文章，可得而闻也；夫子之言性与天道，不可得而闻也。"（14.28）孔子假谦虚地说：君子仁、知、勇这三项我都没能做到。子贡说："夫子自道也！"这是孔子自白，算说了实话！（14.29）这话刺痛了孔子，立即指责："子贡方人，赐也贤乎哉？"诽谤人，你就那么好，是贤人吗？可见孔子和子贡观点不尽一致，关系并不融洽，甚至互相指责。既然如此，子贡为什么会如此卖力抬举孔子？子贡是个何等聪明的人，抬高孔子，实际是抬高自己，以便在竞争中，夺取领导权。

编号：19.25

古　文	今　文
陈子禽谓子贡曰："子为恭也，仲尼岂贤于子乎？"子贡曰："君子一言以为知，一言以为不知，言不可不慎也。夫子之不可及也，犹天之不可阶而升也。夫子之得邦家者，所谓立之斯立，道之斯行，绥之斯来，动之斯和。其生也荣，其死也哀，如之何其可及也。"	陈子禽对子贡说："你是有意恭敬的吧，孔子难道比你更贤能？"子贡说："君子一句话可以表现出明智，也可以表现出不明智，说话不可不慎重啊。孔夫子之所以不可及，就像不可以搭梯升天一样。孔夫子如果获得治国机会，那真是所谓要立就立，说执行就要执行，安抚几句都来归顺，一呼百应。他活时光荣，死了也哀荣，我无论如何也比不上他。"

笔者的理解：

　　陈子禽也是孔子的学生，他一直在观察孔子的一言一行，并持怀疑态度。（1.10）子禽问：孔夫子每到一个国家，必定要参与该国政事。是他求来的，还是人家给的？（16.13）陈子禽怀疑孔子特殊关照自己的儿子。（19.25）陈子禽怀疑孔子的贤能，认为孔子不如子贡。

　　子贡劝子禽说话要谨慎，拒绝了子禽对自己的评价，继续高调吹捧孔子，吹过头就不真实了。孔子在世时，不是没有治国理政的机会，他当代理宰相时，并非子贡所说的："立之斯立，道之斯行，绥之斯来，动之斯和。"堕三都失败后，被迫"周游列国"有如丧家之狗，并非"其生也荣"。自从汉武帝"罢黜百家，独尊儒术"之后，历代凡用孔子理论治国者，无不衰败，真是哀哉，不是"哀荣"！

第二十章 尧曰篇

编号：20.1

古 文	今 文
尧曰："咨！尔舜，天之历数在尔躬，允执其中。四海困穷，天禄永终。"舜亦以命禹。曰："予小子履敢用玄牡（mǔ），敢昭告于皇皇后帝：有罪不敢赦。帝臣不蔽，简在帝心。朕躬有罪，无以万方；万方有罪，罪在朕躬。"周有大赉（lài），善人是富。"虽有周亲，不如仁人。百姓有过，在予一人。"谨权量，审法度，修废官，四方之政行焉。兴灭国，继绝世，举逸民，天下之民归心焉。所重：民食、丧祭。宽则得众，信则民任焉，敏则有功，公则说。	尧禅让时说："喂！你这个舜，上天旨意降在你身上，允许你执掌中正之道。如有偏差，导致四海穷困，上天赐给你的禄位将永远终止。"舜禅位时，亦这样告诫大禹。商汤在祭天时也说："小子我壮着胆，用黑色公牛祭祀，祷告伟大天帝：对有罪的人，我不敢擅自赦免，也不敢隐瞒，帝心是知道的。请不要怪罪万方百姓，即使万方有罪，罪在我身上。"周初大发赏赐，分封诸侯，使好人都得到富贵。周武王说："我虽有至亲，但不如有仁义道德的人。百姓有过，过在我一人。"孔子常说：严格度量衡，审定法律制度，重新修订被废弃的官制，则政令通行四方。复兴被灭亡的国家，恢复世袭制，重新举用失去权利的奴隶主，则天下民心归顺。应该重视的就是民食和丧祭。宽则得众，信则民任，勤政有功，公平则喜。

笔者的理解：

本节主要讲克己复礼的具体做法：

首先，（4.13）礼让为国。你看，尧舜禹个个都道德高尚的帝王，把天下和帝位都礼让给别人。大家都要向他们学习，要让不要争。所谓"别人"，还是奴隶主，不会是庶人。所谓"礼让不争"，就是不和奴隶主争权。争是犯上作乱，是不道德的行为，必须惩罚。

其次，是全面克己复礼，复辟周礼奴隶制。所谓"兴灭国，继绝世，举逸民。"是复辟被灭的周朝，继续实行世袭制，重新抬举失去世袭特权的奴隶主及其子女。可见，这里所说的百姓和民，和我们现在的概念完全不同。

编号：20.2

古　文	今　文
子张问于孔子曰："何如，斯可以从政矣？"子曰："尊五美，屏四恶，斯可以从政矣。"子张曰："何谓五美？"子曰："君子惠而不费，劳而不怨，欲而不贪，泰而不骄，威而不猛。"子张曰："何谓惠而不费？"子曰："因民之所利而利之，斯不亦惠而不费乎？择可劳而劳之，又谁怨？欲仁得仁，又焉贪？君子无众寡，无大小，无敢慢，斯不亦泰而不骄乎？君子正其衣冠，尊其瞻视，俨然人望而畏之，斯不亦威而不猛乎？"子张曰："何谓四恶？"子曰："不教而杀谓之虐；不戒视成谓之暴；慢令致期谓之贼；犹之与人也，出纳之吝谓之有司。"	子张问孔子："如何做才可以从政？"孔子说："尊重五种美德，摒弃四种恶行，就可以从政了。"子张问："什么是五种美德？"孔子说："君子惠而不费，劳而不怨，欲而不贪，泰而不骄，威而不猛。"子张又问："什么叫惠而不费？"孔子说："叫民众做对他们自己有利的事，不就是民众得到实惠，而你却无所耗费吗？选择民众可以干的劳役让他们去干，谁还会埋怨？想得到仁义，就得到了仁义，还贪什么呢？君子无论多少，无论大小，都不敢怠慢，这不就是泰而不骄吗？君子正其衣冠，尊其观瞻，俨然让人望而生畏，那不就是威而不猛吗？"子张最后问："什么叫四恶？"孔子说："不教而杀叫肆虐；没警示就看成越过警戒线叫作过分急躁；怠慢命令导致误期叫作祸害；给人好像很大方，出纳却很吝啬叫作财务主管。"

笔者的理解：

在奴隶社会，根本不可能有孔子所谓的"五美"；也无法摒弃"四恶"。那都是孔子理想状态。

编号：20.3

古　文	今　文
孔子曰："不知命，无以为君子也；不知礼，无以立也；不知言，无以知人也。"	孔子说："不懂天命，当不了君子；不懂周礼，就无法立足于社会；不知道他的言论，就无以知道这个人的主张。"

笔者的理解：

（2.4）子曰："吾五十而知天命。"（3.13）获罪于天，无所祷也。（6.8）天厌之。（7.23）

天生德于予。（8.19）唯天为大。（9.5）天之未丧斯文也，匡人其如予何。（9.9）凤鸟不至，河不出图，吾已矣夫。（9.12）吾谁欺，欺天乎？（11.9）天丧予。（11.19）赐不受命。（12.9）死生有命，富贵在天。（14.35）知我者其天乎！（14.36）道之将行也与，命也；道之将废也与，命也。（16.8）君子有三畏：畏天命，畏大人，畏圣人之言。（20.1）天之历数在尔躬。（20.3）不知命，无以为君子。这些言论说明，孔子把天看成有人的思想意识的神灵。人的祸福贫富，身份地位都是上天安排好的，命中注定的，只有服从，不能逾越，这是孔子唯心主义天命观。

这种"命"与"言"、"礼"是配套的。孔子的"言"（理论）是："道之以德，齐之以礼。"双管齐下。孔子所说的"德"，是忠孝仁义，吾道一以贯之，核心是忠君。孔子所说的"礼"，不是文明礼貌，而是周礼奴隶制。孔子的政治主张是"克己复礼"。

李振宇　2015 年 12 月 10 日　于厦门

2020 年 12 月　修改于武汉